Hundert Jahre Internationale Stiftung Mozarteum Salzburg

Hundert Jahre Internationale Stiftung Mozarteum Salzburg

1880–1980

Eine Chronik

Zusammengestellt von Rudolph Angermüller (bis 1926) und Géza Rech

Bärenreiter Kassel · Basel · Tours · London 1980

© 1980 Bärenreiter-Verlag Kassel
Gesamtherstellung Bärenreiter
ISBN 3-7618-0626-4

Grußworte

100 Jahre Internationale Stiftung Mozarteum, das ist eine stolze Zahl, die beweist, daß diese Institution für die wissenschaftlichen und musikalischen Belange der Mozart-Stadt stets eingetreten ist. Zunächst muß der Witwe Constanze und der beiden Söhne Carl und Wolfgang gedacht werden, die bei der Gründung von „Dom-Musik-Verein und Mozarteum" (1841), also vor der eigentlichen Stiftung Mozarteum, diesem Verein wichtige Erinnerungsstücke an Mozart zur Verfügung gestellt haben, die heute noch in Mozarts Geburtshaus zu sehen sind. Mit ihnen sind es aber unzählige Salzburger und Freunde der Mozartschen Musik, die als Mitglieder, als Förderer und als Stifter dieses Vereins der Stiftung wertvolle Hilfe geleistet haben. Ihnen ist es zu danken, daß diese ihre vielfältigen Aufgaben bis heute satzungsgemäß erfüllen konnte.

Bereits im Jahre der Gründung der Stiftung (1880) hat diese ein Konservatorium ins Leben gerufen, das sie bis zum Jahre 1922 leitete und für das sie auch das Mozarteum erbauen ließ. Im gleichen Jahr entstand bereits das erste Konzertbüro, das in der Folge nicht nur die Musikfeste, bei welchen die Wiener Philharmoniker und die Wiener Staatsoper zum erstenmal in Salzburg gastierten, veranstaltete, sondern außerdem ein eigenes Konzertprogramm ins Leben rief, das seit 1956 in der Mozartwoche seinen glanzvollen Höhepunkt erreicht.

Auf dem wissenschaftlichen Sektor ist es das Zentralinstitut für Mozartforschung, das seit 1927 besteht und nicht zuletzt die Grundlage für jene wissenschaftliche Arbeit bildet, die in der Neuen Mozart-Ausgabe ihre Krönung gefunden hat.

Die Internationale Stiftung Mozarteum kann daher mit Stolz auf dieses abgelaufene Jahrhundert zurückblicken und hoffnungsvoll in die Zukunft schauen, in der noch viele große Aufgaben zu erfüllen sind.

Kommerzialrat Richard Spängler
Präsident der Internationalen
Stiftung Mozarteum Salzburg

Die Internationale Stiftung Mozarteum ist mit dem Namen Salzburg so eng verbunden, daß ihr 100jähriges Bestehen fast widerstrebende Gefühle aufwirft: Einerseits handelt es sich um ein ehrwürdiges, beachtliches Alter, andererseits verbindet man sie fast schon mit der Lebenszeit Mozarts, so sehr identifiziert sie sich mit dem berühmten Sohn unserer Stadt, von dem sie ihren Namen ableitet. Dabei sagt gerade dieser Zeitraum von 100 Jahren viel über den gedanklichen, geistigen Wandel aus, dem sich Salzburg im vergangenen Jahrhundert unterziehen mußte. Das einst politisch so mächtige Fürstentum war klein und unbedeutend geworden. Es fand jedoch, nach innerem Ringen, zu einer neuen Größe! Zu einer Größe und Bedeutung, die länger von Dauer zu sein verspricht als weltliche, wirtschaftliche Macht, weil sie nicht im Materiellen, sondern im Geistigen verwurzelt ist.

Oftmals wird heute über den Begriff der „Schönheit" gerätselt, deren absolute Geltung man manchmal abstreitet. Interessanterweise aber bezieht sich diese Diskussion fast immer nur auf die Kunstform der heutigen Zeit. Mozarts Musik steht außerhalb dieser Frage und bestätigt dadurch die Behauptung, daß es einen Wohlklang, eine Harmonie, eine Ansprechbarkeit gibt, die jeden, welcher Richtung er sich auch immer verbunden fühlt, im Letzten zu berühren vermögen.

Namens des Landes Salzburg danke ich der Internationalen Stiftung Mozarteum für ihr Wirken, das mit dazu beiträgt, Salzburg und Mozart als untrennbare Werte in der Welt zu repräsentieren.

Dr. Wilfried Haslauer
Landeshauptmann von Salzburg

Grußworte

Salzburg gilt in der Meinung der Welt als Stadt der Musik. Dieses Attribut mitbegründet, diesen Ruf bewahrt, gepflegt und ihn weiter ausgebaut hat entscheidend eine Institution, die in diesem Jahr eine maßgebende Zäsur ihrer Geschichte verzeichnen kann: Die Internationale Stiftung Mozarteum feiert ihr 100jähriges Bestehen. Als Kulturreferent der Salzburger Landesregierung ist es mir eine Freude und Auszeichnung zugleich, diesen Anlaß wahrzunehmen, um der Bedeutung dieser weit über die Grenzen Österreichs geschätzten Einrichtung meine Reverenz zu erweisen.

Die Internationale Stiftung Mozarteum kann auf ein Jahrhundert der Begegnung, der musikalischen Konfrontation und Auseinandersetzung, vor allem des fördernden und pädagogischen Wirkens für die Musik zurückblicken. Das Erbe des Genius loci über das Hüten des musikalischen Nachlasses hinaus als erzieherischen Auftrag begreifend, hat die Internationale Stiftung Mozarteum entscheidend dazu beigetragen, daß das Erlebnis der Musik nicht nur der Jugend, sondern einem großen und sehr vielfältig gefächerten Kreis von Menschen geöffnet wurde. Ganz im Sinne eines Verständnisses, daß zu den Dingen des Lebens auch eine Vertiefung und Bildung der Gesamtpersönlichkeit des Menschen zählt. Die Internationale Stiftung Mozarteum hat es als ihre Pflicht aufgefaßt, das kritische Musikverständnis der Menschen anzuregen und deren eigene schöpferische Kräfte zu fördern.

Dieses große Jubiläum des 100jährigen Bestehens darf aber auch nicht ungenützt bleiben, ohne die bemerkenswerten und mit viel Erfolg begleiteten wissenschaftlichen Anstrengungen der Internationalen Stiftung Mozarteum zu erwähnen. Sie krönt zur Zeit ihre dem Werk Mozarts zugedachte Forschungsarbeit mit der neuen großen Gesamtausgabe seiner Werke und legt damit ein eindrucksvolles Zeugnis ihres Selbstverständnisses nieder, dem großen Sohn dieser Stadt nicht nur als Gedächtnis-, sondern auch und vor allem als Forschungsstätte zu dienen.

Die vergangenen hundert Jahre der Internationalen Stiftung Mozarteum haben gezeigt, wie erfolgreich diese Institution den Menschen ins Bewußtsein gerufen hat, daß es einfach nicht genügen kann, die Musik passiv zu reflektieren anstatt durch Erkennen eigener kultureller Kräfte zu einem musikalischen Erlebnis zu kommen. Als Kulturreferent der Salzburger Landesregierung bin ich überzeugt, daß diese Tradition der Internationalen Stiftung Mozarteum auch in Zukunft ihre Bemühungen beflügeln wird, die Faszination der Musik noch mehr Menschen noch näher zu bringen.

Dr. Herbert Moritz
Landeshauptmann-Stellvertreter von
Salzburg

Die Stadt Salzburg hat allen Grund, der ältesten hier auf dem Gebiet der Musikpflege tätigen Institution, der Internationalen Stiftung Mozarteum, zu ihrem 100jährigen Bestand Glückwünsche und Dank auszusprechen.

Ohne das vielseitige und unermüdliche Wirken der Stiftung hätte sich Salzburg wohl kaum in jenem Maße zur Musik- und Festspielstadt entwickeln können, als die sie heute die ganze Kulturwelt anerkennt.

Die 1880 gegründete Musikschule, die bis zur heutigen Hochschule für Musik und darstellende Kunst führte, die Erbauung des Mozarteums vor dem Ersten Weltkrieg, die Gründung der Internationalen Mozartgemeinde als Basis globaler Pflege der Musik des großen Salzburger Meisters, die Mozartforschung und viele andere Aktivitäten haben den Boden für das reiche Spektrum der Musik in Salzburg bereitet. Groß sind auch die Verdienste dieser Institution um die Betreuung von Mozarts Geburtshaus mit seinem von Millionen Gästen besuchten Museum, die Erhaltung des Restes von Mozarts Wohnhaus am Makartplatz, die erfolgreichen Bemühungen um die Publikation der Neuen Mozart-Ausgabe und namentlich die reiche Konzerttätigkeit, insbesondere mit ihren Höhepunkten bei den jährlichen Mozartwochen. Unvergessen bleiben auch die Initiativen zur Weltfeier im Jahr 1956 anläßlich der 200. Wiederkehr von Mozarts Geburtstag.

Möge die Internationale Stiftung Mozarteum ins zweite Jahrhundert ihres Bestandes mit der Gewißheit eintreten, daß ihre Tätigkeit als Hort der Musikwissenschaften, der weiteren Förderung des Werkes W. A. Mozarts und weltweit anerkannter Musikdarbietungen untrennbar mit dem Ruf Salzburgs als europäisches Kulturzentrum verbunden bleiben wird.

Heinrich Salfenauer
Bürgermeister der Landeshauptstadt
Salzburg

Grußworte

Statt eines Geleitworts: Metamorphosen einer Beziehung

Von den einhundert Jahren, welche die Internationale Stiftung Mozarteum nunmehr besteht und die es 1980 festlich zu begehen gilt, habe ich 45 Jahre, also fast die Hälfte, bewußt erlebt. Zunächst war die Stiftung für uns Buben eine eher geheimnisvolle Gesellschaft, denn wir wußten von ihr nur, daß ihr das Haus gehört, in dem wir ein Instrument erlernen sollten und mit weitaus mehr Animo die Klasse für Chorgesang besuchten. Wenige Jahre später verschwand die Stiftung dann ganz aus unserem Bewußtsein, denn das Mozarteum ist damals Reichsmusikhochschule geworden und schien damit überhaupt in den Besitz des Staates übergegangen zu sein. Die Freude am Singen und Musizieren fand im Herbst 1944 mit den ersten Luftangriffen auf Salzburg, die nicht nur unseren Dom, sondern auch das Wohnhaus der Familie Mozart verwüsteten, ein jähes Ende. Nicht genug damit mußten wir damals auch einrücken; mit Kriegsdienst und Gefangenschaft dauerte es über ein Jahr, ehe wir unsere Vaterstadt wiedersahen.
Es folgten Jahre des Studiums in Innsbruck und Wien ohne viel Ferien, denn wer wie ich auch Kurse an der Internationalen Sommerakademie des Mozarteums besuchen wollte, mußte zusehen, daß er sich in der Freizeit etwas verdiente. Als Volontär bei einer Tageszeitung schrieb ich über Ausstellungen, Theateraufführungen und vor allem über Konzerte, die in Salzburg, wenn man von den Festspielen absieht, damals fast ausschließlich von der Internationalen Stiftung Mozarteum veranstaltet wurden. Ihr also dankten wir jungen Musikfreunde unsere erste Begegnung mit den Dirigenten Volkmar Andreae, Karl Böhm, Joseph Keilberth, Hans Knappertsbusch und Clemens Krauss, um nur die bedeutendsten zu nennen, die sich damals alle nicht zu gut dünkten, um auch mit dem Mozarteum-Orchester zu musizieren. Die Stiftung vermittelte uns aber auch Abende mit den Pianisten Wilhelm Backhaus, Alfred Cortot und Clara Haskil, den Geigern David Oistrach, Vasa Prihoda und Wolfgang Schneiderhan, den Cellisten Gaspar Cassado, Ludwig Hoelscher und Enrico Mainardi. Dazu herrliche Kammerkonzerte mit dem Trio di Trieste, dem Amadeus-, Barylli- und Vegh-Quartett, mit dem Quintetto Chigiano, dem Wiener Oktett und dem Stuttgarter Kammerorchester, und das alles zu erschwinglichen Preisen und in einer Atmosphäre, in der man sich ganz einfach wohlfühlte.
Damals begann ich das Wirken der Stiftung Mozarteum erstmals zu schätzen, und so fing ich an, mich für die Geschichte dieses Vereins zu interessieren.
Als ich 1952 den Konzertring der Salzburger Kulturvereinigung ins Leben rief, kam es dessen ungeachtet zu einer Trübung in unseren Beziehungen. Sie währte zu meinem Leidwesen einige Jahre. Schließlich aber siegte doch das Gemeinsame über das Trennende: wir setzten uns zusammen, steckten unsere Aufgabengebiete ab und einigten uns, regelmäßig Termin- und Programmabsprachen durchzuführen. Im Jänner 1956, als die

Stiftung daranging, von nun ab alljährlich eine Mozart-Woche zu veranstalten, durfte die Salzburger Kulturvereinigung mit der Aufführung der Jupiter-Symphonie sogar einen gewichtigen Beitrag zum Gelingen dieses Festes leisten. Die Phase einer wirklich fruchtbaren Zusammenarbeit zwischen der Stiftung Mozarteum und der Salzburger Kulturvereinigung setzte dann freilich erst in den sechziger Jahren ein, als ich Kulturreferent der Stadt wurde und aus meiner Wertschätzung für die Stiftung kein Hehl machte, sondern mich, wo immer dies notwendig war, mit all meinen Kräften für die Belange und Ziele dieser Vereinigung einsetzte. Die Stiftung Mozarteum hat mich dafür 1971 in ihr Kuratorium berufen. Ich bin also gleichsam wie Tamino nach manchen Irrwegen in den Vorhof der Weisen gelangt. Als guter Kenner der „Zauberflöte" weiß ich sehr wohl, daß meiner noch manche Prüfungen harren, ehe man mich zu einer intensiveren Mitarbeit, etwa bei der Planung der Mozart-Woche, die ich neben der neuen Mozart-Ausgabe für die größte Leistung der Internationalen Stiftung Mozarteum in der zweiten Hälfte ihres Bestehens halte, heranziehen wird. Ich will dies gerne auf mich nehmen, denn der Stiftung Mozarteum dienen heißt Mozart und damit Salzburg dienen. Welch schönere Aufgabe aber kann es für einen Menschen geben, der in dieser Stadt geboren wurde und sie liebt, obwohl er sieht, daß sie von dem Ungeist unserer Zeit besonders auf dem Bau- und Verkehrssektor in einem Maß überrollt wird, wie wir das nie für möglich gehalten haben. Ein Glück nur, daß uns nicht zuletzt ob des unermüdlichen Wirkens der Internationalen Stiftung Mozarteum wenigstens eins geblieben ist: Mozart und seine Musik.

Senatsrat Dr. Heinz Klier
Kulturreferent der Stadt Salzburg

„Dom-Musik-Verein und Mozarteum" 1841–1879

Im Jahre 1803 wurde der fürsterzbischöfliche Hofstaat zu Salzburg aufgehoben, 1806 der kurfürstliche. Die Salzburger Hofkapelle, die im 17. und 18. Jahrhundert geblüht hatte, führte nun ein kümmerliches Dasein; das Musikleben der Stadt sank zur Bedeutungslosigkeit herab. Das Vermögen des Kirchenstaates, von dem die Musiker bezahlt worden waren, fiel an Erzherzog Ferdinand von Österreich. Ihm wurde im Staatsvertrag die Pflicht auferlegt, als weltlicher Regent die Domkirche zu erhalten und die Ausgaben dafür zu übernehmen. Als 1807 das Herzogtum Salzburg in die österreichische Monarchie einbezogen wurde, versetzte man Salzburger Künstler nach Würzburg und Wien zu den dortigen Hofkapellen. In der Salzachstadt blieben nur sechs Choralisten und ein paar Musiker zurück, von denen nur einige für große Aufgaben taugten. Die Dommusik versahen in dieser Zeit Turner und Tanzmusiker, die man für einzelne Dienste bezahlte. Die bayerische Regierung der Jahre 1810 bis 1816 zeigte nur wenig Interesse an der Dommusik. Als Salzburg 1816 dem österreichischen Kaiserstaat wieder einverleibt wurde, beantragte Kaiser Franz I. die Organisation einer „anständigen Dommusik" auf Staatskosten. Doch die Anstellung einer Anzahl guter Musiker scheiterte an der Hofkammer, die Ausgaben für künstlerische Belange ablehnte. Mitglieder der alten Hof- und Dommusik, die verstarben, wurden nicht ersetzt. So gab es von 1807 bis 1841 in Salzburg keine Institution, die Musiker fest anstellte und ihnen soziale Sicherheit gewährte.
Auf seine musikalische Vergangenheit besinnt sich Salzburg in den 1830er Jahren. Die Museums-Konzerte geben einen ersten Impuls. 1835 regen der Salzburger Sigmund von Koflern und der aus Posen eingewanderte Schriftsteller Julius Schilling die Errichtung eines Mozart-Denkmals an, das am 4. September 1842 feierlich enthüllt wird. Das Denkmal soll einem Salzburger geweiht werden, „der in der Weltsprache der Harmonie alle Völker der Erde begeistert und dessen Tonwerke wie die Thaten seiner Herrscher und die Werke Schiller's jeder Deutsche mit Stolz und Begeisterung, jeder Fremde mit hoher Bewunderung nennt".
Bestrebungen, das Musikleben in der Salzachstadt zu beleben, gehen von dem aus Wien stammenden, in Salzburg wirkenden Advokaten und Wechselnotar Dr. Franz Edler von Hilleprandt aus. Ihm ist vor allem die Gründung des „Dom-Musik-Verein und Mozarteum" zu danken, der am 22. April 1841 unter der Ägide Seiner Eminenz des Hochwürdigsten Herrn Kardinals und Erzbischofs Friedrich Fürsten zu Schwarzenberg aus der Taufe gehoben wird. Der junge Verein steckt sich folgende Ziele:
1. Errichtung einer musikalischen Lehranstalt für die Jugend unter dem Namen Mozarteum. An dieser Institution soll dem Kunstfreund Gelegenheit gegeben werden,

sich selbst in der edlen Kunst zu üben und größere klassische Kunstwerke teils selbst vorzutragen, teils vortragen zu hören. Das Mozarteum will Künstler und Musiklehrer mit fester Besoldung anstellen und begabten Studenten Stipendien gewähren.
2. Übernahme der gesamten Kirchenmusik im Salzburger Dom und in anderen Kirchen Salzburgs.
3. Veranstaltung von Konzerten.

1841 stellen „Dom-Musik-Verein und Mozarteum" vierzig Musiker ein, die diesen Aufgaben gerecht werden sollen. Künstlerischer Leiter des Vereins wird Alois Taux, am 5. Oktober 1817 in Baumgarten bei Frankenstein in Preußisch-Schlesien geboren. Er war 1837 Violinist am Grazer Theater, 1838 daselbst erster Waldhornist, 1839 in Linz zweiter Kapellmeister. Taux lenkt das Schicksal von „Dom-Musik-Verein und Mozarteum" durch zwanzig Jahre – er stirbt am 17. April 1861. Ihm ist der Aufschwung der Mozart-Pflege in Salzburg zu danken, er leitet bedeutende Veranstaltungen, so das erste Salzburger Musikfest im September 1842, die Feier zur Erinnerung an die Enthüllung des Mozart-Denkmals 1852 und die Mozart-Zentenarfeier 1856, er gründet 1847 die Salzburger Liedertafel.

Ein musikalischer und gesellschaftlicher Höhepunkt im Musikleben der Stadt ist die Errichtung des Mozart-Denkmals am 4. September 1842. Beide Söhne Mozarts, Wolfgang Amadeus und Carl, sind zugegen.

Wirtschaftliche Sorgen begleiten in den ersten Jahren den Verein, doch bessern Spenden die dürftigen Einnahmen auf. 1844 verfügt W. A. Mozart (Sohn), „daß die in seinem Nachlasse befindlichen Manuskripte und eigenhändig geschriebenen musikalischen Fragmente seines großen Vaters, mehrere Familienschriften, das Portrait desselben und mehrere andere Familienportraite, ferner das Clavier, bei welchem der große Mozart in der letzteren Zeit seine hochberühmten Werke komponierte, und seine ganze Bibliothek dem Mozarteum als bleibendes Denkmal seines Vaters ausgefolgt werden sollen".

1858 kommen vor allem Klavierauszüge von Opern und Singspielen aus dem Nachlaß von Carl Mozart an den Verein. Dieser sogenannte „Mozart-Nachlaß" bildet den Grundstock für Bibliothek und Archiv sowie das 1880 errichtete Mozart-Museum.

Nach außen wirkt der „Dom-Musik-Verein und Mozarteum" durch die Betreuung der Dommusik und die Mitwirkung im städtischen Theater. Die Feier zur Erinnerung an die Enthüllung des Mozart-Denkmals vor zehn Jahren am 1. August 1852 ist vornehmlich ein Sängerfest der Salzburger Liedertafel. Auf dem Mönchsberg huldigen dem Genius loci außerdem acht weitere Liedertafeln aus Österreich und Bayern.

Das Zentenarfest von Mozarts Geburt, 1856, gibt neuen Auftrieb. Am 15. Januar wird der Mozarteum-Bauverein gegründet. Er will ein Mozarteumsgebäude errichten, das die Musikschule, die Bibliothek, das Archiv und einen Konzertsaal beherbergen und dem Mozarteum Unabhängigkeit vom Dommusikverein geben soll. Zur Zentenarfeier wird ein Musikfest veranstaltet (6. bis 9. September), bei dem bedeutende Künstler und Liedertafeln mitwirken.

Nach dem Tode von Taux wirken als Kapellmeister am „Dom-Musik-Verein und

"Dom-Musik-Verein und Mozarteum" Johann Schläger (1. November 1861 bis 1. Mai 1868) und Otto Bach (1. Juli 1868 bis 1. April 1880).
Bereits Ende der 1860er Jahre zeigt sich, daß „Dom-Musik-Verein und Mozarteum" den Erfordernissen des Konzertsaals nicht mehr genügen und daß der Verein in finanziellen Schwierigkeiten ist. Die bescheidenen Honorare für die Musiker können nur mit Mühe bezahlt werden. Auf Betreiben des 1867 von Wien nach Salzburg versetzten Finanzrates Karl Freiherr von Sterneck-Daublebsky zu Ehrenstein kommt es am 16. Oktober 1870 zur Gründung der Internationalen Mozart-Stiftung, die sich folgende Aufgaben stellt:
1. Unterstützung lebender Tondichter und Tonkünstler in der Weise der bestehenden Schiller-Stiftung.
2. Gründung einer Hochschule für Musik in Salzburg und Schaffung von Stipendien für Kunstjünger.
3. Erbauung eines Mozart-Hauses für Konzert-Aufführungen, zur Unterbringung einer musikalischen Universal-Bibliothek und eines Mozart-Archivs.
4. Einführung von periodischen Musikversammlungen (Mozart-Tage), Generalversammlungen der Stiftungsmitglieder.
Die Werbung für die Internationale Mozart-Stiftung hat im In- und Ausland Erfolg.
Um den Verehrern Mozarts Gelegenheit zu geben, sich in Wort und Bild „pro Mozart" zu erklären, wird 1874 das Mozart-Album angelegt, das Handschriften und Bilder von Herrschern, Künstlern, Wissenschaftlern und Männern des öffentlichen Lebens zeigt.
Bedeutendstes wissenschaftliches Projekt der Internationalen Mozart-Stiftung ist 1875 die Herausgabe der ersten wissenschaftlichen Mozart-Ausgabe, „Wolfgang Amadeus Mozarts Werke. Kritisch durchgesehene Gesamtausgabe" (Leipzig: Breitkopf & Härtel 1876 bis 1907).
Um der Stadt neue musikalische Impulse von internationalem Charakter zu geben, ruft die Internationale Mozart-Stiftung die Salzburger Musikfeste ins Leben. Das erste findet vom 17. bis 20. Juli 1877 statt, das zweite vom 17. bis 19. Juli 1879. Bedeutsam ist, daß zu den ersten Musikfesten das Orchester der Wiener Hofoper gewonnen werden kann. Man braucht sich also nicht auf heimische Kräfte zu beschränken, und für die Gäste hat das Fest mehr Anziehungskraft.
Am 15. Juni 1880 kann die Internationale Mozart-Stiftung ein Museum in Mozarts Geburtshaus errichten. Damit wird eine ständige Gedenkstätte für die Mozart-Verehrung geschaffen, die viele Besucher anzieht.

"Dom-Musik-Verein und Mozarteum"

1. Dr. Franz Edler von Hilleprandt, erster Präsident des „Dom-Musik-Verein und Mozarteum", Aufnahme aus dem Jahre 1859

2. Alois Taux, Kapellmeister des „Dom-Musik-Verein und Mozarteum" von 1841–1861

3. Aus dem Tagebuch des Bürgermeisters Alois Spängler (1856): „...ergab sich bey sämtlichen Festauslagen ein Defficit von f 1000– CM. Durch einzelne Mitglieder des Festcomitées wurden hievon f 640– CM getilgt und den Rest f 360– CM habe ich ehrenhalber aus Eigenem bestritten."

Aufruf

an die Bewohner der Stadt Salzburg.

Die auf den 6., 7., 8. und 9. September d. J. bestimmten Festlichkeiten zur hundertjährigen Gedächtnißfeier Mozarts, dessen Geburtsort sich mit Stolz Salzburg nennen kann, werden aus allen Theilen Deutschlands eine große Anzahl rühmlicher Künstler in unsere Mauern versammeln, deren Unterbringung die Ehre der Stadt erfordert.

Ich wende mich daher unter Hindeutung auf die Bedeutsamkeit des Festes vertrauensvoll an die verehrlichen Bewohner der Stadt mit der Bitte, beim städtischen Quartiermeister Herrn Vicebürgermeister Schönthaler jene einzelnen Zimmer und Wohnungen namhaft zu machen, welche zur Zeit der Festlichkeiten, etwa vom 5. bis 11. September d. J. zu verlassen wären und dem Fest-Comitee entweder unentgeldlich oder mit Angabe des Preises zur Verfügung gestellt werden.

Salzburg am 25. Juli 1856.

Alois Spängler,
Bürgermeister.

5.
6.

5. Dr. Otto Bach, Kapellmeister des „Dom-Musik-Verein und Mozarteum" von 1868–1880
6. Johann Schläger, Kapellmeister des „Dom-Musik-Verein und Mozarteum" von 1861–1868

7. Haupttitel der ersten Mozart-Gesamtausgabe
8. Subskriptions-Einladung zur ersten Mozart-Gesamtausgabe des Leipziger Verlages Breitkopf & Härtel

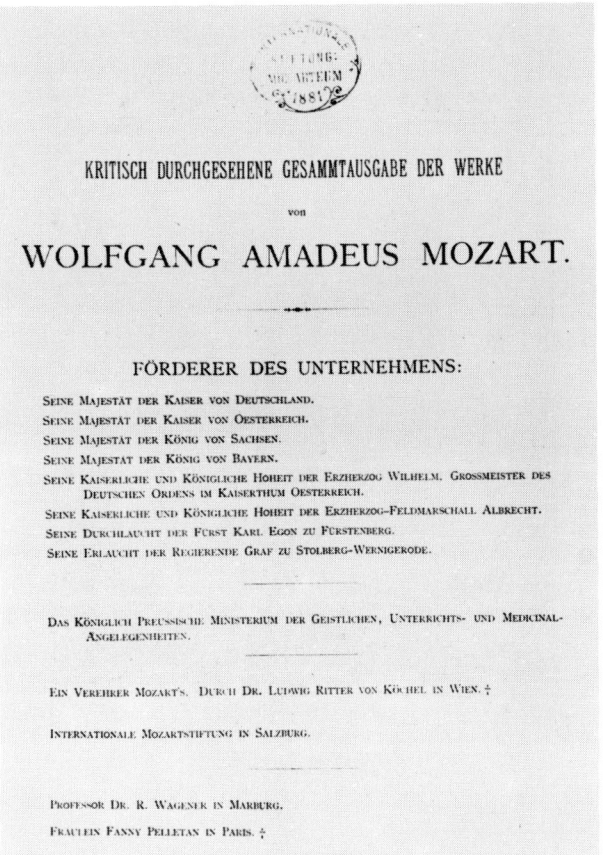

9. Liste der Förderer der ersten Mozart-Gesamtausgabe
10. Titelblatt der Festschrift zum 1. Salzburger Musikfest, 1877

"Dom-Musik-Verein und Mozarteum"

11. Mozarts Geburtshaus, Zustand 1880–1925

1880

Am 20. September 1880 wird die Internationale Stiftung Mozarteum gegründet. Präsident Sterneck fordert vor allem die Loslösung des Mozarteums vom „Dom-Musik-Verein". Nachdem Fürsterzbischof Dr. Albert Eder am 11. Juli 1880 in der Generalversammlung von „Dom-Musik-Verein und Mozarteum" den Austritt des „Dom-Musik-Vereins" erklärt hat, steht der Gründung der „Internationalen Stiftung: Mozarteum" nichts mehr im Wege. Auf einem Merkblatt vom 24. Juli 1880 heißt es: „Die Internationale Mozartstiftung in Salzburg vereinigt mit dem Mozarteum: Salzburg hat nunmehr nur einen rein kirchlichen und einen rein weltlichen Musikverein und Beide stehen zueinander in Harmonie und Eintracht! Das mit der Internationalen Mozartstiftung vereinigte Mozarteum bleibt ein Kunstinstitut, welches seine eigene Schule für Gesang und Musik, ein Orchester für seine Jahres-Vereinsconcerte und einen Fonds zur Unterstützung hilfsbedürftiger und talentirter Tondichter und Tonkünstler besitzt und sowohl in Mozarts Vaterstadt, als anderwärts, den bei den vorausgegangenen beiden Musikfesten von der Internationalen Mozartstiftung neu aufgenommenen Mozart-Cultus pflegt und verbreitet. Als Orchester steht ihm jenes des Dommusik-Vereines in seiner jetzigen Musikeranzahl für seine von ihm fortgeführten Concerte und Musikfeste, welche fernerhin in der Gesammtheit mit heimischen Chor- und Instrumentalkräften abgehalten werden, zur Verfügung, wofür der Verein die Jahresrenten des übernommenen Mozarteumfondes dem Dommusik-Verein ausfolgt. Dieses Vereins-Orchester wird mit den Lehrern der Anstalt und mit etwa benöthigten Honorarmusikern nach Bedarf ergänzt."
Zweck und Mittel des Vereins legen die Statuten fest. Ziel der ISM ist die Pflege und Förderung der Tonkunst und des Mozartkultes. Das soll erreicht werden
1. durch Errichtung einer Musik-Lehranstalt in Salzburg;
2. durch zeitweilige künstlerische Aufführungen von Tonwerken;
3. durch Veranstaltung periodischer Musikfeste;
4. durch möglichste Konsolidierung aller musikalischen Interessen der Stadt Salzburg;
5. durch sorgfältige Bewahrung des Mozart-Häuschens und würdige Instandhaltung des Geburtszimmers Mozarts;
6. durch möglichst vollständige Ansammlung der Mozart-Relikten;
7. durch Instandhaltung und Vermehrung des Mozart-Albums (einer Sammlung von Autographen und Bildern von Verehrern Mozarts, siehe unten).
Wenn es die finanziellen Mittel erlauben, sollen
8. anerkannte Tonwerke durch Preise belohnt werden;
9. Stipendien an begabte Schüler vergeben, ferner hilfsbedürftige Komponisten und Musiker unterstüzt werden;

10. gediegene Tonwerke verlegt werden;
11. ein Mozart-Haus für die Musikschule und musikalische Aufführungen errichtet werden.

Die wichtigsten (Ehren-)Ämter werden mit folgenden Persönlichkeiten besetzt: Präsident: Karl Freiherr von Sterneck (20. September 1880 bis 16. Mai 1888), Vizepräsident: k. k. Kämmerer Hugo Graf Lamberg (20. September 1880 bis 27. Januar 1884), Sekretär und Inspektor der Schule Mozarteum: Johann Evangelist Engl (20. September 1880 bis 31. März 1914), Archivar und Administrator: autorisierter Geschäftsagent Johann Horner (20. September 1880 bis 7. April 1892), Kassier: k. Rat und Bankier Carl Spängler (20. September 1880 bis 7. August 1901).

Das Vereins-Vermögen beträgt Ende Dezember 1880 die Summe von 26 214 Gulden und 2 Kronen. Dem Verein gehören das Zauberflöten-Häuschen auf dem Kapuzinerberg (3963 Besucher im Jahr 1880), das von der freiherrlichen Familie von Schwarz errichtete Denkmal mit Mozarts Bronze-Büste vor demselben, das Mozart-Album (156 Albumblätter mit 663 Autographen, 188 Fotos, 19 Gedichten, 26 Widmungen, 11 Kompositionen, 24 Manuskripten, 8 Bildern und Broschüren von 18 Potentaten und deren Familienangehörigen, 10 Staatsmännern und Gelehrten, 33 Schriftstellern und Dichtern, 78 Komponisten und 11 bildlichen Erinnerungen und Drucksachen), das Mozart-Museum (1431 Besucher 1880), das in seiner Mehrheit aus Geschenken von Constanze und den Söhnen Wolfgang und Carl Mozart besteht, das Archiv in der Getreidegasse 9, die Bücherei (305 Bände von 91 Autoren), die Musikalien-Sammlung, die öffentliche Musikschule Mozarteum.

Anstelle des alten Mozarteums wird am 3. Oktober 1880 die neue Musikschule Mozarteum gegründet. Ihr Direktor wird Joseph Friedrich Hummel (1841–1919, am Mozarteum vom 2. Oktober 1880 – 15. Februar 1908), der den Unterricht mit zwei anderen Lehrkräften (Karl Gerber, 1828–1894, und Alois Walter, 1842–1894) und 90 Schülern aufnimmt. Das Mozarteum befindet sich im ehemaligen Anatomiestöckl der alten Universität in der Hofstallgasse (heute Gebäude der Universitätsbibliothek, gegenüber dem Großen Festspielhaus). Das Kaiserhaus, das k. k. Unterrichtsministerium, der Salzburger Landtag, die Stadtgemeinde Salzburg, die Salzburger Sparkasse spenden die ersten Möbel, Instrumente und Lehrbehelfe. Unterrichtet werden: Allgemeine Musiklehre, Harmonielehre, Kontrapunkt, Komposition, Solo- und Chorgesang, Violine, Violoncello, Kontrabaß, Klavier, Flöte, Oboe, Klarinette, Fagott, Waldhorn, Trompete, Zugposaune und Orgel.

12.

13.

12. Kaiserlicher Rat Johann Evangelist Engl, Mozartforscher, Mitbegründer des Mozarteums, Schulinspektor, Sekretär und Archivar der ISM

13. Carl Freiherr von Sterneck, Präsident der ISM von 1880–1888

14.

15.

14. Mozarteumsdirektor Joseph Friedrich Hummel (1841–1919, am Mozarteum von 1880–1908)

15. Johann Horner, erster Archivar der ISM, Administrator des Zauberflöten-Häuschens 1881–1892, erster Zentralvorsteher der Mozart-Gemeinde, 1888–1901

1881

Am 6. Januar 1881 wird das Konzertinstitut des Mozarteums mit einer Kammermusik-Soirée (Werke von Mozart, Bach, Saint-Saëns, Raff, Rubinstein, Franz, Schumann, Weckbecker, Brahms, Braga) im Kursaal eröffnet. Aus den Einnahmen des Konzerts soll ein schützender Überbau über das Zauberflöten-Häuschen finanziert werden. Die Salzburger Nachrichten schreiben am 9. Januar: „Gerade das Quartettspiel wird in Salzburg so wenig gepflegt und es ist daher hocherfreulich, daß die internationale Stiftung ‚Mozarteum' gerade in ihrer ersten öffentlichen Thätigkeit mit solchen wirklich exquisiten Leistungen beginnt." Im gleichen Jahre finden noch vier Vereins- und Abonnementskonzerte statt, ferner veranstaltet man ein Festkonzert zur Vorfeier des Geburtstages von Kaiser Franz Joseph I. Das Orchester besteht aus Lehrern und Schülern der Musikschule Mozarteum, Mitgliedern des Dommusikvereins und freien Berufs- und Laienmusikern. Mit dem ersten Vereins- und Abonnementskonzert am 30. Januar im Großen Kursaal gedenkt man der Premiere von Mozarts „Idomeneo" am 29. Januar 1781 in München; im ersten Teil dieses Konzerts werden 15 Nummern aus „Idomeneo" vorgetragen. Im dritten Vereinskonzert am 11. Juli wagt man sich an ein großes Chor- und Orchesterwerk: Zum drittenmal (vorher 1850 und 1868) führt man in Salzburg Haydns „Jahreszeiten" auf. Vom 1. Juni bis 30. September gibt es Konzerte des Promenade-Musik-Orchesters der ISM, jeweils um 19 Uhr montags, dienstags, mittwochs, freitags und samstags, bei schönem Wetter im Park, bei schlechtem im Saale des Kurhauses. Donnerstags und sonntags finden die Konzerte, die unter der Oberleitung des Mozarteum-Direktors Joseph Friedrich Hummel stehen, in der Restauration Mirabell statt.

Am 15. August übernimmt Ihre k. k. Hoheit, die Kronprinzessin von Österreich, Erzherzogin Stephanie, das Protektorat über die ISM. Gönner von 1881 sind u. a. Kaiser Franz Joseph I., Erzherzog Ludwig Victor und Erzherzog Ferdinand IV., Großherzog von Toscana. 1881 zählt der Verein 107 ordentliche Mitglieder und Konzert-Abonnenten, 3963 Personen besuchen das Zauberflöten-Häuschen auf dem Kapuzinerberg, 1489 Personen das Mozart-Museum. Das Kapital am Jahresende beträgt 25 546 Gulden und 63 Kronen, der Mozarteum-Fonds, 1869 durch ein Geschenk der Frau Baronin Stieglitz (Bankiersgattin) errichtet, verfügt über 13 249 Gulden und 67 Kronen.

Peter Rosegger (1843–1918) trägt am 6. November in das Mozart-Album ein: „Ich messe grosse Künstler nur mit dem Gefühle, daher kenne ich kein Wort, um meiner Liebe und Verehrung für Mozart Ausdruck zu verleihen."

Am 15. September wird ein Statut für die öffentliche Musikschule Mozarteum erlassen, das Dienstverhältnisse, Pflichten und Rechte der Lehrpersonen regelt. Aus § 1: „Das Lehrerpersonale der öffentl. Musikschule ‚Mozarteum' besteht aus dem Direktor, den

Konzertmeistern, den Lehrern (Lehrerinnen) und den erforderlichen Hilfslehrern (Hilfslehrerinnen)." Aus § 2: „Der Direktor ist zu 10, ein Konzertmeister und Lehrer zu 14 Unterrichtsstunden wöchentlich verpflichtet." ... „Dem Direktor obliegt auch die administrative Verwaltung, er hat ebenfalls die Leitung der Vereinskonzerte inne, er entscheidet über Aufnahme der Schüler, weist den Lehrkräften diese zu, leitet die Lehrerkonferenz, Schülervorträge und Examina, ist für die Einhebung des Schulgeldes verantwortlich."

Im Jahre 1881 ist der jüngste Schüler acht Jahre, der älteste 31 Jahre alt. Unterrichtet wird von 11 bis 12 und von 14 bis 19 Uhr. Der Lehrkörper besteht aus
1) Joseph Friedrich Hummel, Direktor des Mozarteums und der Vereins-Konzerte, Chorgesang, Klavier, Harmonielehre, Kontrapunkt, Komposition, Allgemeine Musiklehre, Violoncello, 19 Stunden wöchentlich. 2) Karl Gerber, Konzertmeister, Klavier, 18 Stunden. 3) Alois Walter, Konzertmeister, Violine und Ensemblespiel, 13 Stunden. 4) Gustav Zinke, Konzertmeister, Violine, 12 Stunden. 5) Michaela Gstöttner, Lehrerin, Klavier, 14 Stunden. 6) Marie Stanek-Hrimaly, Lehrerin, Sologesang, 12 Stunden. 7) Zdenko Bartelmus, Lehrer, Allgemeine Musiklehre, Klavier, Harmonielehre, 14 Stunden.

1882

Durch einen gedruckten Handzettel vom 10. Januar weist die ISM darauf hin, daß sie bereits zwei Jahre nach ihrer Gründung Erfolge zu verzeichnen habe: im Geburtszimmer Mozarts sei das kostbare Mozart-Museum mit all seinen Schätzen aufgestellt worden. Der im gleichen Jahre von Johann Horner verfaßte Katalog des Museums nennt als Gegenstände des Geburtszimmers: Familienbilder, Büste und Mozartiana, Autographe von Kompositionen und Urkunden, Mozarts Instrumente; für das Wohnzimmer der Familie Mozart: Schmuck und andere Gegenstände der Familie, autographe Mozartsche Skizzen und unvollendete Kompositionen, 160 Originalbriefe von W. A. Mozart und 80 Briefe seiner Familie, insbesondere vom Vater Leopold, drei Exemplare der ersten Drucke Mozartscher Kompositionen und das Mozart-Album. Aufgabe der ISM sei weiterhin die Erhaltung des Zauberflöten-Häuschens, die Fortführung der Gesamtausgabe W. A. Mozartscher Werke (erste Mozart-Ausgabe), die Fortsetzung der Musikfeste von 1877 und 1879. Sie bittet um unterstützende Mitglieder mit einem Jahresbeitrag von 2 Gulden (4 Mark).

Das Konzertprogramm wird ausgebaut: Sechs Konzerte, darunter vier Abonnementskonzerte, werden veranstaltet. Vor allem werden zeitgenössische Werke aufgeführt (Hummel, Grützmacher, Popper, Brahms, Gerber, Reinecke, Verdi, Wagner), Werke von Mozart

hingegen weniger (nur die Haffner-Symphonie KV 385, die Symphonie g-moll KV 183, Chöre und Zwischenaktmusiken zu „König Thamos" KV 345 werden aufgeführt).
Die Bücher und Musikalien werden durch Johann Horner neu katalogisiert. Es sind vorhanden: an Büchern 305 Bände, darunter 34 Bände Mozartiana; an Musikalien 3133 Werke von 1042 Komponisten, und zwar 1217 für Gesang, 455 für Orchester, 556 für Pianoforte, 16 für Orgel, 556 für Kammermusik, 257 für Konzertmusik, 32 für Harmoniemusik und 44 für Schulmusik. Am 2. August erhält die ISM das Fuchssche Nachlaß-Verzeichnis Mozartscher Werke, datiert Wien, 1. Oktober 1844, nebst der Urkunde der Philharmonischen Gesellschaft Verona vom Januar 1771.
Das Zauberflöten-Häuschen besuchen 2390, das Mozart-Museum 1489 Personen.
Die Musikschule erweitert ihr Angebot: Es kommen hinzu eine Klasse für Kontrapunkt, zwei Klassen für Harmonie- und Kompositionslehre, drei Sologesangsklassen. Im Schuljahr 1881/82 besuchen 181 Schüler die Anstalt, für jeden einzelnen werden Kontrollbücher eingeführt, „in welche der Lehrer nach jeder Lehrstunde die wahrgenommenen Fehler des Schülers, die er zu verbessern hat, kurz notiert, und welchen bei jedem Monatsschlusse die Eltern oder Angehörigen ihre Unterschrift geben". Das k. k. Ministerium für Kultus und Unterricht ermächtigt am 16. Juli den Salzburger Landesschulrat, neue Lehrkräfte für den Klavier- und Orgelunterricht zu bestellen, damit das Mozarteum auch Schüler der Lehrerbildungs-Anstalten unterrichten kann. Das Präsidium der ISM betont, daß das Mozarteum die „einzige Musikschule des Kronlandes sei, welche ein hohes k. k. Unterrichts-Ministerium mit dem kostbaren Wiegengeschenke des Oeffentlichkeitsrechtes und der damit verbundenen Gleichstellung mit den anderen öffentlichen Lehranstalten ausstattete, der die hochwichtige, für die Stadt Salzburg und das Land gleich bedeutsame Aufgabe zufiel, den hierorten seit Jahren zerstreuten musikalischen Nachwuchs in ihr zu concentriren, der Gegenwart und Zukunft brauchbare, nützliche und ausübende Dilettanten- und Berufskräfte für den Concertsaal, den Kirchenchor und heimischen Familienherd systematisch und gründlichst heran- und auszubilden, wie auch im Allgemeinen und Speziellen das Interesse für Solo- und Chormusik und Gesang neuerlich zu beleben und in solcher Weise in unserer Mozartstadt eine strebsame, zahlreiche Musikgemeinde der Verehrer und Ausübenden der Tonkunst im engeren und weiteren Sinne mit frischem pulsierenden Leben und Wirken zu gründen, damit aber auch den Mozart-Kultus zu heben, zu pflegen und hochzuhalten."

1883

Die Salzburger Zeitung vom 18. April 1883 schreibt: „Se. Excellenz der Herr Minister für Cultus und Unterricht hat den Bericht über den Stand und Fortgang der Musikschule des Mozarteums in Salzburg während des Schuljahres 1881/82 zur Kenntniß genommen und sich bestimmt gefunden, unter Voraussetzung der verfassungsmässigen Genehmigung

des erforderlichen Credits vom Jahre 1884 angefangen bis auf Weiteres die Staatssubvention des Mozarteums in Anbetracht der erfreulichen Steigerung der Frequenz der Musikschule, sowie der gedeihlichen Entwicklung des Institutes überhaupt von 500 fl. auf 1000 fl. zu erhöhen."
Der Ausbau der Musikschule wird vorangetrieben: Eine vierte Sologesangsklasse wird eingerichtet, die Bläserklassen werden erweitert. Neue Lehrer werden verpflichtet: Heinrich Hübl (Chorregent, Sänger, Organist und Instrumentalist als Mitglied des Dommusik-Vereins), Gustav Schreiber (Pianoforte und Violoncello, Orchestermitglied des k.k. Theaters), Josef Petrik (Erster Hornist des Dommusik-Vereinsorchesters und Lehrer an der dortigen Vereinsschule), Eduard Hausner (Pianoforte, Oboe und Klarinette, Lehrer und Orchestermitglied des k.k. Theaters), Franz Kepler (Flöte, Lehrer an der Dommusik-Vereins-Schule, Orchestermitglied des k.k. Theaters), Karl Kubena (Erster Fagottist des Dommusik-Vereins, Orchestermitglied des k.k. Theaters), Heinrich Kubena (Violine, Lehrer an der Dommusik-Vereinsschule, Orchester-Direktor des k.k. Theaters), Emil Metzner (Posaune, Trompete, Orchestermitglied des k.k. Theaters). Die Schule wird 1882/83 von 143 Schülern und 115 Schülerinnen besucht. Die vier Schülervortragsabende bieten ein gemischtes Programm (nicht vorwiegend Mozart).
Im Benefiz-Konzert des Direktors Hummel wird am 21. Oktober Mozarts Klarinettenquintett KV 581 zum erstenmal in Salzburg aufgeführt.
Die ISM veranstaltet sieben Konzerte, mit vielen Salzburger Erstaufführungen (Bach, Taubert, Wuerst, Wagner, Reinecke, Mendelssohn Bartholdy, Laub, Liszt, Dvořák, Brahms, Beethoven, Gabrieli, Mozart, Schwencke, Grieg, Händel).
Zauberflöten-Häuschen: 2314 Besucher, Mozart-Museum: 1684. Kapital der ISM: 47696 Gulden 42 Kronen.
Neue Bände der alten Mozart-Ausgabe und der alten Bach-Ausgabe (Jahrgang 9 bis 29) kommen in die Bibliothek, die jetzt 305 Bücher und 3240 Musikalien enthält.

1884

Die Musikschule Mozarteum wird nach der öffentlichen Gemeinderatssitzung vom 15. Mai 1883 „als ausgezeichnete, anerkennenswertheste und lebensfähige Institution" bezeichnet und „umsomehr großer Opfer werth befunden, als sie, bereits in höherer Entwicklung, von cultureller Bedeutung, der Stadt zur Ehre gereicht, durch höhere Ausbildung der Schuljugend, welche zu zwei Fünftel unentgeltlich unterrichtet wird, denselben Lebensunterhalt, und durch Heranziehung fremder Zöglinge, der Stadt Nutzen schafft".
Alle Salzburger, deren Vermögensumstände es gestatten, sollen aus Patriotismus, aus Liebe zum Vaterland Beiträge leisten. Salzburg ehrt sich selbst, wenn es Mozart in seinem Mozarteum ehrt.

„Mit gerechtem Stolze betrachtet der Salzburger seine Metropole, dieses prächtige Land, diese schöne mit den herrlichen Alpen begränzte Stadt hat einen Weltruf der Schönheit und ist durch die Gnade unseres Monarchen einer Erweiterung fähig geworden. Salzburg sieht einer schönen Zukunft und Verbesserung seiner materiellen Verhältnisse entgegen. Wollen die Salzburger, daß ihre herrliche Stadt sich vergrößere, daß sich Fremde hier ansässig machen, so müssen sie auch dafür sorgen, daß hier nicht bloß Alpenblumen, sondern auch Kunst und Wissenschaft blühen!"

Der vierte Jahresbericht der ISM, der auf die Erweiterung der Schule, auf sechs neue Lehrkurse und auf die soziale Besserstellung der Lehrer hinweist, vermerkt: „Die Musikschule ist dermalen noch vorherrschend Elementar-, wenn auch theilweise hinwieder schon Kunstschule in dem Sinne, als in den Ober- und Ausbildungsklassen ein kleiner Bruchteil, etwa 10% der Gesammtzahl, bereits auf das, an eine solche Schule streifende Gebiet gebracht werden konnte, wo die Individualität des Einzelnen Berücksichtigung fordert und finden muß."

Die Schülerzahl ist auf 303 (im Vorjahr 258) gestiegen. Fünf Vortragsabende mit 47 Nummern – darunter viele Zeitgenossen – finden statt. Man strebt an, auswärtige Schüler „bei achtbaren Familien, namentlich solchen, die sich ausschließlich der Musik als Lebensberuf zuwenden", unterzubringen.

Der Anfang und das Ende des Vereinsjahres der ISM wird mit der Aufführung größerer Werke zum Gedächtnis von Mozarts Geburts- und Sterbetag im Januar und Dezember begangen. Im Dezember soll regelmäßig die Aufführung eines Oratoriums stattfinden. Zwei andere Konzerte sollen kleinere Veranstaltungen sein, die „Partien und Concerte verschiedener Instrumente, die Duetten, Terzetten, Quartetten, Symphonien, Arien und mehrstimmigen Gesängen mit dem Flügel allein und auch mit anderen Instrumenten begleitet" gewidmet sind. Einzelproben für Streicher und Bläser werden für Konzerte vereinbart. Bei großen Aufführungen wirken 70 bis 90 Instrumentalisten und 100 bis 120 Choristen mit. Die ISM betreut 125 Abonnenten mit 248 Plätzen. Die Jahreseinnahmen des Konzert-Institutes betragen verglichen mit den Ausgaben einen Überschuß von 351 Gulden und 63 Kronen.

Der Salzburger Gemeinderat zahlt statt 200 Gulden künftig 400, der Salzburger Landtag erhöht seine Subvention von 500 auf 1 000 Gulden.

Das Mozart-Museum besuchen 2 369 Personen, 2 224 das Zauberflöten-Häuschen, 60 Personen begehren Einsicht ins Mozart-Album. Der Bestand an Büchern beträgt 308 Bände, an Musikalien 3317 Bände. Musikalien werden auch ausgeliehen.

1885

Im fünften Jahresbericht der ISM wird festgelegt: „Das Concert-Institut des Vereines pflegt vornehmlich klassische Musik durch Vorführung der Meisterwerke aus allen Epochen der Geschichte der Tonkunst: von den Altmeistern an, aus der sogenannten

patriarchalischen Zeit, bis Haydn und Mozart, und in die neueste Zeit, in Orchester- und Chorwerken, wie in Solovorträgen und den jährlichen vier Abonnements-Concerten, und noch eventuell in besonderen Fest- und Künstler-Concerten."
Kern des Orchesters bilden Lehrer und Schüler des Mozarteums, bei Chorwerken wirkt die Salzburger Liedertafel mit. In den Konzerten der ISM werden 44 Werke von 32 Komponisten aufgeführt (darunter 30 Erstaufführungen für Salzburg). 121 Abonnenten haben 238 Sitze gemietet, das entspricht 61 v. H. der 391 Plätze. Am 9. Mai findet ein Abonnementskonzert zur Erinnerung an den 200. Geburtstag Bachs und Händels statt.
Das Zauberflöten-Häuschen besuchen 2447 Personen, das Mozart-Museum 2033, 73 Besucher sehen das Mozart-Album ein (u. a. Gustav Freytag und Max Kalbeck). Kalbeck beschreibt Mozarts Porträtzeichnung von Doris Stock wie folgt:
„Betrachtet Euch diesen fein gebildeten, von ungemeiner Anmuth beseelten Kopf, das wehende Haar, die kühn gewölbte Stirn, das feurige große Auge, die energisch geschwungene schmale Nase, den sprechenden Mund mit den schwellenden Lippen, das volle behagliche Kinn und das charakteristische Ohr mit seiner breiten Muschel und dem gespaltenen Außenrande!
Männlicher Ernst, weiblicher Zartsinn und kindliche Einfalt reden aus diesen harmonischen Zügen, die das treueste Abbild des inneren Menschen sind. Was die Natur an guten Gaben sonst flüchtig und achtlos unter der Menge zerstreut, hat sie hier zu der vollkommensten Übereinstimmung verbunden.
Eine solche Stirn kann eine Welt von Vorstellungen und Phantasien begreifen und hat doch keinen Raum für einen einzigen schlechten oder unwürdigen Gedanken; ihr ist die bunte Fülle von Gestalten entsprungen, mit welchen der Shakespeare der Musik das Theater belebt hat. Diesen Augen merkt man es an, daß sie bis auf den Grund der Dinge zu blicken vermögen, um unschuldsvoll zu erschauen, was kein Verstand der Verständigen sieht; aber man merkt es ihnen auch an, daß sie vor Niemandem den Blick zu Boden schlagen, weil sie der Spiegel eines reinen aufrichtigen Gemüthes sind. In ihnen ruht die erlösende Macht jener unvergleichlichen Melodien, welche selbst da, wo sie von Schwermuth und Trauer singen, als Boten des Trostes und Friedens bei uns einziehen. Und dieser Mund – scheint er nicht wie geschaffen zum Scherzen und Küssen, noch mehr zum Mitgenießen aufgelegt, zielt nicht Eros mit dem sicheren Bogen von seinen Lippen, und lachen nicht Grazien und Amoretten aus seinen schalkhaft gekräuselten Winkeln hervor? Was er spricht, ist ein munterer Spaß, und er trällert ein loses Schelmenliedchen, und was er verschweigt, sind höchstens Vorwürfe und Anschuldigungen, denn er hat sonst nichts zu verschweigen. Das ist der Componist des Figaro, des Don Juan, der Zauberflöte; es braucht keiner weiteren Förmlichkeiten, ihn einzuladen, ein Wink ruft ihn herbei, es braucht keiner besonderen Ceremonien und Titel, ihn vorzustellen, wir haben ihn gesehen und kennen ihn, und es braucht auch keiner umständlichen Vorbereitungen, ihn zu empfangen, denn er nimmt mit Allem vorlieb und fühlt sich in der bescheidensten Mansarde so heimisch wie in dem üppigsten Prunkgebäude. Seine Unterhaltung entrückt uns sofort unserer Umgebung, und während wir ihn zu bewirthen denken, sind wir seine Gäste. Er macht keine Ansprüche und bewegt sich unter schlichten Leuten mit derselben

Ungezwungenheit wie unter vornehmen; denn er ist schlichter als die schlichtesten und vornehmer als die vornehmsten.
Salzburg, d. 10. Septber. 1885."
Die Räume der Musikschule werden erweitert. Sie hat jetzt 308 Schüler, 91 sind Bürgerschüler, zwei Gewerbeschüler, 34 Gymnasiasten, einer Handelsschüler, 21 Lehramtszöglinge, je 24 Real- und Volksschüler, 15 Übungsschüler und 96 Schulfreie.
Von den Schülern stammen aus der Stadt Salzburg 152, aus dem Land Salzburg 36, elf aus Tirol, einer aus Vorarlberg, 42 aus Oberösterreich, 24 aus Niederösterreich, sieben aus der Steiermark, zehn aus Böhmen, fünf aus Mähren, vier aus Schlesien, zwei aus Ungarn und einer aus Galizien; einer aus Baden, acht aus Bayern, je einer aus Frankfurt a. M., Preußen, Sachsen und Württemberg. Es wird bedauert, daß keine Schüler-Pensionen mit Zahl- oder Freiplätzen vergeben werden können.
Eine Stimme aus Preußen (Dr. Gustav Preßel, Musikschriftsteller und Komponist, 4. Mai 1885): „In Berlin sind 600 Millionäre: Wäre ich doch Einer davon, was wollte ich zu Ehren des ewig geliebten Meisters aller Meister thun! Oder wäre ich selbst ein berühmter Mann, der mit dem Zauber seines Namens die Schätze der Reichen flüssig machen könnte! Solche Wünsche mußten mir unwillkürlich kommen, als ich den IV. Jahresbericht [1884] las, der mich, was die materielle Grundlage betrifft, auf der das ideale Gebäude ruht, mit Wehmut erfüllte."

1886

Im Aufruf zur „Don Juan"-Jubelfeier 1887 heißt es: „Der Siegeszug dieses unübertroffenen Meisterwerkes über alle Opernbühnen der Welt verbürgt uns die Zuversicht, daß dieser hundertjährige Gedenktag überall, dies- wie jenseits des Weltmeeres, nach Gebühr gefeiert werden wird, um so mehr, als der Vorstand der Internationalen Stiftung ‚Mozarteum' in Salzburg, welcher sich zunächst zur pietätvollen Pflege des Mozart-Kultus berufen fühlt, in dieser Hinsicht von den Leitern einer Reihe hervorragender Opernbühnen die erfreulichsten Zusagen bereits erhalten hat. Den Bestrebungen des unterzeichneten Vorstandes [Sterneck, Engl], der nächstjährigen Jubiläumsfeier den Charakter einer internationalen Huldigung für den großen Salzburger Meister zu verleihen, hat auch das k. k. Ministerium für Kultus und Unterricht in dankbarst anzuerkennender Weise kräftige Unterstützung zu Theil werden lassen..."
Der Verlag Breitkopf & Härtel in Leipzig dankt der ISM für Subventionen für die alte Mozart-Ausgabe und lobt das Entgegenkommen beim Ausleihen von Handschriften Mozarts.
In einem der fünf Konzerte der ISM wird Mendelssohn Bartholdys „Elias" ungekürzt aufgeführt. Von Mozart erklingen das d-moll-Klavierkonzert KV 466 und die Pariser Symphonie KV 297. Die Einnahmen des Vereins betragen 14039 Gulden und 46 Kronen, die Ausgaben 13576 Gulden und 80 Kronen.

Die Musikschule nimmt einen gedeihlichen Aufschwung, man wünscht aber weitere Kurse für theoretische Fächer und eine bessere Altersversorgung für die Lehrer. Doch das Unterrichtsministerium in Wien lehnt erhöhte Subventionen ab. Die Musikschule verfügt über folgende Instrumente: fünf Klaviere, einen Konzertflügel (Bösendorfer), je eine Violine und Viola, ein Violoncello, je zwei Kontrabässe und Harfen, eine Oboe, zwei Klarinetten, ein Englischhorn, ein Fagott, zwei Hörner, drei Zugposaunen, Pauken, eine kleine Trommel, ein Paar Cinellen, eine Triangel. Die Bibliotheksbestände werden geringfügig erweitert. Besucher des Zauberflöten-Häuschens: 1969, des Mozart-Museums: 2377. Der Archivar zeigt 62 Personen das Mozart-Album.

1887

Das dritte Salzburger Musikfest findet am Samstag, dem 20., und Montag, dem 22. August, statt. Es ist dem 100jährigen „Don Juan"-Jubiläum gewidmet. Literarisch begeht man das Jubelfest mit einer Festschrift („Mozart's Don Juan 1787–1887. Ein Beitrag zur Geschichte dieser Oper") von Rudolf von Freisauff, künstlerisch mit zwei „Don Juan"-Aufführungen. Dirigent der Oper ist der k. k. Hofkapellmeister Hans Richter (Mozarteumsdirektor Joseph Friedrich Hummel obliegt die Einstudierung). Regie führt der k. k. Theaterdirektor Albert Rosenthal. Die Personen und ihre Darsteller sind: Don Juan: Hr. Reichmann, Donna Anna: Fr. Witt, Octavio: Hr. Vogl, Der Comthur: Hr. Weiglein, Donna Elvira: Fr. Lehmann, Leporello: Hr. Staudigl, Masetto: Hr. Felix, Zerline: Fr. Bianchi.
Das Orchester bilden Konzertmeister und Lehrer des Mozarteums, Mitglieder des Dommusik-Vereinsorchesters, fremde und einheimische Kräfte, die Chöre werden von 40 Damen und Herren der Salzburger Liedertafel gestellt. In einem Brief vom 11. Mai an Sterneck fordert Hans Richter „8 erste, 8 zweite Violinen, 6 Bratschen, 6 Violoncelle, 4 Contrabäße" ... „die Stimmführer und besonders die Violoncellisten (Prof: Ferd: Hellmesberger) dann die 1te Hoboe, 1tes Fagott und die 2 Hörner muß ich von Wien oder München haben. Bratschen, Violoncelle und Bäße dürfen nicht geringerer Qualität sein, sonst giebt's keine Musteraufführung." Der Reinertrag beträgt 948 Gulden und 78 Kronen. Die Aufführungen werden von einem internationalen Publikum besucht; die Kritiken sind in Wien schlecht, im sonstigen deutschsprachigen Gebiet positiv. Präsident Sterneck veranlaßt eine internationale „Don Juan"-Theaterzettelsammlung.
Die ISM veranstaltet vier Konzerte, die Musikschule (312 Schüler) zwei Schüler-Vortragsabende.
Im Zauberflöten-Häuschen zählt man 1883 Besucher, im Mozart-Museum 2351, das Mozart-Album findet 35 Interessenten.

16.

17.

16. k. u. k. Hofkapellmeister Hans Richter (1843–1916), Ehrenmitglied der ISM
17. Theodor Reichmann, München, als Don Giovanni, Salzburg 1887

1888

Präsident Sterneck tritt mit dem 16. Mai zurück. Sein Nachfolger wird der k. k. Hofapotheker Dr. Wenzel Sedlitzky, Präsident des Kunstvereins und Ritter des Franz-Josef-Ordens (bis 15. Januar 1889). Ihm liegen besonders der Ausbau der Musikschule und die Altersversorgung der Lehrer am Herzen.
Die sechs Vereinskonzerte (46 Werke von 24 Komponisten) sind zu 65 v. H. ausabonniert; sie zeigen zum erstenmal eine negative Bilanz (22 Gulden und 37 Kronen). Zur Feier der vierzigjährigen Regierung Seiner Majestät des Kaisers Franz Joseph I. werden vom 24. bis 26. Juli drei Festkonzerte veranstaltet.
Rosa Papier-Paumgartner und Dr. Hans Paumgartner diskutieren am 26. Juli mit Ausschußmitgliedern der ISM über die Errichtung eines Mozart-Festspiel-Theaters und über die Gründung von Mozart-Gemeinden. Am 30. Oktober wird die Internationale Mozart-Gemeinde gegründet, die bis 1935 rund 7000 Mitglieder umfaßt.
„Die Mozartgemeinde vereinigt unter diesem Namen alle Freunde und Verehrer (Damen und Herren) der Musik im Allgemeinen und Mozart's im Besonderen zu dem gemeinsamen Ziel der Förderung der ‚Intern. Stiftung: Mozarteum' in Salzburg, welche Stiftung sich in ihren Statuten die Pflege der Tonkunst und des Mozart-Cultus zur Aufgabe gestellt hat und diesen Zweck unter Anderem vorzugsweise anstrebt:
1. durch Haltung und Förderung der öffentlichen Schule: ‚Mozarteum',
2. durch Veranstaltung periodischer Musikfeste,
3. durch sorgfältige Bewahrung des Mozarthäuschens und würdige Instandhaltung des Geburtszimmers Mozart's,
4. durch möglichst vollständige Ansammlung der Mozart-Relikten, und
5. durch Herstellung eines Mozarthauses für die Musikschule nebst Archiv und für musikalische Aufführungen."
Das Zauberflöten-Häuschen besuchen 1899 Personen, das Mozart-Museum 2466, das Mozart-Album, das 73 Besucher einsehen, erfährt einen Zuwachs von 16 Blättern. Dr. Hans Paumgartner trägt ein:
„In den Meisterwerken Mozart's verklärt sich das menschliche Leben zur reinsten, keuschesten Schönheit. In einem Frühlingsrausche hat die Natur uns den holdesten aller Künstler geschenkt, der in seinem Wunderhirn die Urkraft des Genies zugleich mit der himmelsreinen Empfindung des Kindes geborgen hat. Jeder Teststoff, den dieser Künstler geschaut hat, verwandelt sich unter seinem Götterblick in lauteres Gold. Die Gestalten im ‚Don Juan', in der ‚Zauberflöte', in der ‚Hochzeit des Figaro' hat Mozart aus der schwülen Atmosphäre des Librettos in den rosigen Äther seiner Kunstempfindung emporgehoben. Sie singen uns das Keuscheste und Reinste und in ihren seeligen Melodien klingt alles Glück der erdentrückten Himmelsgebornen wieder. –

Möge unter seinem ambrosischen Namen die internationale Stiftung ‚Mozarteum' immer Schönes und Hohes vollbringen und so stets in wahrhaft gedeihlicher Weise von jener Stadt aus wirken, die in ihrer paradiesischen Heiterkeit von den Genien dazu auserlesen ward, dem Wundermenschen Mozart Geburtsstätte zu sein.
Wien, am 24. Oktober 1888."

Die Musikschule (339 Schüler) erhöht das Schulgeld um 25 v. H., richtet mehr Kurse für praktische Übungen ein (Kammermusik- und Orchesterklasse, Freitags-Chorübungen für gemischten Chor, Oratoriengesang, Einzelproben für Streicher und Bläser, Gesamtproben für Vereinskonzerte). Direktor Hummel bekommt ein Angebot als erster Kapellmeister nach Hamburg (Stadttheater). Es wird vereinbart, daß er seinen Verpflichtungen sowohl in der Hansestadt wie in Salzburg nachkommen kann (Hummel bleibt aber in Salzburg).

18. Kuratoriumsmitglieder der ISM. Stehend: Franz Gessele, Dr. O. Berggruen, Dr. Josef Stigler, Dr. Wenzel Sedlitzky. Sitzend: Johann Evangelist Engl, Dr. Josef Hitschfeld, Baron Carl Sterneck (Präsident), Carl Spängler (Kassier), Hans Schläger.

19. Dr. Wenzel Sedlitzky, Präsident der ISM von 1888–1890

1889

Präsident Sedlitzky tritt am 15. Januar zurück. Das Amt bleibt bis zum 3. Juni 1890 unbesetzt. Stellvertreter ist der k. k. Hof- und Gerichtsadvokat Josef Stigler.
Der Konzertbetrieb der ISM gerät in eine Krise, denn die Salzburger Bevölkerung besucht die Konzerte zu wenig. Die Presse bemängelt die Interesselosigkeit des Publikums. Zu viel Ausgaben für die Konzerte – drei Vereinskonzerte haben stattgefunden – beeinträchtigen den Ausbau der Musikschule, die zur Zeit 361 Schüler zählt und in diesem Jahr Bedeutendes leistet. „... Die Mozarteums-Musikschule zählt heute bereits nach dem Ausspruche kompetentester Fachautoritäten als die drittbeste unter allen derartigen Anstalten Oesterreich-Ungarns" (Salzburger Volksblatt vom 27. Juli). Man ist der Meinung, daß die staatliche Jahressubvention von 1000 Gulden den Leistungen der Schule nicht entspricht.
Am 23. Mai übergibt Altpräsident Sterneck eine Porträtsammlung von Zeitgenossen und persönlichen Freunden der Familie Mozart für das Zauberflöten-Häuschen, das in diesem Jahre 1741 Personen besuchen. Das Mozart-Museum verkauft 2471 Eintrittskarten, das Mozart-Album sehen 72 Gäste ein.
Das Passy-Quartett, ein komisches Gesangsquartett der Liedertafel „Frohsinn", Linz, veranstaltet im Salzburger Großen Kursaal am 8. Dezember einen „Productions-Abend" zugunsten der ISM.
Die Mozart-Gemeinden zählen bereits 230 Mitglieder. Sie verzeichnen Gründungen in Badgastein, Brünn, Graz, Olmütz, Prag, Salzburg, Troppau, Wien, Dresden, Königsberg und Rotterdam sowie in Livland.
Am 14. Oktober stirbt Johann Peregrin Hupfauf, seit 1881 Dommusik-Direktor.

1890

Josef Stigler übernimmt mit dem 3. Juni das Amt des Präsidenten (bis 17. Juli 1899).
Man faßt den Plan, ein Mozart-Festspielhaus in Salzburg zu errichten. Mit dem Bau soll auch der Fremdenverkehr belebt werden; denn um Salzburg gruppieren sich Kur- und Ferienorte. Die vornehmlichste Aufgabe allerdings muß die mustergültige Aufführung Mozartscher Opern sein. Das Festspielhaus soll eine Musterbühne werden, die beispielhafte Inszenierungen bietet. Ferner will man das klassische Opernrepertoire pflegen (Gluck, Beethoven, Weber). Eine Konkurrenz zu Bayreuth wird nicht angestrebt. Das

Haus soll 1500 Besuchern Platz bieten (848 Plätze mit 26 Reihen im Parkett). Um für den Gedanken des Festspielhauses in der Nähe und Ferne zu werben, erscheint die Broschüre „Das Mozart-Festspielhaus in Salzburg" im Selbstverlag des Actions-Comités.
Die Musikschule wird nach zehn Jahren als wichtigste Schöpfung der ISM angesehen. Für sie sollen keine Opfer gescheut werden. Die Kosten für die Schule (391 Schüler) betragen 11835 Gulden und 69 Kronen, Schulgeld und Subvention machen 8292 Gulden und 44 Kronen aus. Der Restbetrag von 3543 Gulden und 25 Kronen wird durch Kapitalzinsen und die Einnahmen aus dem Mozart-Museum (3390 Besucher, meist Engländer und Amerikaner) und dem Zauberflöten-Häuschen (1913 Besucher) gedeckt.
Die Salzburger Landesregierung schlägt mit Beschluß vom 6. August vor, einen Fundus von Blasinstrumenten für finanziell schwache Schüler anzuschaffen.
Die vier Vereinskonzerte – dem Genius loci wird wenig gehuldigt – sind zu 62 v. H. ausabonniert.

1891

Das vierte Salzburger Musikfest, von Mittwoch, 15., bis Freitag, 17. Juli, ist ganz auf die Mozart-Zentenarfeier ausgerichtet. Erster Tag: 11.00 Uhr: Mozarts „Requiem" wird im Dom aufgeführt (Dirigent: Joseph Friedrich Hummel, Orchester: Dommusik-Verein und Mozarteum, Chor des Mozarteums und der Liedertafel), es zelebriert Fürsterzbischof Dr. Haller. Um 17.00 Uhr findet eine Festversammlung statt, Dr. Robert Hirschfeld (Wien) hält die Ansprache. Abends: Fackelzug.
Zweiter Tag: 11.00 Uhr: Erstes Festkonzert in der Aula academica, Dirigent: k. k. Hofoperndirektor Wilhelm Jahn, Orchester der Wiener Philharmoniker (Besetzung: 15 Erste Violinen, 16 Zweite Violinen, zwölf Violen, zehn Violoncelli, zehn Kontrabässe, je drei Flöten, Oboen, Klarinetten und Fagotte, vier Hörner, drei Trompeten, vier Posaunen, zwei Pauken. Auf dem Programm stehen ausschließlich Werke von Mozart: Teile aus der „Zauberflöte" und das Klavierkonzert d-moll KV 466 (Solistin: Annette Essipoff-Leschetizky), Symphonie g-moll KV 550. Abends: Gartenfest in den Kurhausanlagen.
Dritter Tag: 11.00 Uhr: Zweites Festkonzert in der Aula academica, Dirigent und Orchester wie beim ersten Festkonzert. Programm: Streichquartett d-moll KV 421 (Streichquartett Hellmesberger), Arien aus „Così fan tutte", „Die Entführung aus dem Serail", Lieder, Jupiter-Symphonie KV 551. Nachmittags: Ausflug auf den Gaisberg. 19.00 Uhr: Festvorstellung von „Figaros Hochzeit" im Stadttheater. Dirigent ist Joseph Friedrich Hummel, Solisten sind: J. Ritter (Almaviva), Ende Andriessen (Gräfin), B. Bianchi (Susanne), Brandt-Forster (Cherubin), Krolop (Figaro), Kaulich (Marcelline). Orchester und Chor wie beim „Requiem". 22.45 Uhr: Abschiedsbankett.
Der elfte Jahresbericht der ISM berichtet über dieses Musikfest: „Die unvergleichlich schönen Festtage sind wie ein Märchenzauber vorübergerauscht, die Erinnerung aber an

20. Mozarts Geburtshaus im Jahre 1891

dieselben werden wohl nie erlöschen, standen sie doch ausschließlich im Dienste des Mozart-Cultus, dessen Pflege die Hauptaufgabe unseres Vereines ist und bleiben wird, auch in der Pflegestätte für denselben: in unserer Musikschule für die heranwachsende Jugend." Aus Anlaß der Zentenarfeier erscheint eine Festschrift, die in drei Teile gegliedert ist: 1. Die Mozart-Familien in Augsburg, Salzburg und Wien, 2. Drei bis 1890 ungedruckt gebliebene Briefe W. A. Mozarts aus der letzten Lebenszeit, 3. Das Requiem und die Requiemfrage. Die Ausgaben des Musikfestes betragen 16 078 Gulden und 14 Kronen, die Einnahmen 15 375 Gulden und 67 Kronen (Defizit: 702 Gulden und 47 Kronen).
Die Mozart-Gemeinden können Mitgliederzuwachs verbuchen. Das Zauberflöten-Häuschen besuchen 1750 Personen, das Mozart-Museum 2111 (Rückschlag gegenüber dem Vorjahr!).
Die Musikschule zählt 395 Schüler.

1892

Die Musikschule (350 Schüler) erhält Spenden und Subventionen: Seine k. k. Hoheit Erzherzog Ferdinand IV., Großherzog von Toskana, überweist 50 Gulden, Erzherzog Ludwig Viktor 25 Gulden, der Salzburger Landtag erhöht seine Subvention auf 250 Gulden, die Salzburger Sparkasse spendet 800 Gulden, die Salzburger Gemeindevertretung unterstützt die Schule mit 400 Gulden, das Ministerium mit 1 000. Die Schule beschäftigt 16 Lehrkräfte und einen Schuldiener, sie veranstaltet zwei Schülervortragsabende.
Am 12. Juli findet eine Festaufführung von Beethovens IX. Symphonie in der Aula academica statt (Erstaufführung in Salzburg: 18. April 1875). Das Orchester, mit 18 Ersten und 14 Zweiten Violinen, je neun Violen und Violoncelli, acht Kontrabässen, elf Holz- und 14 Blechbläsern sowie Schlagzeug besetzt, wird von Joseph Friedrich Hummel geleitet. Der etwa 160 Sänger starke Chor rekrutiert sich aus dem Damenchor des Mozarteums, der Salzburger Liedertafel, Zöglingen der k. k. Lehrerbildungsanstalt und des fürsterzbischöflichen Domsingknabeninstituts.
Von 1881 bis 1892 finden sich Werke folgender Komponisten auf den Programmen der ISM: J. J. Abert, C. Ph. E. Bach, J. S. Bach, A. Le Beau, R. Becker, Beethoven, W. St. Bennett, Berlioz, Bizet, G. Braga, Brahms, Ing. Bronsard, Bruch, Bruckner, Brüll, Chopin, Corelli, Cornelius, C. Davidoff, C. Decker, Delibes, J. Dürner, Dvořák, H. Esser, R. Franz, R. Fuchs, G. Gabrieli, N. Gade, C. Gerber, F. Gernsheim, Gluck, C. Goldmark, Grieg, J. O. Grimm, Grünfeld, F. Grützmacher, Händel, J. Hager, C. Hartmann, Haydn, G. Henschel, V. Herbert, R. Heuberger, Ferd. Hiller, H. Holstein, J. Fr. Hummel, J. N. Hummel, Kienzl, Kleffel, W. Kleinecke, Ed. Kretschmer, Frz. Lachner, V. Lachner, E. Lassen,

H. Laub, J. Lauterbach, A. Lindblad, A. Lindner, Liszt, Marschner, Massenet, Mayer, Méhul, F. Meichelbeck, Mendelssohn, Meyerbeer, E. Meyer-Hellmund, B. Molique, I. Moscheles, M. Moszkowsky, Mozart, P. Nardini, M. Olbersleben, J. Pembauer, Pergolesi, D. Popper, M. Praetorius, J. Raff, C. Reinecke, H. Reinhold, C. Reissiger, J. Rheinberger, F. Ries, H. Ritter, Rossini, A. Rubinstein, Saint-Saëns, P. Sarasate, J. Schläger, Schubert, Schumann, J. Schwenke, H. Servais, J. Sitt, L. Spohr, M. Stange, J. Sueber, J. Svendsen, W. Taubert, Tschaikowsky, Verdi, H. Vieuxtemps, J. Viotti, J. Vockner, R. Volkmann, H. Waelrant, Wagner, Weber, W. Weckbecker, H. Wieniawski, H. Wolf, R. Wuerst.
Die Mozart-Gemeinden zählen 1415 Mitglieder mit einem Kapital von 1975 Gulden 18 Kronen. Das Zauberflöten-Häuschen sehen sich 426 Personen an, das Museum 2234 (Mozart-Album: 52).
Am 11. Januar stirbt der Kaufmann Angelo Saullich, Besitzer des Mozart-Geburtshauses. Die Besitznachfolger sind Stranz und Scio. Erst im Mai 1917 gelingt es der ISM, das Geburtshaus käuflich zu erwerben.

1893

In einem Rundschreiben vom Januar wirbt die ISM um neue Abonnenten für ihre drei Vereins-Konzerte. „Diese Abonnements-Concerte, in welchen sowohl die Meisterwerke der klassischen, als auch die hervorragendsten Erscheinungen der modernen Musik in künstlerischer Weise vorgeführt werden, bilden den vornehmsten Angelpunkt des Musiklebens und der Musikpflege in der Mozartstadt. – Ein Rückblick auf die in den abgelaufenen Jahren gegebenen 64 Concerte zeigt, daß es diesen Veranstaltungen nie an moralischen und künstlerischen Erfolgen mangelte und daß der Werth derselben von dem Großtheil der kunstsinnigen Bevölkerung und seitens der Presse die verdiente Würdigung und Anerkennung fand. – Trotzdem ist es aber leider eine Thatsache, daß das Mozarteum als Concertunternehmung in finanzieller Beziehung erst im verflossenen Jahre bessere Resultate erzielt hat. Wie der ‚eilfte' Jahresbericht des Mozarteums ziffermäßig nachweist, ergaben die Vereins-Concerte des Decenniums 1881–1891 ein Gesammt-Defizit von 2248 fl. Mit anderen Worten: das Mozarteum mußte, um dem musikliebenden Publikum Salzburgs die regelmäßigen Concerte bieten zu können, dafür jährlich 204 fl. aus eigenen Mitteln opfern. – Hiebei ist noch zu bemerken, daß die wichtigste Schöpfung des Vereines: die öffentliche Musikschule ‚Mozarteum', an der die Hälfte der inscribirten Schüler ganze und halbe Befreiung vom Schulgeld genießen, einen Kostenaufwand von nahezu 10000 fl. verursacht und heute noch pro Jahr eine Daraufzahlung von 1000 fl. aus der Vereinskasse beansprucht, und daß andererseits die Lehrkräfte des Mozarteums, welche kontraktlich verpflichtet sind, bei den Concerten unentgeltlich mitzuwirken, diesen Theil ihrer angestrengten Thätigkeit dem Institute, dem sie angehören, widmen, ohne daß dasselbe pekuniär gekräftigt wurde, oder für dieselben bis nun ein Pensionsfonds gegründet werden konnte. – Den werthvollen moralischen Rückhalt, den sich das Mozarteum durch seine Wirksamkeit als Musikschule und Concert-Institut sowohl in unserer Stadt, als auch in der Musikwelt überhaupt geschaffen hat, mußte es bisher selbst baar bezahlen – das ist für ein Institut, das künstlerischen und kulturellen Zwecken dient, ein sehr entmuthigender Umstand. – Der gefertigte Ausschuß hält es für seine Pflicht, diese Verhältnisse der musikliebenden Bevölkerung Salzburgs klarzulegen und greift hiemit zu dem neuerlichen Mittel, welches bewirken kann, daß die Mozarteums-Concerte lebensfähig und der Mozartstadt erhalten bleiben: ‚Erweckung einer allgemeineren Theilnahme des Publikums an denselben.' – In der Voraussicht, daß dieser neuerliche Appell nicht ungehört verhallen wird, eröffnet der gefertigte Ausschuß für das 13. Vereinsjahr 1893 ein ganzjähriges Abonnement auf drei Vereins-Concerte und rechnet hiebei auf das Verbleiben der bisherigen Abonnenten und auf den Neueintritt zahlreicher Freunde der Tonkunst und Förderer des heimischen Kunstinstitutes."

Was die Musikschule betrifft (346 Schüler), so hält man einen Lehrer-Pensions-Fonds für wichtig, man denkt auch an Schülerstipendien. Einnahmen der Mozart-Gemeinden (54 Gemeinden von Tokio bis Konstantinopel mit 1713 Mitgliedern und einem Kapital von 7203 Gulden und 30 Kronen) sollen der Schule zugute kommen.

Die Bibliothek subskribiert den ersten Band der „Denkmäler der Tonkunst in Österreich".

Ins Zauberflöten-Häuschen kommen 1865 Besucher, in das Mozart-Museum 2576.

Gounod und Verdi verewigen sich im Mozart-Album. Gounod: „Ein Frommer, stets zu den Füßen Gottes, als Gabe dem Mozarteum, dem Tempel des unsterblichen Meisters."

Verdi: „Es gibt kein Wort, welches den Ruhm Mozarts größer machen könnte, der einer der größten Tondichter Deutschlands und der Welt ist und bleiben wird."

Am 27. November stirbt Alt-Präsident Sterneck.

1894

Die Vereinskonzerte der ISM sind noch immer nicht ausreichend besucht (von 340 Sitzen des Kursaales sind nur 127 abonniert). Über das Orchester, das die Konzerte bestreitet, schreibt der 14. Jahresbericht der ISM: „Das Concert-Orchester ist ein combinirtes, kein selbständiges, auch nicht ein permanentes. Es muß für jedes Concert wieder neu in zahlreichen Proben herangeschult werden, welcher Umstand Mehrkosten macht und die Mühe in dem Maße besonders für größere Werke-Aufführungen ungleich mehr, als bei einem stabilen Orchester, in Anspruch nimmt. Trotzdem aber vermögen die Vorführungen stets selbst vor der strengen fach- und sachgemäßen Kritik in allen Ehren zu bestehen."

Am 2. Dezember erfährt Brahms' Dritte Symphonie ihre Salzburger Erstaufführung. Auf den Programmen finden sich viele Zeitgenossen.

Die Mozart-Gemeinde Berlin wird gegründet. Leiter ist der Dramaturg, Shakespeare- und Hans-Sachs-Forscher Rudolph Genée, der auch als Verantwortlicher für die „Mitteilungen der Berliner Mozart-Gemeinde" zeichnet.
Der Katalog des Mozart-Museums von 1882 erscheint in englischer und französischer Sprache. Der 14. Jahresbericht der ISM veröffentlicht zum erstenmal Mozarts Verlassenschaftsakt. Wissenschaftliche Artikel finden Eingang in die Jahresberichte.
Das Zauberflöten-Häuschen sieht 2508 Besucher, das Mozart-Museum 2876, das Mozart-Album besehen 67 Besucher.
„Schlaraffia-Juvavia", eine gesellig-kulturelle Vereinigung, 1894 gegründet, besucht am 15. April das Zauberflöten-Häuschen und stiftet einen Lorbeerkranz mit Widmungsschreiben. „Schlaraffia" leistet einen Beitrag zum Bau eines Mozart-Hauses. Es wird vereinbart, daß die Vereinigung im neuen Mozart-Haus „auf ewige Zeiten" Räume zur Verfügung gestellt bekommt.
Die Musikschule zählt 342 Schüler und veranstaltet drei Schülervortragsabende.

1895

Die Mozart-Gemeinden zählen 2787 Mitglieder, ihr Vermögen beträgt 16520 Gulden und 57 Kronen. Der 15. Mozarttag (9. Juni) ehrt die Vorsteher der Mozart-Gemeinden Berlin (Rudolph Genée), Dresden (Friedrich Ponfick) und München (Emil Pott) und ernennt sie zu Ehrenmitgliedern. Im März und April wird Heinrich Fidelius' Passions-Oratorium siebenmal im Carabinieri-Saal aufgeführt (sechs Solisten, Chor: 70 Damen und 115 Herren). Am 4. Mai kommt die parodistische Oper „Friedrich der Heizbare" von Mögele im Stadttheater auf die Bühne. Zur Erinnerung an Mozarts Sterbetag wird am 15. Dezember Brahms' Deutsches Requiem als Salzburger Erstaufführung gesungen. Weitere Salzburger Erstaufführungen: Carl Goldmark, „Im Frühling", Ouvertüre für großes Orchester, op. 36, Julius Rietz, Klarinettenkonzert, op. 29. Zur Erinnerung an Anton Rubinstein († 20. November in Peterhof) wird dessen d-moll-Klavierkonzert aufgeführt. Die Konzertsängerin Friederike Mayer gibt einen Liederabend zugunsten des Mozarteum-Pensionsfonds (Einnahmen: 139 Gulden und 63 Kronen) und zum Besten der Armen einen Abschiedsabend. Ein außerordentliches Konzert der ISM ist für den Lehrerpensionsfonds gedacht.
Ins Zauberflöten-Häuschen kommen 2948 Besucher, ins Mozart-Museum 3306, das Mozart-Album wird von 42 Besuchern angesehen.
Die Musikschule besuchen 329 Schüler.

1895

21. Das Heim der „Öffentlichen Musikschule Mozarteum" (ehemaliges Anatomie-Stöckl der Universität, heute Universitätsbibliothek, Hofstallgasse). Vor dem Eingangstor von rechts nach links: Gustav Schreiber, Präsident Dr. Josef Stigler, Direktor Joseph Friedrich Hummel, Kaiserlicher Rat Johann Evangelist Engl, Graf Romeo Colloredo-Mels, Alois Stamberg. – Im Fenster: Heinrich Hübl

1896

Eine Vereins-Schulorgel soll von der Firma Matthäus Maurachers Söhne, k. k. Hoforgelbau-Anstalt, gebaut werden. Die Kosten werden auf 1150 Gulden veranschlagt. Das Unterrichtsministerium sagt eine Subvention von 500 Gulden zu (je 250 für 1896 und 1897). Die Musikschule zählt 314 Schüler, sie veranstaltet zwei Schülervortragsabende. Am 21. April wird das von Prof. Tilgener geschaffene Wiener Mozart-Denkmal enthüllt. Architekt Prof. Carl Demel und Hofbuchhändler Hermann Kerber nehmen als Vertreter der ISM an der Feier teil.
Eine Festvorstellung von „Figaros Hochzeit" findet am 28. April im Stadttheater statt. Konzertmeister und Lehrer des Mozarteums wirken mit. Kaiser Franz Joseph I. verleiht dem Sekretär der ISM, Johann Evangelist Engl, am 13. Februar das goldene Verdienstkreuz mit der Krone. Der 16. Mozart-Tag (7. Juli) wählt Carl Demel zum Vizepräsidenten. Auf dem Kommunal-Friedhof wird am 24. April ein Grab-Denkmal für Alois Taux († 17. April 1861) errichtet. Das dritte Vereinskonzert (16. Dezember) ist dem Gedächtnis Anton Bruckners gewidmet († 11. Oktober 1896). Es wird der zweite Satz aus seiner Dritten Symphonie aufgeführt.
Das Zauberflöten-Häuschen besuchen 2830 Personen, das Mozart-Museum 3217, das Mozart-Album wird von 70 Interessenten eingesehen. Die Mozart-Gemeinden verzeichnen 3272 Mitglieder mit einem Kapital von 20913 Gulden und 33 Kronen.

1897

Carl Demel stellt am 20. Juni sein Amt als Vizepräsident zur Verfügung. Die Stelle bleibt bis zum 20. Juli 1899 unbesetzt. Der Intendant der bayerischen Hoftheater, Ernst Ritter von Possart, wird Ehrenmitglied der ISM. Die Mozart-Gemeinden Berlin und München verzeichnen einen regen Mitgliederzuwachs (537 beziehungsweise 333 Mitglieder). Der Mozart-Gemeindefonds steigt auf 25057 Gulden und 46 Kronen bei 3008 Mitgliedern.
Das erste Vereinskonzert am 29. Januar ist Franz Schubert gewidmet. Die Salzburger Erstaufführung seiner „Tragischen Symphonie" Nr. 4, Bruckners vierte Symphonie und Brahms' D-dur-Serenade werden im zweiten (23. April) und dritten (12. Dezember) Vereinskonzert zum erstenmal in Salzburg gespielt. Am 31. Oktober findet ein außerordentliches Kammerkonzert der Internationalen Mozart-Gemeinde zum Besten des Lehrer-

pensionsfonds statt. Die Liedertafel feiert am 27. Juni ihr fünfzigjähriges Jubiläum, die ISM überreicht ihr eine wertvolle Radierung „W. A. Mozart". Das Mozart-Museum, das 2771 Personen besuchen, bekommt ein Miniaturbild der Mozart-Sängerin Henriette Sontag, verehl. Gräfin Rossi (1806–1854), geschenkt. Wegen Geldmangel kann ein Albumblatt von W. A. Mozart (Sohn) vom 26. Juni 1810 nicht erworben werden. Das Zauberflöten-Häuschen suchen 2408 Personen auf, das Mozart-Album sehen 40 Besucher ein. Die Musikschule unterrichtet 337 Schüler.

1898

Mozart-Gemeinden entstehen in Brüssel, Kopenhagen, Paris, London, Christiania, St. Petersburg und Bern. Die Gemeinden zählen 3200 Mitglieder (u. a. Berlin 578, München 444), der Mozart-Gemeindefonds beläuft sich auf 28967 Gulden und 90 Kronen. Mit Jahresende trennt sich die Berliner Mozart-Gemeindegruppe von der Internationalen Mozart-Gemeinde Salzburg.
Die drei Vereinskonzerte setzen auf ihr Programm vornehmlich Romantiker (von Mozart werden die Ouvertüre zur „Zauberflöte" KV 620, die Szene mit Rondo für Tenor mit Violinsolo „Non più, tutto ascoltai" – „Non temer amato bene" KV 490 und die Litaniae de venerabili altaris sacramento KV 125 gespielt). Am 17. Juli veranstaltet die ISM eine Huldigungsfeier aus Anlaß des fünfzigjährigen Regierungs-Jubiläums Seiner Majestät des Kaisers Franz Joseph I. Auf der Vortragsfolge stehen nach einer Ansprache die Volkshymne, das „Halleluja" aus Händels „Messias" und die Kaiser-Ouvertüre für großes Orchester von Joseph Friedrich Hummel.
Im Zauberflöten-Häuschen zählt man 2345 Besucher, im Mozart-Museum 3042. Johann Evangelist Engl gibt einen neuen Katalog heraus. Das Mozart-Album wird 42mal besichtigt.
Die Musikschule hat 348 Schüler und gibt zwei Vortragsabende.

1899

Aus gesundheitlichen Gründen verzichtet Dr. Stigler auf seine Wiederwahl als Präsident. Der k. k. Wirkliche Geheime Rat Gandolph Graf Kuenburg, Minister a. D., Ritter des Ordens der eisernen Krone 1. Klasse, Senatspräsident des Obersten Gerichtshofes i. P., Mitglied des Herrenhauses, übernimmt am 20. Juli die Präsidentschaft (bis 3. April 1911). Johann Evangelist Engl legt mit dem 1. Juli die Schulinspektionsstelle nieder, die er vom 4. September 1881 an innehatte.

22. Gandolph Graf Kuenburg, Präsident der ISM von 1899–1911

Franziska Chiari (1857–1899) geb. Edle von Steinhauser, k. k. Sektionschef-Witwe, vermacht der ISM testamentarisch 10 000 Gulden.
Im ersten Vereinskonzert wird „Tod und Verklärung" von Richard Strauss zum ersten Mal in Salzburg aufgeführt. Der Münchener Intendant Ernst von Possart gibt zum Besten der ISM am 9. Mai mit dem k. Hofkapellmeister Bernhard Stavenhagen einen Vortragsabend. Possart am 12. Januar an Stigler: „Wollen Sie nicht Herrn Hofkapellmeister Strauß zur Mitwirkung einladen? So viel ich weiß, ist er gern bereit." Aus nicht bekannten Gründen ist es zu einer Mitwirkung von Strauss nicht gekommen. Das nicht alltägliche Programm, das Possart und Stavenhagen im Großen Kursaal vortragen, umfaßt folgende Nummern:
1. Teil:
1. Das eleusische Fest. (Bürgerlied) von Friedrich von Schiller, mit begleitender Musik von Max Schillings. (Manuskript)
2. Larghetto aus dem Krönungskonzert KV 537 von W. A. Mozart.
3. „Vom unsichtbaren Königreiche." Ein Märchen in Prosa aus den „Träumereien an französischen Kaminen" von Richard von Volkmann-Leander.
2. Teil:
4a. Das Schloß am Meere. Ballade von Ludwig Uhland, mit begleitender Musik von Richard Strauss. (Manuskript)
4b. Der Ritter und die Waldfee. Ballade von Felix Dahn, Musik von Alexander Ritter. (Manuskript)
5. Ungarische Rhapsodie Nr. 12 von Franz Liszt.
6. „Mozart". Dichtung von H. Mosenthal, Musik aus Mozarts Werken für das Melodram zusammengestellt von Bernhard Kugler.
Die Mozart-Gemeinden beginnen mit eigener Konzerttätigkeit (3336 Mitglieder, Mozart-Gemeindefonds: 32594 Gulden, 44 Kronen).
Die Musikschule zählt am Ende des Jahrhunderts 325 Schüler; sie veranstaltet zwei Schüler-Vortragsabende. Der Lehrkörper setzt sich wie folgt zusammen:
Joseph Friedrich Hummel, Direktor des Mozarteums, Dirigent der Vereins-Konzerte, emeritierter Lehrer Ihrer k. und k. Hoheit der durchlauchtigsten Frauen Erzherzoginnen Anna und Margaretha, Lehrer für Musik an der k.k. Lehrerbildungsanstalt, Erster Chormeister der Salzburger Liedertafel, Ehrenmitglied mehrerer musikalischer Vereine, Bürger der Stadt Salzburg, Besitzer des goldenen Verdienstkreuzes mit der Krone. Unterrichtet: Allgemeine Musiklehre 1. Klasse (2. Semester), Komposition 1. Klasse und Oratorienchor. Wöchentlich: 5 Stunden.
Eduard Hausner, Konzertmeister, Mitglied des Dommusik-Vereins. Unterrichtet: Klarinette 2. und 4. Klasse und Ensemble, Pianoforte 1.–4. Klasse. Wöchentlich: 18 Stunden.
Gustav Schreiber, Konzertmeister, Mitglied des Dommusik-Vereins, Lehrer der durchlauchtigsten Frau Erzherzogin Margaretha. Unterrichtet: Violoncello 1. und 5. Klasse und Ensemble, Pianoforte 1.–4. Klasse. Wöchentlich: 16 Stunden.
Balthasar Wieser, Konzertmeister. Unterrichtet: Pianoforte 3.–6. Klasse und Ensemble, Harmonielehre 1. Klasse. Wöchentlich: 18 Stunden.

Gustav Zinke, Konzertmeister, Dirigent der Schülerorchester-Klasse, Lehrer der durchlauchtigsten Frau Erzherzogin Anna, Mitglied des Dommusik-Vereins. Unterrichtet: Violine 3.–6. Klasse und Ensemble. Wöchentlich: 16 Stunden.

Eduard Klement, Orchester-Direktor, Dirigent der Quartett- und Ensemble-Übungen der Unterklassen, auch Aushilfskraft für das Musikalien-Archiv und die Bibliothek im Schulgebäude. Unterrichtet: Violine 1.–4. Klasse. Wöchentlich: 18 Stunden.

Romeo Graf Colloredo-Mels, Lehrer, Mitglied des Dommusik-Vereins und Lehrer an der Schule desselben. Unterrichtet: Violine 1.–4. Klasse. Wöchentlich: 12 Stunden.

Heinrich Hübl, Lehrer, Zweiter Dommusik-Chordirektor und Erster Domorganist, Klavier- und Orgellehrer an der Dommusik-Vereinsschule. Unterrichtet: Chorgesang (Sopran, Alt) 1.–3. Klasse. Wöchentlich: 6 Stunden.

Josef Kamelli, Lehrer, Mitglied des Dommusik-Vereins und Orchesterdirektor am Stadttheater. Unterrichtet: Violine 1.–2. Klasse. Wöchentlich: 12 Stunden.

Wilhelm Leyer, Lehrer, Mitglied des Dommusik-Vereins und Lehrer an der Schule desselben. Unterrichtet: Flöte 1., 2. und 5. Klasse. Wöchentlich: 10 Stunden. (Nahm seinen Abgang von der Schule am 13. Juni.)

Wilhelm Mayrwieser, Lehrer, Oberlehrer i. P., Dommusik-Vereinsorganist und Bassist, Gesangslehrer am fürsterzbischöflichen Borromäum. Unterrichtet: Orgel 1.–3. Klasse. Wöchentlich: 8 Stunden.

Rosa Morgenstätter, Lehrerin. Unterrichtet: Pianoforte-Vorbereitungs- und 1.–3. Klasse. Wöchentlich 10 Stunden.

Josef Petrik, Lehrer, Mitglied des Dommusik-Vereins und Lehrer an der Schule desselben. Unterrichtet: Kontrabaß 2. und 3. Klasse, Waldhorn 1.–3. Klasse, Trompete 1. und 2. Klasse, Posaune 1. Klasse. Wöchentlich 12 Stunden.

Franz Schubert, Mitglied des Dommusik-Vereins und Stadttheater-Orchesters. Unterrichtet: Fagott 2. und 4. Klasse, Oboe 1. und 4. Klasse, suppliert (seit 13. Juni) Flöte 1., 2. und 5. Klasse. Wöchentlich: 6 Stunden.

Mathilde Seefeldner, Lehrerin. Unterrichtet: Pianoforte-Vorbereitungs- und 1.–3. Klasse. Wöchentlich: 10 Stunden.

Alois Stamberg, Lehrer, Mitglied des Dommusik-Vereins, Lehrer für Violine an der Schule desselben und der k. k. Lehrerbildungsanstalt, Konzertmeister des Stadttheater-Orchesters. Unterrichtet: Violine 1.–3. Klasse. Wöchentlich: 12 Stunden.

Marie Stanek-Hrimaly, emeritierte Lehrerin der durchlauchtigsten Frauen Erzherzoginnen Anna, Margaretha und Germana. Unterrichtet: Sologesang 1.–6. Klasse, Pianoforte-Vorbereitungs-Klasse, Wöchentlich: 18 Stunden.

2093 Personen besuchen das Zauberflöten-Häuschen, 3292 das Mozart-Museum, 38 sehen das Mozart-Album ein.

Das Bonner Auktionshaus Friedrich Cohen bietet am 25. Oktober der ISM wertvolle Mozartiana aus der Sammlung Alexander Posonyi an, u. a. die Autographe der Sonate für Klavier und Violine B-Dur KV 8, der Sieben Variationen für Klavier über das Lied „Willem van Nassau" KV 25, der Sechzehn Menuette KV 176, der Märsche KV 408, wertvolle Abschriften von der „Entführung aus dem Serail" KV 384, des Rondos für

Klavier D-dur KV 485, der Sechs deutschen Tänze KV 509, des Deutschen Tanzes „Die Leyerer" KV 611, der „Zauberflöte" KV 620, Briefe von Leopold, Wolfgang, Constanze, Maria Anna (Nannerl), Wolfgang Amadeus (Sohn), Carl Mozart. Diese einmalige Sammlung, die heute in alle Welt verstreut ist – manche Briefe sind nie wieder aufgetaucht –, hätte 12500 Mark kosten sollen, etwa ein Viertel des Kapitals der ISM. Leider ist es nicht zu diesem Kauf gekommen.

1900

Gräfin Stephanie von Lonyay, geborene Prinzessin von Belgien, legt am 7. Mai ihr Protektorat über die ISM nieder, das sie am 15. August 1881 übernommen hat. Neuer Protektor wird der Hoch- und Deutschmeister Erzherzog Eugen, der einen Gründungsbeitrag von 400 Kronen stiftet. Am 12. November 1918 tritt er „infolge der geänderten Verhältnisse" zurück.
Die Musikschule unterrichtet 306 Schüler (14 in Harmonielehre, zwei in Komposition, 67 in Chorgesang, sechs in Sologesang, 115 in Violine, sieben in Violoncello, zwei in Kontrabaß, 125 in Klavier, sechs in Orgel, zwei in Fagott, je vier in Klarinette, Flöte und Trompete, je zwei in Waldhorn und Posaune). Die soziologische Struktur der Schülerschaft ist die folgende: 42 sind Volksschüler, 22 Realschüler, 89 Bürgerschüler, 40 Gymnasialschüler, 18 Übungsschüler, neun Schülerinnen des Fortbildungskurses, 18 Lehramts-Zöglinge, 68 Schulfreie (darunter ein Lehrer und zwei Militärs). Zwei Schülervortragsabende finden statt.
In den drei Vereinskonzerten der ISM werden die Ouvertüre zu „Idomeneo" und das Konzert für zwei Klaviere Es-dur KV 365 ausgeführt.
Das Zauberflöten-Häuschen hat 2448 Besucher, das Mozart-Museum 3516, das Mozart-Album sehen 97 Personen ein.
Die Mozart-Gemeinden zählen 7187 Mitglieder, ihr Vermögen beträgt 93799 Kronen und 50 Heller.
In der Geschäftsordnung für den Ausschuß der ISM heißt es von den Funktionären:

„1. Der Präsident.
Der Präsident vertritt den Verein nach außen und versieht die demselben nach den Statuten vom 25. Mai 1888 zukommenden Obliegenheiten. Derselbe hat insbesondere den Vollzug der gefaßten Beschlüsse zu veranlassen, erledigt die einlaufenden Currentien und übergibt die an ihn einlangenden Geschäftsstücke dem Sekretär.

2. Der Präsident-Stellvertreter.
In Verhinderung des Präsidenten hat derselbe alle dem Präsidenten obliegenden Geschäfte zu besorgen.

3. Der Sekretär.
Der Sekretär führt das Einreichungsprotokoll bezüglich der an den Verein einlangenden Geschäftsstücke, bezeichnet dieselben, leitet sie an den Präsidenten und verwahrt dieselben nach Erledigung bis zu deren Abgabe an das Archiv. Derselbe führt und verwahrt die Sitzungsprotokolle, verfaßt die in Folge der gefaßten Beschlüsse erforderlichen Ausfertigungen, sowie die nötigen Verlautbarungen des Ausschusses und besorgt die gesamte Expedition. Derselbe verfaßt auch den Jahresbericht, insoferne die einzelnen Abschnitte nicht von anderen Funktionären zu verfassen und beizustellen sind, und besorgt die Drucklegung desselben.

4. Der Schulinspektor.
Der Schulinspektor ist das verbindende Organ zwischen Ausschuß und Schule. Derselbe hat sich mit dem Direktor der Schule in beständige Verbindung zu setzen, sich über alle wichtigen Schulereignisse zu informieren, über die Anträge der Lehrerkonferenzen dem Ausschusse zu berichten und die Protokolle der letzteren zu verwahren. Derselbe ist verpflichtet, den Unterricht zeitweilig zu inspizieren und seine Wahrnehmungen hierüber dem Direktor, sowie dem Ausschusse mitzuteilen und diesbezüglich Anträge zu stellen. Derselbe ist überhaupt ständiger Referent in Schulangelegenheiten. Er hat insbesondere über Lehrer-Anstellungen, Entlassungen und Disziplinar-Angelegenheiten, nach Anhörung des Direktors, motivierte Anträge zu stellen. Bei Beginn des Schuljahres berichtet derselbe über die Schüleraufnahme, sowie über das Ergebnis der Beratung des Schulgeldbefreiungs-Komitees. Ferner beantragt derselbe allfällig notwendige Neuanschaffungen und Reparaturen für die Schule, besorgt die Drucklegung und Verlautbarung der Programme der Schülervorträge, sowie aller die Schule betreffenden Veröffentlichungen, soferne die letzteren nicht direkt vom Ausschusse gefertigt werden. Derselbe hat allen Schülerproduktionen und allen Prüfungen an der öffentlichen Musikschule beizuwohnen, ist Vorsitzender der Prüfungs-Kommission, welche aus dem Präsidenten oder dessen Stellvertreter, dem Direktor und den erschienenen Ausschußmitgliedern besteht. Der Schulinspektor unterzeichnet mit dem Präsidenten oder dessen Stellvertreter und dem Direktor sämtliche Zeugnisse der Musikschule. Ferner verfaßt derselbe am Schlusse des Schuljahres das Schülerverzeichnis und veranlaßt dessen Drucklegung, sowie er auch alljährlich in der üblichen Weise den Schuljahresbericht mit der Schülerstatistik für den Jahresbericht zusammenstellt und dem Sekretär rechtzeitig zur Verlautbarung übergibt. Derselbe übernimmt während des Schuljahres allmonatlich von dem Direktor das eingehobene Schulgeld und führt dasselbe gegen Empfangsbestätigung an den Kassier ab.

5. Der Archivar und Administrator.
Derselbe hat unter Zuhilfenahme einer Hilfskraft aus dem Lehrkörper das Archiv mit den Musikalien und der Bücherei in Ordnung zu halten, das Inventar durch Aufnahme eines jeden Zuwachses zu ergänzen, über Ausgeborgtes ein Verzeichnis zu führen und zu besorgen, daß Ausgeborgtes ordnungsgemäß zurückgestellt werde. Derselbe besorgt die

23. Die Aula academica im Studiengebäude der Universität. Bei den Konzerten der ISM wurde die Stirnseite durch einen gemalten Vorhang abgeschlossen und eine Orgel aufgestellt.

Instandhaltung und Administration des Mozartmuseums, des Mozarthäuschens, sowie das Photographiegeschäft in beiden Objekten, führt über die Einnahmen Rechnung und übergibt die eingenommenen Beträge von Zeit zu Zeit, längstens aber vor Jahresschluß an den Kassier gegen Empfangsbestätigung. Derselbe hat jährlich seinen Bericht dem Sekretär zur Verlautbarung im Jahresberichte zu übergeben.

6. Der Zentralvorsteher der internationalen Mozartgemeinde.
Der Zentralvorsteher der internationalen Mozartgemeinde verwahrt und verrechnet das Stammvermögen des aus den Eingängen der Mozartgemeinde gebildeten Lehrer-Pensionsfonds des Mozarteums; er führt die Korrespondenz mit den einzelnen Vorstehern der Mozartgemeinden des In- und Auslandes, nimmt alle Briefe und Geldsendungen für die internationale Mozartgemeinde in Empfang, journalisiert dieselben und legt alljährlich in der Jahreshauptversammlung (Mozarttag) einen erschöpfenden Rechenschaftsbericht vor, dessen Drucklegung und Versendung an die Vorsteher der Mozartgemeinden von ihm besorgt wird.

7. Der Kassier.
Der Kassier verwahrt und verrechnet das Stammvermögen des Vereines samt Zuwachs, nimmt alle an den Verein gelangten Gelder in Empfang, verrechnet dieselben, besorgt die allmonatliche Auszahlung der Gehälter der beim Vereine dauernd Angestellten, bringt die bewilligten Vorschüsse in Abrechnung, zahlt die übrigen ordnungsgemäß angewiesenen Rechnungsbeträge aus und zwar alles gegen Quittung, berichtet über den Kassaerfolg der Konzerte in der diesen nächstfolgenden Sitzung und legt am Jahresschluß eine vollständig belegte Rechnung vor."

1901

Das fünfte Salzburger Musikfest zur Erinnerung an die Zentenarfeier vor zehn Jahren findet vom 5. bis 9. August statt. Lilli Lehmann-Kalisch, die in den folgenden Jahren eine große Gönnerin der ISM werden sollte, sagt am 25. Februar zu, „für unseren großen, lieben Meister Mozart mitzumachen und nach Herzenslust zu singen". Josef Hellmesberger (1855–1907) schreibt am 4. Mai an den Präsidenten Kuenburg, „daß es ihm eine Ehre sein wird, die beiden Festkonzerte zu dirigieren".
Festordnung: Montag, 5. August, Begrüßungs-Abend für die mitwirkenden Künstler in den Mirabell-Sälen.
Dienstag, 6. August, 11.00 Uhr: Erstes Festkonzert in der Aula academica, Orchester: Wiener Philharmoniker, Dirigent: Josef Hellmesberger, Programm: Ouvertüre zur „Zauberflöte", Violinkonzert A-dur KV 219 (Solist: Alexander Petschnikoff, 1873–1949),

SALZBURGER MUSIKFEST 5. — 9. AUGUST 1901
ZUR ERINNERUNG AN DIE IM JAHRE 1891 ABGEHALTENE
MOZART-CENTENARFEIER
VERANSTALTET
VON DER INTERNATIONALEN STIFTUNG: »MOZARTEUM«

FESTPROGRAMM

Zeiteintheilung und sonstiges Wissenswerthes

für die

P. T. mitwirkenden Künstler und Festgäste.

☛ Das **Comité-Lokale des Festausschusses** befindet sich im **Café Tomaselli**, I. Stock, und ist von 8 Uhr Früh bis 8 Uhr Abends geöffnet.

Daselbst liegt die Wohnungsliste auf, es werden dort die Einschreibungen für die Theilnahme an den Ausflügen vorgenommen und Auskünfte über die geselligen Veranstaltungen etc. ertheilt.

Das **Fest-Zeichen** dient als einzige Legitimation für die P. T. mitwirkenden Künstler, deren Angehörige und für die Ehrengäste bei allen geselligen Veranstaltungen (Begrüssungsabend, Gartenfest, Abschieds-Frühschoppen, Ausflüge etc.) und ist deshalb **stets sichtbar zu tragen.** Dasselbe ist, im Falle es nicht schon bei der Ankunft überreicht werden konnte, im **Comité-Lokale** zu beheben.

24.

Adagio und Fuge für Streichorchester KV 546, Sopranarie „Non che non sei capace" KV 419 (Solistin: Erika Wedekind, 1868–1944), Jupiter-Symphonie KV 551. 19.30 Uhr: Erste Festaufführung im Stadttheater: „Don Giovanni" in der deutschen Bearbeitung von Max Kalbeck (1850–1921). Regie führt Toni Petzer, Dirigent ist Joseph Friedrich Hummel, der k. k. Hoftheatermaler Anton Brioschi stellt zwei neue Dekorationen bei. Es spielt das Orchester von Dommusikverein und Mozarteum. Den Chor stellen die Salzburger Liedertafel und der Mozarteum-Damenchor. Es singen:
Don Juan: Hr. Ritter, Der Gouverneur: Hr. Klöpfer, Donna Anna: Fr. Lehmann-Kalisch, Don Oktavio: Hr. Aranyi, Donna Elvira: Fr. Walker, Leporello: Hr. Hesch, Zerline: Fr. Wedekind, Masetto: Hr. Schätzle.
Mittwoch, 7. August, 11.00 Uhr: Zweites Festkonzert in der Aula academica, Werke von Mozart (das Klavierquintett Es-dur KV 452), Brahms, Chopin, Bach. 21.00 Uhr: Gartenfest.
Donnerstag, 8. August, 11.00 Uhr: Drittes Festkonzert in der Aula academica, Dirigent und Orchester wie beim ersten Festkonzert. Programm: R. Wagner: Tannhäuser-Ouvertüre, L. v. Beethoven: Klavierkonzert Nr. 5 Es-dur, op. 73 (Solist: Emil Sauer), J. Haydn: Rezitativ und Winter-Arie aus den „Jahreszeiten" (Solist: Viktor Klöpfer), W. A. Mozart: Arie des Sesto „Parto, parto, ma tu ben mio" aus „La clemenza di Tito" (Solistin: Edyth Walker), L. v. Beethoven: 8. Symphonie F-dur op. 93. 19.30 Uhr: Zweite Festaufführung des „Don Juan" im Stadttheater.
Freitag, 9. August: Abschiedsveranstaltungen und Ausflüge.
Zahlreiche Spenden gehen für das gelungene Musikfest ein: u. a. von Kaiser Franz Joseph I. 4000 Kronen, von Protektor Eugen 2000 Kronen, vom Salzburger Landtag 2400, der Stadtgemeinde Salzburg 1700 und von der Sparkasse Salzburg 1700 Kronen. Es bleibt ein Überschuß von 10180 Kronen und 48 Hellern, der als Gründungskapital für den neuerrichteten Musikfestfonds gedacht ist. Lilli Lehmann sagt der ISM uneingeschränkte Hilfe zu und gibt neue Anregungen.
Der 21. Mozarttag ernennt am 27. November Friedrich Gehmacher zum Zentralvorsteher der Mozart-Gemeinden. Carl Spängler sen. legt aus Gesundheitsgründen den Posten als Kassier nieder, den er seit dem 18. Juni 1869 bis 7. August 1901 innehatte. Als sein Nachfolger wird sein Sohn Carl in Aussicht genommen.
Das Zauberflöten-Häuschen besuchen 2844 Gäste, das Mozart-Museum 3754. Drei Vereinskonzerte finden statt.
Die Musikschule unterrichtet 335 Schüler, veranstaltet zwei Schüler-Übungsabende und zwei Schüler-Vortragsabende; das bedeutet eine Erweiterung der Konzert-Aktivitäten der Schule.

1902

Anfang April versendet der Ausschuß der ISM an die Mitglieder der Mozart-Gemeinde folgendes Schreiben: „Der glückliche Erfolg des vorjährigen Salzburger Musikfestes hat die Schaffung eines Fonds ermöglicht, welcher als Unterlage für weitere, in kürzeren Zeitintervallen zu veranstaltende Mozart-Musikfeste dienen soll, wodurch für die Sache des Mozarteums und des Mozart-Kultus eine wichtige Etappe gewonnen ist. Doch erscheint damit noch nicht der ganze moralische Nutzen dieses denkwürdigen Festes erschöpft, sondern dasselbe erweist sich noch weiterhin segenbringend, durch die nachhaltige Begeisterung, von welcher alle Teilnehmer erfüllt wurden und durch das Neu-Entflammen der Liebe und Bewunderung für die unvergänglichen Werke Mozarts.
Allen voran trägt aber die klassische Sängerin Deutschlands, Frau Lilli Lehmann-Kalisch, die Leuchte dieser begeisterten Liebe und an ihr hat das Mozarteum die edelherzigste Patronin gewonnen. Erfüllt von dem Gedanken, daß Salzburg verpflichtet sei, nicht nur durch vereinzelte Musikfeste, sondern durch alljährliche festliche Musteraufführungen Mozart'scher Werke die dankbare Verehrung für den unsterblichen Meister wach zu erhalten, gab Frau Lilli Lehmann-Kalisch die Anregung, daß schon heuer an die Verwirklichung dieses Planes geschritten werde, und zwar mit einer Aufführung des „Requiem", zu welcher die gefeierte Künstlerin ihre Mitwirkung zusagte.
Das Mozarteum ist daher in der angenehmen Lage, auch für heuer eine solenne musikalische Veranstaltung zu Ehren Mozarts in Aussicht zu stellen und glaubt dadurch den Wünschen der Mozartgemeinde-Mitglieder entgegen zu kommen. Die Besetzung der Solopartien mit hervorragenden Gesangskräften ist heute schon durch die werktätige Intervention der Frau Kammersängerin Lilli Lehmann-Kalisch gesichert. Die Aufführung ist in der Original-Orchestrierung geplant und werden hiezu berufene Instrumentalkünstler für das Orchester herangezogen. Der Salzburger Damen- und Männerchor, der sich schon bei ähnlichen früheren Anlässen rühmlichst bewährt hat, rüstet sich mit pietätvoller Hingebung zu einer besonderen Glanzleistung.
Eingedenk der ergreifenden Wirkung, welche die Abhaltung des Requiem für Mozart bei der Zentenarfeier 1891 im Salzburger Dome auf alle damals Versammelten ausgeübt hat, glaubte das Mozarteum auch diesmal die Aufführung des Werkes an die erhabenste kirchliche Stätte der Mozartstadt verlegen zu sollen und sie mit der feierlichen Abhaltung eines Seelengottesdienstes in Verbindung zu bringen. Seine hochfürstliche Gnaden, der Erzbischof von Salzburg, hat hiezu seine Zustimmung bereits erteilt. Zu Hereinbringung der Kosten wird für die Sitzplätze im Kirchengestühle des Mittelschiffes ein Kartenverkauf eingerichtet. Die Mitglieder der Mozartgemeinde genießen das Vorkaufsrecht und eine Preisbegünstigung."

Ein kleines Musikfest findet Ende Juli statt. Am 30. Juli, 10.30 Uhr, wird ein feierlicher Gedächtnis-Gottesdienst für Mozart zelebriert, verbunden mit der Aufführung seines „Requiems". Solisten sind Lilli Lehmann, Berlin, Sopran; Hedwig Geiger, Köln, Alt; Hans Giessen, Dresden, Tenor; Moritz Frauscher, Wien, Baß. Es singt der Chor des Mozarteums und der Liedertafel, es spielt das Orchester von Dommusikverein und Mozarteum mit auswärtigen Kräften (Bassetthorn, Kontrabaß, Posaune, Pauken). Die Leitung hat Joseph Friedrich Hummel. Die Aufführung ist glänzend. Viele auswärtige Mitglieder von Mozart-Gemeinden nehmen teil. Lilli Lehmann singt „mit vollendeter Kunst, mit wahrhaft inniger, rührender Einfachheit".
Es wird beschlossen, alle fünf Jahre Musikfeste in Salzburg abzuhalten, einen Musikfestfonds zu gründen, der aus folgenden Quellen gespeist werden soll: 1. Überschüsse und Spenden des stattgehabten Musikfestes, 2. Einnahmen weiterer Veranstaltungen, 3. Beträge aus dem vorhandenen Rubinsteinfonds, 4. ein Drittel der jährlichen Einnahmen der Mozart-Gemeinden (nach Abzug der Spesen).
Der Impuls, Mozarts „Requiem" alljährlich aufzuführen, kommt nicht zuletzt von Lilli Lehmann. Am 31. Juli veranstaltet die Sängerin ein Kammerkonzert. Mitwirkende sind Else Mann, Frankfurt/Main, Klavier; Hugo Heermann, Frankfurt/Main, Violine; Reinhold L. Herman, Berlin, Klavier. Auf dem Programm stehen Werke von Beethoven, Mozart, Bach, Haydn, Loewe, Schumann und Schubert.
Die Mozart-Gemeinden veranstalten zahlreiche Konzerte. Mozart-Gemeinden gibt es in:
I. Österreich-Ungarn:
Badgastein, Brünn, Budapest, Gran, Graz (3), Heiligenkreuz, Iglau, Olmütz, Prag-Smichow, Saalfelden, Saaz, Salzburg (9), Teplitz, Tetschen-Liebwerd, Troppau, Wien (7), Znaim.
II. Deutsches Reich:
Ansbach, Bonn, Celle, Düsseldorf, Frankfurt/Main, Fürth, Hamburg, Heidelberg, Karlsruhe, Köln, Königsberg, Leipzig (2), Lörrach, Mainz, Marburg, München (2), Nürnberg, Stuttgart (2), Traunstein, Würzburg, Zerbst, Zittau.
III. In anderen Ländern:
Amsterdam, Bern, Christiania, Kopenhagen, London, St. Petersburg, Rotterdam, St. Louis/USA.
Am 1. September wird Carl Spängler jun. zum Kassier bestellt. Gustav Daghofer legt die Schulinspektorstelle aus gesundheitlichen Gründen nieder. (20. Juli 1899 bis 17. Februar 1902). Sein Nachfolger wird ab 1. September bis 23. Mai 1910 Hofapotheker Ludwig Sedlitzky.
Am 7. August wird auf Antrag von Friedrich Gehmacher ein eigener Mozart-Hausbaufonds gegründet, der 1910 zum Bau des Mozart-Hauses (Mozarteum in der Schwarzstraße) führt.
Das Zauberflöten-Häuschen hat 2532 Besucher, das Mozart-Museum 3768. Die Musikschule zählt 388 Schüler. Für die Bibliothek gehen Spenden ein.

1903

Im Januar liegen erste Pläne zum Bau eines Mozart-Hauses vor. Am 14. Mai ergeht ein Ansuchen an die Stadtgemeinde, der ISM das Vorkaufsrecht für den „Imhofstock" am Mozartplatz einzuräumen. Der Antrag wird am 27. Mai genehmigt. Im Herbst bildet sich ein Aktionskomitée zur Aufbringung der Bausumme von 450 000 Kronen. An alle Mozartverehrer ergeht folgender Aufruf:

„Am 30. Oktober 1888 wurde in Salzburg die ‚Mozart-Gemeinde', eine Vereinigung aller Freunde und Verehrer Mozart's, in's Leben gerufen, welche sich die Aufgabe gestellt hat, die auf die Pflege des Mozartkultus abzielenden Bestrebungen der ‚Internationalen Stiftung Mozarteum' auf's tatkräftigste zu unterstützen und zu fördern. Welch' großen Anklang die ‚Mozart-Gemeinde' allenthalben im In- und Auslande gefunden, das beweisen die heute nach Tausenden zählenden Mitglieder derselben, welche durch ihre rühmenswerte Opferwilligkeit die Mittel aufbringen halfen, durch welche es der genannten Stiftung ermöglicht wurde, für die pietätvolle Erhaltung der durch den Fuß des Unsterblichen geweihten Stätten Sorge zu tragen, die großen Mozartgedächtnisfeste abzuhalten und die den Namen Mozarts tragende öffentliche Musikschule derart zu konsolidieren und sicher zu stellen, daß ihr Fortbestand nach menschlicher Voraussicht nicht mehr in Frage gestellt erscheint.

Damit hat die Mozartgemeinde eine segensreiche Wirksamkeit entfaltet und Erfolge erzielt, die sie ermutigen, nunmehr einen Schritt weiter zu gehen und die Ausführung eines Projektes in Angriff zu nehmen, das schon den Gründern der Mozartgemeinde als das erstrebenswerteste Ziel vorschwebte: die Erbauung eines Mozarthauses in der Geburtsstadt des großen Meisters der Töne, in welchem das Gedächtnis des Salzburger Olympiers in vielgestaltiger Form für alle Zeiten und von lokalen Zufälligkeiten unabhängig, gepflegt werden soll, in dem für die regelmäßig abzuhaltenden Musteraufführungen Mozart'scher und anderer Meisterwerke entsprechend große und würdig ausgestattete Konzert-Saallokalitäten geschaffen, die Bibliotheka Mozartiana, das Sekretariat mit einer Auskunftstelle für Mozartforschungen, das wertvolle Archiv und das Mozarteum mit seiner Musikschule untergebracht, also nach jeder Richtung eine Zentralstelle für den Mozartkult geschaffen werden soll.

Die Idee hat in weiten Kreisen bereits freudigen Widerhall geweckt, und aus der Aufnahme, welche sie bisher speziell in den Kreisen der Künstlerwelt gefunden, darf wohl der Schluß gezogen werden, daß ihre Verwirklichung bei dem Zusammenwirken aller Mozartverehrer nur eine Frage der Zeit sein kann.

Schon ist es gelungen, die Stadtgemeinde Salzburg für dieses Unternehmen zu interessieren und sie zu veranlassen, für dasselbe einen wertvollen Bauplatz unter günstigen

Bedingungen zur Verfügung zu stellen, Das Mozarthaus soll auf dem Mozartplatze im Angesichte des bekannten Monumentes errichtet werden, also in einer Umgebung erstehen, die seiner würdig ist. Im Zentrum der Stadt soll es sich erheben und eine neue Zierde derselben werden.
Um jedoch diesen herrlichen Gedanken in die Tat umsetzen zu können, dazu bedarf es weit bedeutenderer Mittel, als der ‚Internationalen Stiftung Mozarteum' und der ‚Mozartgemeinde' heute bereits für diesen Zweck zur Verfügung stehen.
Die Gefertigten haben deshalb freudig dem an sie ergangenen Rufe Folge geleistet und sich an die Spitze eines Aktionskomitees gestellt, das sich die Aufbringung der nötigen Bausumme zur Aufgabe gemacht hat. War es möglich, den großen Dichtern und Denkern des deutschen Volkes herrliche Denkmäler für Hunderttausende von Gulden zu errichten, so wird und muß es auch gelingen, die Mittel für den Bau eines Mozarthauses in Salzburg zu beschaffen. Es gilt die Ehrung eines der Größten im Reiche der Töne, unseres Wolfgang Amadeus Mozart, an dessen herrlichen Tonschöpfungen sich seit mehr als einem Jahrhundert Generationen erfreut haben, der mit der Fülle und Anmut seiner Melodien die Welt erobert und ihr in diesen einen Schatz zurückgelassen hat, so groß und wertvoll, daß sie für allezeit in seiner Schuld stehen wird. Errichten wir ihm also in seiner Vaterstadt einen Tempel, in welchem das Lob des Unsterblichen in seinen eigenen Werken erklingt; helfen wir alle, die wir für ihn und seine in unvergänglicher Jugendkraft prangenden Schöpfungen begeistert sind, zusammen, um Stein an Stein zu fügen, bis der stolze Bau, der uns im Geiste vorschwebt, vollendet dasteht!
Wir rufen alle zu werktätiger Mithilfe auf, die in der glücklichen Lage sind, ideales Streben zu fördern, die, empfänglich für alles Edle und Schöne, sich für eine herrliche Idee zu begeistern vermögen. Wir appellieren an alle Mozartverehrer, durch Zeichnung von Beiträgen für den Bau des Mozarthauses ihre Liebe und Dankbarkeit für den Unsterblichen zu dokumentieren. Jede Gabe ist uns willkommen und wird dankend entgegengenommen. Beweisen wir, dass Mozart's Name seine Zauberkraft noch nicht verloren und daß er auch heute noch ein Programm für alle diejenigen bedeutet, die in der Pflege klassischer Musik eines der wichtigsten Erziehungs- und Kulturförderungsmittel erblicken. Salzburg, im Herbste 1903."
Der Aufruf ist unterschrieben von: „Dr. Albert Schumacher, Landeshauptmann im Herzogtume Salzburg; Clemens Graf St. Julien-Wallsee, k.u.k. wirkl. geheimer Rat und Landespräsident im Herzogtume Salzburg; Franz Berger, Bürgermeister der Landeshauptstadt Salzburg; Gandolph Graf Kuenburg, k.k. wirklicher geheimer Rat, k.k. Minister a.D., Präsident der int. Stiftung Mozarteum; F. Gehmacher, Kommissär, für den Zentralausschuß der Mozartgemeinde; Bianca Bianchi, k.u.k. Kammersängerin, Ehrenmitglied der int. Stiftung Mozarteum; Lilli Lehmann-Kalisch, k.u.k. österr. und kgl. preuss. Kammersängerin, Ehrenmitglied der int. Stiftung Mozarteum; Anastasie Gräfin Kielmannsegg, k.u.k. Palastdame; Wilhelm Gericke; Dr. Wilhelm Kienzl; Jan Kubelik; Gustav Mahler, k.u.k. Hofopern-Direktor; Theodor Leschetizky; Felix Mottl, Generalmusikdirektor; Karl Freiherr von Perfall, General-Intendant der kgl. Hoftheater in München; Ernst Ritter von Possart, kgl. bayr. Professor, Intendant des kgl. Hoftheaters

und des Prinzregententheaters in München, Ehrenmitglied der int. Stiftung Mozarteum; Prof. Dr. Emil Pott, Vorsteher der Mozartgemeinde München, Ehrenmitglied der int. Stiftung Mozarteum; Hans Richter, Dr. mus. h.c.; Emil Sauer, k.k. Professor, Vorsteher der Meisterschule am Konservatorium in Wien; Ernst von Schuch, geh. Hofrat, Generalmusikdirektor; Bernhard Stavenhagen, Direktor der kgl. Akademie der Tonkunst in München; Richard Strauss, kgl. Hofkapellmeister, Dr.h.c.; August Wilhelmy."
Weiter heißt es: „Die Förderung des Mozarthausbaues kann erfolgen:
a) Durch Gründung einer Ortsgruppe der Mozartgemeinde. (Eine Ortsgruppe muß mindestens aus 10 Mitgliedern, welche als Mindestbeitrag je eine Krone pro Jahr entrichten, bestehen.)
b) Durch Beitritt zur Stammgemeinde in Salzburg. (Der Jahresbeitrag wolle diesfalls nicht unter vier Kronen angemeldet werden.)
c) Durch Zuwendung einmaliger Spenden. Die Spender zum Mozarthausbau-Schatze teilen sich in Stifter, Gründer und Gönner. Stifter wird, wer 1000 Kronen, Gründer, wer 200 Kronen, Gönner wer irgend eine Spende unter diesem Betrage zum Bau des Mozarthauses beiträgt. Die Namen der Stifter werden in einer Marmortafel im Mozarthause verewigt, jene der Gründer in das zu jedermanns Einsicht aufliegende Ehrenbuch des Mozarteums eingezeichnet, die Namen der Gönner sowie der Mitglieder endlich im Jahresberichte der ‚Mozartgemeinde' alljährlich veröffentlicht.
d) Durch musikalische Veranstaltungen zugunsten des Mozarthaus-Baufondes.
Zuschriften und Sendungen wollen an die Adresse ‚Zentralausschuss der Mozartgemeinde' zuhanden des Herrn k.k. Rechnungsrates F. Schwarzacher, k.k. Landesregierung Salzburg, gerichtet werden."
Erste Spenden für das Mozart-Haus kommen von aktiven Künstlern: Die Geiger Jan Kubelik und Bronislaw Hubermann stiften 1000 beziehungsweise 584 Kronen.
Lilli Lehmann gibt am 3. August ein Konzert zugunsten des Mozarteum-Musikfonds. Das Konzert wird ein musikalisches Ereignis für Salzburg, viele Gäste aus den umliegenden Kurorten sind Zuhörer.
Johann Horner, Ehrenmitglied der ISM seit dem 27. November 1901, Gründungsmitglied der ISM, Administrator des Zauberflöten-Häuschens und Mozarteums vom 1. Januar 1881 bis 7. April 1892, Zentralvorsteher der Internationalen Mozart-Gemeinde Salzburg vom 30. Oktober 1888 bis 27. November 1901, stirbt am 13. Januar im 77. Lebensjahr.
Mitte Juni wird das Grabdenkmal von Julius Schilling (1800–1870), Anreger des Mozart-Denkmals, auf dem St. Peter-Friedhof aufgestellt. 2384 Personen besuchen das Zauberflöten-Häuschen, 3522 das Mozart-Museum. Drei Vereinskonzerte finden statt.
Die Musikschule hat 399 Schüler, sie veranstaltet je zwei Schüler-Übungs- und Vortragsabende.

1904

Vom 9. bis 14. August findet das sechste Salzburger Musikfest statt, das von einem internationalen Publikum und Mitgliedern verschiedener Mozart-Gemeinden besucht wird. Als Orchester werden die Wiener Philharmoniker gewonnen, die unter dem königlich bayerischen Generalmusikdirektor Felix Mottl musizieren. Auf dem Programm des ersten Festkonzertes am 11. August um 11.00 Uhr in der Aula academica stehen Mozarts Es-dur Symphonie KV 543, das Mozart unterschobene Violinkonzert KV^6 Anh. C 14.04 (Solist: Jacques Thibaud), Szenen aus der „Entführung aus dem Serail" und die Ouvertüre zu Beethovens „Egmont". Bedeutendstes Ereignis ist die Aufführung der so gut wie nicht bekannten c-moll-Messe KV 427 mit den Wiener Philharmonikern. Damit beginnt die Tradition der Aufführungen dieser Messe bei den Salzburger Musikfesten, die bis auf den heutigen Tag fortbesteht. Alois Schmitt, Hofkapellmeister des Großherzogs von Mecklenburg-Schwerin, hat die Messe bearbeitet, die instrumentale Ausarbeitung vollendet, fehlende Teile durch andere Stücke Mozarts ergänzt. Die Aufführung unter Joseph Friedrich Hummel – 57 Chorproben sind vorausgegangen – wird vom Damenchor des Mozarteums und der Salzburger Liedertafel bestritten (zusammen 200 Choristen). Solisten sind Lilli Lehmann, Laura Hilgermann (Wien), Andreas Dippel (New York) und Georg Sieglitz (München). An weiteren Festkonzerten finden eine Kammermusik-Matinee (12. August) mit Werken Mozarts und ein Orchesterkonzert (13. August) mit Werken von Weber, Händel, Liszt und Bruckner statt (Dirigent: Felix Mottl).
Kaiser Franz Joseph I. stiftet aus seinem Privatvermögen 20 000 Kronen für den Bau des Mozarthauses, Erzherzog Eugen 5 000 Kronen. Ein Sommerfest für Jung und Alt (9./10. Juli) bringt einen Reingewinn von 5 000 Kronen. Das Vierte Tiroler Kaiserjäger-Regiment gibt ein Konzert zugunsten des Hausbaufonds (Reinertrag: 403,31 Kronen). Am Ende des Jahres kann der Fonds ein Kapital von 121 384,75 Kronen verbuchen.
Lilli Lehmann wirbt in einem Aufruf für den Bau des Mozarthauses. „Gelegentlich meines jüngsten Aufenthaltes in dem schönen Salzburg hatte ich Gelegenheit, mit leitenden Persönlichkeiten der dortigen Mozartgemeinde in Fühlung zu treten und über die Bestrebungen und Ziele der letzteren genau informiert zu werden. Insbesondere interessierte ich mich für den geplanten Bau eines Mozarthauses in der Geburtsstadt des unsterblichen Meisters der Töne, ein Unternehmen, das eine ausgesprochene internationale Bedeutung besitzt. Das Haus soll nämlich nicht nur der vorzüglich geleiteten, mit dem Öffentlichkeitsrecht ausgestatteten Musikschule des Mozarteums ein würdiges Heim bieten, es soll auch durch den Einbau eines grossen Konzert-Saales die Abhaltung der von drei zu drei Jahren wiederkehrenden Salzburger Musikfeste für immerwährende Zeiten sicherstellen und eine wertvolle Mozart-Bibliothek in sich aufnehmen, welche für

1904   61

die Mozart-Forschung eine unerschöpfliche Fundgrube bilden wird. Da aber weder das
Mozarteum noch die Mozartgemeinde über die nötigen Mittel für diesen Bau verfügt, so
sollen dieselben im Wege einer Sammlung freiwilliger Beiträge aufgebracht werden.
Schon ist es der rührigen Agitation für diese schöne Idee gelungen, binnen kaum zwei
Jahren die stattliche Summe von rund 150000 Kronen aufzubringen. Der kunstsinnige
Monarch Österreich-Ungarns hat für das Mozarthausbau-Unternehmen 20000 Kronen
gespendet, andere Fürstlichkeiten, Künstler, Privatpersonen, Institute und Korporationen
haben namhafte Beiträge geleistet, die beweisen, welch' verständnisvolles Interesse
allenthalben der in Rede stehenden Idee entgegengebracht wird. Auch ich fühle in mir das
Bedürfnis, in die Reihe der Sammler für den Bau des Mozarthauses zu treten, und dies
umsomehr, als ich von jeher ein begeisterter Anhänger der Tonmuse Mozarts war und für
alle Zeit bleiben werde. Danke ich doch einen guten Teil meiner künstlerischen Erfolge
den unsterblichen Meisterwerken dieses Heros im Reiche der Töne, in deren Geist
einzudringen und sie im Sinne ihres Schöpfers wiederzugeben ich allezeit als eine heilige
Aufgabe betrachtet habe. Mein heisses Dankgefühl, meine innige Verehrung für
Wolfgang Amadeus Mozart glaube ich nicht besser dokumentieren zu können, als indem
ich an alle meine zahlreichen Freunde und Gönner die herzliche Bitte richte, eine Spende
für den Mozarthausbaufonds zeichnen zu wollen. Es gilt ein wirklich schönes Werk zu

25. Gruppenbild: Wolfgang und Nannerl am Hofe Maria Theresias

fördern, ein Werk, das bestimmt ist, dem grossen Meister ein zweites bleibendes Denkmal in seiner Vaterstadt zu errichten; ein Werk, das besser als jedes andere den Dank ausdrücken soll, den wir dem Salzburger Olympier für den unerschöpflichen Melodienschatz schulden, den er der Nachwelt hinterlassen.
Möge mein Appell nicht ungehört verhallen!"
Friedrich Gehmacher regt eine Bibliotheca Mozartiana an, die musikwissenschaftliche Studien ermöglichen soll. Alles über Mozart Geschriebene soll erfaßt und gesammelt werden. Zu einem endgültigen Beschluß kommt es allerdings erst am 27. November 1912.
Zum Zauberflöten-Häuschen kommen 4779 Besucher, ins Mozart-Museum 4227. Drei Vereinskonzerte finden statt. Die Musikschule besuchen 399 Schüler, je zwei Schüler-Übungs- und Vortragsabende werden veranstaltet. Der deutsche Schulverein, Ortsgruppe Salzburg, stellt am 18. und 21. März im Stadttheater sieben Gruppenbilder aus Mozarts Leben. Die Mozart-Gemeinden wachsen; in Wien entsteht eine mit 98 Mitgliedern unter Viktor Keldorfer.

1905

Die Planung des Mozart-Hausbaues wird vorangetrieben. Das Haus soll dauernde Heimstätte der öffentlichen Musikschule sein, der Tonkunst dienen und Veranstaltungen ausschließlich kultureller Art Raum bieten.
Die Musikschule zählt 378 Schüler und wöchentlich 215 Lehrstunden. Schulinspektor ist Dr. Ludwig Sedlitzky. Je zwei Schüler-Übungs- und Vortragsabende haben stattgefunden sowie drei Vereinskonzerte. In das Zauberflöten-Häuschen kommen 4957 Besucher, ins Mozart-Museum 4303.

1906

Am 27. Januar veranstalten die ISM und die Stadt Salzburg eine Feier zum 150. Geburtstag von W. A. Mozart. Neben einem Huldigungszug und der Aufführung der Krönungsmesse KV 317 im Dom gibt man am Abend im Stadttheater „Il re pastore". Die Inszenierung besorgt Felix Schlagintweit, für die Ausstattung sind verantwortlich: Emanuel Seidl, H. B. Wieland, Otto Riemerschmied, Max Pfeiffer und Franz Maecker. Es

spielt der Münchener Orchesterverein unter Hans Schilling-Ziemssen. Internationale Solisten singen. Alexander der Große: Artur Mercer, Aminta: Pauline Schöller, Elisa: Marie Keldorfer, Tamiris: Gisela Gehrer, Agenor: Otto Briefemeister.
Die Huldigungsfeier ist nur ein Vorgeschmack auf das, was beim siebenten Salzburger Musikfest vom 14. bis 20. August folgt. Kaiser Franz Joseph I. bewilligt für die internationale Feier zum 150. Geburtstag Mozarts zwei Vorstellungen der Wiener Hofoper. Lilli Lehmann wählt die Künstler für „Don Giovanni" aus und studiert die Oper in ihrer Wohnung in Berlin ein. Dirigent ist Reynaldo Hahn, ein Schüler von Massenet. Es wird geplant, in Salzburg verschiedene Inszenierungen seiner Meister-Opern von großen Theatern wie Wien, Berlin, München und Dresden zu bringen. Doch die Theater zeigen kein Interesse daran, mit ihrem Personal nach Salzburg zu kommen. Gustav Mahler, der in Wien 1905 einen Mozart-Zyklus begonnen hat, entscheidet sich für Salzburg für „Die Hochzeit des Figaro" mit den Kalbeck/Mahlerschen Veränderungen. Die Festkonzerte bestreiten die Wiener Philharmoniker unter Felix Mottl (Mozart-Beethoven) und Richard Strauss (Mozart-Bruckner).
Solisten des „Don Giovanni": Don Giovanni: Hr. d'Andrade, Il Commendatore: Hr. Stehmann, Donna Anna: Fr. Lehmann, Donna Elvira: Fr. Gadski-Tauscher, Don Ottavio: Hr. Maikl, Leporello: Hr. Brag, Zerlina: Fr. Farrar, Masetto: Hr. Moser.
Über den von Joseph Friedrich Hummel einstudierten Chor des Mozarteums und der Liedertafel schreibt Lilli Lehmann: „Es ist einer der besten Chöre, die ich überhaupt kenne, zusammengestellt aus Dilettanten, jungen Damen und Herrn bürgerlicher Stände, und durchaus ungeübt auf der Bühne. Dennoch trafen sie, was sie vorstellen sollten, ausgezeichnet, waren uneingeengt und ununiformiert (bei der ersten Probe am 22. Juli) in ihren Bewegungen, wie echte Theaterchöre sonst sich zu geben und zu sein pflegen. Da ich mich entschlossen hatte, den Ballsaal nicht mit eleganten Leuten zu stopfen, sondern nur eine improvisierte Bauerngesellschaft einzulassen, so paßten sie mir mit ihrer ungeordneten Heiterkeit und gewissen Bühnenungewohntheiten, die manchmal zu Tage trat, ganz vorzüglich in den Rahmen meiner Idee."
„Die Hochzeit des Figaro": Graf Almaviva: Hr. Weidemann, Gräfin Rosina: Fr. Hilgermann, Susanne, Kammerjungfer der Gräfin: Fr. Gutheil-Schoder, Figaro, Kammerdiener des Grafen: Hr. Mayr, Basilio, Musikmeister: Hr. Breuer, Dr. Bartolo, Arzt: Hr. Haydter, Marzelline, Ausgeberin: Fr. Petru, Cherubin, Page des Grafen: Frl. Kiurina, Antonio, Gärtner, Susannens Oheim: Hr. Felix, Bärbel, dessen Tochter: Fr. Michalek, Don Curzio, Friedensrichter: Hr. Preuß, Ein Gerichtsschreiber: Hr. Leuer, Ein Gerichtsdiener: Hr. Marian, Erste Brautjungfer: Frl. Hirschmann, Zweite Brautjungfer: Frl. Schleifer.
Das siebente Musikfest brachte einen Überschuß von 23 218,13 Kronen (Einnahmen: 78 819,95, Ausgaben: 55 601,82 Kronen). Die internationale Presse besprach die Aufführungen glänzend, Gustav Mahler telegraphierte nach dem Musikfest an Kuenburg: „Erlauben mir Exzellenz Ihnen für die gastliche Aufnahme, die unseren Künstlern und mir zuteil geworden, und für alle uns erwiesene Güte den herzlichsten Dank auszusprechen. Die schönen Tage werden allen Beteiligten in steter Erinnerung bleiben!   Mahler."

394 Schüler besuchen die Musikschule, je zwei Schüler-Übungs- und Vortragsabende finden statt, sowie drei Vereinskonzerte der ISM.
Man zählt im Zauberflöten-Häuschen 5597 Besucher, im Mozart-Museum 5723. Zahlreiche Spenden für die Bibliothek gehen ein.

26. Lilli Lehmann (1848–1929), k. u. k. österreichische und kgl. preußische Kammersängerin

27. Lilli Lehmann als Donna Anna in der Salzburger „Don Giovanni"-Aufführung von 1906
28. Francesco d'Andrade als Don Giovanni, Salzburg 1906

29.

30.

29. Reynaldo Hahn (1875–1947)
30. Felix Mottl (1856–1911)

31. Lilli Lehmann: Memorandum. Die „Don Juan"-Aufführungen am 14. und 16. August in Salzburg 1906 (Abschrift von Hermann Kerber)

32. Richard Strauss (1864–1949)

33. Ausflug der Salzburger Liedertafel und des Mozarteum-Damenchores am 10. Juni 1906 nach Werfen

1907

Über den Standort des Mozart-Hauses besteht keine Einigkeit. Statt des „Imhofstocks" will man ein Grundstück des Nutzgartens am Mirabellschloß bebauen, doch stößt das auf Widerstand der Stadtgemeinde. Es kommt ferner die Villa Lasser, Schwarzstraße 24, mit 4350 Quadratmeter Bodenfläche in Frage, die 160000 Kronen kosten soll. Mit dem Besitzer, Freiherrn Oskar von Lasser-Zollheim, wird am 9. September ein Vertrag geschlossen; das Gebäude geht am 1. Januar 1908 in den Besitz der ISM über.
Joseph Friedrich Hummel sucht zum 15. September an, ihn nach 46 Jahren als Kapellmeister, Direktor und Lehrer in den Ruhestand zu versetzen. Man einigt sich, daß Hummel seine Aufgaben noch bis Mitte Februar 1908 wahrnimmt. Einstimmig wird Josef Reiter, am 19. September 1862 in Braunau (Inn) geboren, zu Hummels Nachfolger bestellt. Er wird seinen Dienst am 15. Februar 1908 antreten. Reiter hat 1884 die staatliche Prüfung für das Musiklehramt an Mittelschulen abgelegt, seit 1896 ist er in Wien und genießt dort einen guten Ruf als Dirigent, Komponist und Organisator, er gründet mehrere Gesangsvereine und führt große Chorwerke auf. Drei Vereinskonzerte finden statt. Der 27. Jahresbericht legt die Aufgaben des Konzert-Institutes fest: „Das Konzert-Institut pflegt klassische Musik mit der Vorführung der Meisterwerke aus allen Epochen der Geschichte der Tonkunst: von den Altmeistern an bis in die neueste Zeit herein, in Orchester- und Chorwerken, wie mit den verschiedensten instrumentalen- und gesanglichen Solovorträgen, und zwar in den jährlichen drei Vereins-Abonnements-Konzerten, welche den P. T. ordentlichen Mitgliedern veranstaltet werden, außerdem in dem seit 1894 jeweilig einem Konzerte des Lehrkörpers zum Vorteile der ‚Internationalen Mozartgemeinde', bzw. des ‚Lehrer-Pensionsfonds' des Mozarteums, und den zeitweilig stattfindenden Fest- und Künstler-Konzerten."
Das Zauberflöten-Häuschen besuchen 4745 Personen, das Mozart-Museum 5050. Die neuverfaßten Statuten der ISM sehen die Aufgaben des Vereins in der Pflege der Mozartverehrung und der Musik im allgemeinen. Dieses Ziel wird angestrebt durch:
„1. Erhaltung und Ausgestaltung der Musikschule Mozarteum,
2. durch zeitweilige künstlerische Aufführung von klassischen Tonwerken,
3. durch möglichst vollständige Ansammlung der Mozart-Relikten, sorgfältige Bewahrung des Zauberflöten-Häuschens und würdige Instandhaltung des Geburtszimmers Mozarts, sowie des Mozart-Museums,
4. durch Erbauung eines Mozart-Hauses in Salzburg zur Unterbringung der Musikschule Mozarteum, sowie zur würdigen und vollkommen sicheren Verwahrung der Mozart-Relikten, wertvollen Handschriften usw.,

5. durch Veranstaltung periodischer Musikfeste in Salzburg."
Die Mozart-Gemeinde „verbindet Verehrer Mozarts und Freunde der Musik im allgemeinen, welche sich die spezielle Förderung einzelner bestimmter Zwecke und Bestrebungen der ISM zur Aufgabe gemacht haben".
Die Musikschule mit 403 Schülern veranstaltet je zwei Schüler-Übungs- und Vortragsabende.

34. Damen-Singverein „Hummel" zu Salzburg, gegründet am 18. Oktober 1907

1908

Ein kleines Musikfest findet am 17. und 18. August aus Anlaß des sechzigjährigen Regierungs-Jubiläums des Kaisers Franz Joseph I. statt. Im Festkonzert im Stadttheater mit Werken von Mozart, Beethoven, Gluck, Haydn, Loewe und Schubert und in der Krönungsmesse KV 317 im Dom singt Lilli Lehmann. Der neue Mozarteums-Direktor Josef Reiter führt am 18. Oktober Händels „Messias" in eigener Bearbeitung auf.
Die Musikschule hat 417 Schüler und bringt je zwei Schüler-Vortrags- und Übungsabende. Der Lehrkörper setzt sich wie folgt zusammen:
Joseph Friedrich Hummel, Direktor (bis 15. Februar). Er unterrichtet Allgemeine Musiklehre, Harmonielehre, Komposition und Orgel, wöchentlich neun Stunden.
Josef Reiter, Direktor ab 16. Februar: Allgemeine Musiklehre, Harmonielehre, Orgel, Kammermusik und Schülerorchester, 11 Stunden.
Eduard Hausner, Konzertmeister, Mitglied des Dommusik-Vereins und Lehrer an dessen Schule: Klarinette und Ensemble, Pianoforte. Erstes Semester 22, zweites Semester 24 Stunden.
Franz Ledwinka, Konzertmeister: Pianoforte, Ensemble und Harmonielehre, 18 Stunden.
Gustav Schreiber, Konzertmeister, Mitglied des Dommusik-Vereins und Lehrer an dessen Schule: Violoncello und Ensemble, Pianoforte, 18 Stunden.
Georg Schütte-Harmsen, Konzertmeister: Sologesang. Erstes Semester 16, zweites Semester 18 Stunden.
Gustav Zinke, Konzertmeister, Mitglied des Dommusik-Vereins und Lehrer an dessen Schule: Violine. Erstes Semester 16, zweites Semester 18 Stunden.
Eduard Klement, Orchester-Direktor und Archivs-Adjunkt für die Musikalien-Sammlung und Bücherei im Schulgebäude: Violine. Erstes Semester 22, zweites Semester 24 Stunden.
Romeo Graf Colloredo-Mels, Lehrer, Mitglied des Dommusik-Vereins, Violinlehrer an dessen Schule, am k. k. Staatsgymnasium und im Kollegium Rupertinum: Violine. Erstes Semester 16, zweites Semester 14 Stunden.
† Heinrich Hübl, Lehrer, zweiter Dom-Chordirektor und Erster Domorganist, Mitglied des Dommusik-Vereins und Lehrer an dessen Schule (gestorben 12. November): Chorgesang (Sopran, Alt), sechs Stunden.
Marie Krasser, provisorische Lehrerin: Pianoforte, 20 Stunden.
† Josef Petrik, Lehrer, Mitglied des Dommusik-Vereins und Lehrer an dessen Schule i. P. (gestorben 17. Januar): Kontrabaß, Waldhorn, Trompete, Posaune, 12 Stunden.
Anton Schöner, Lehrer, Mitglied des Dommusik-Vereins und Lehrer an dessen Schule: Flöte, Violine. Erstes Semester 12, zweites Semester 22 Stunden.

Franz Schubert, Mitglied des Dommusik-Vereins und Stadttheater-Orchesters: Fagott, Oboe, Violine. Erstes Semester vier, zweites Semester 16 Stunden.
Mathilde Seefeldner, Lehrerin: Pianoforte, 20 Stunden.
Marie Stanek-Hrimaly, Lehrerin: Pianoforte. Erstes Semester 20, zweites Semester 22 Stunden.
Ferdinand Huber, Mitglied des Dommusik-Vereins, provisorischer Lehrer: Waldhorn, Trompete, Posaune. Ab 2. Semester acht Stunden.
Josef Schmid, Mitglied des Stadttheater-Orchesters, provisorischer Lehrer: Kontrabaß. Ab 2. Semester vier Stunden.
Im Pensionsstande seit 16. Februar: Herr Direktor Joseph Friedrich Hummel, wie oben.
Schuldiener: Karl Trofer.
Gesamt-Vereinsangehörige und Mitglieder: 235.

35. Der Lehrkörper der „Öffentlichen Musikschule Mozarteum" im Jahre 1908 zur Verabschiedung des Direktors Joseph Friedrich Hummel. Sitzend (von links): Joseph Friedrich Hummel, Marie Stanek-Hrimaly, Mathilde Seefeldner, Gustav Zinke, Heinrich Hübel, Franz Ledwinka, Georg Schütte-Harmsen, Franz Schubert. Stehend (von links): Eduard Hausner, Graf Romeo Colloredo-Mels, Marie Krasser, Eduard Klement, Anton Schöner, Gustav Schreiber

36. Josef Reiter, Mozarteumsdirektor von 1907–1911

1909

Die Grundsteinlegung für das Mozart-Haus soll im Sommer 1910 stattfinden, gleichzeitig ist ein Musikfest geplant, bei dem „Don Giovanni" und „Die Zauberflöte" aufgeführt werden sollen. Ein Architekten-Wettbewerb für das Mozart-Haus und für Umgestaltungen, Anbauten etc. an der Lasser-Villa wird ausgeschrieben, an dem österreichische und deutsche Architekten teilnehmen können. Drei Preise in Höhe von 2400, 1800 und 1200 Kronen sind ausgesetzt. Das Gebäude soll einen Konzertsaal, Räume für die Musikschule und zwei künstlerische Vereine, das Mozartarchiv, die Bibliothek und die Verwaltung enthalten. Eine Dienstwohnung ist erwünscht. Für den Baustil werden keine Vorschriften gemacht, doch soll er mit der Umgebung und dem Stadtbild im Einklang stehen. Die Anlage soll die Möglichkeit geben, Schulräume hinzuzubauen. Die Baukosten dürfen 500 000 Kronen nicht überschreiten. Der Konzertsaal mit Galerie soll 700 Sitzplätze und 250 Stehplätze umfassen, das Podium 80 Musikern und 200 Sängern Platz bieten. Vorgesehen sind auch der Einbau einer Orgel, ein Stimmzimmer, ein kleines Künstlerzimmer, ein Chorzimmer sowie Garderoben für das Publikum.
Von den 401 Schülern der Musikschule studieren 135 Violine und 203 Klavier. Die Schüler-Konzerte werden erweitert. Es gibt fünf Übungsabende, ein Weihnachtskonzert, ein Schülerkonzert und zwei Schlußkonzerte, ferner drei Vereinskonzerte.
Im Zauberflöten-Häuschen zählt man 5307 Besucher, im Mozart-Museum 5769.

1910

Das achte Musikfest vom 29. Juli bis 6. August ist einzig und allein W. A. Mozart gewidmet. Den Höhepunkt bildet die feierliche Grundsteinlegung des Mozart-Hauses am 6. August im Garten der Villa Lasser. Die Festrede hält Robert Hirschfeld (Wien), die Widmungsurkunde lautet: „Zu Ehren Mozarts, des leuchtenden Sternes am Himmel deutscher Kunst, dessen Aufgang zu schauen die Stadt Salzburg beglückt ward, wurde am 6. August 1910 in Anwesenheit des von Seiner Majestät unserem erhabenen Kaiser Franz Josef dem Ersten allergnädigst bestimmten Stellvertreters, Seiner kaiserl. und königl. Hoheit des Hochwürdigst-durchlauchtigsten Herrn Erzherzogs Eugen, Hoch- und Deutschmeisters und Protektors der Internationalen Stiftung ‚Mozarteum' von dieser unter ihrem Präsidenten, Seiner Exzellenz Gandolph Graf Kuenburg, der Grundstein des Hauses gelegt; das auf immerwährende Zeiten der Pflege Mozart'scher Kunst zu dienen

bestimmt ist." Vor der Grundsteinlegung findet ein Festgottesdienst im Dom statt; ein eigenes Postamt mit Orts- und Tagesstempel „Grundsteinlegung des Mozarthauses, Salzburg, 6. August 1910", wird eingerichtet.
Als Stifter des Mozart-Hauses sind eingetragen:
Seine kaiserliche und königliche Apostolische Majestät Kaiser Franz Josef I.
Seine Majestät Wilhelm II., Deutscher Kaiser.
Seine kaiserliche und königliche Hoheit, der hochwürdigste durchlauchtigste Herr Erzherzog Eugen, Hoch- und Deutschmeister, Protektor der internationalen Stiftung „Mozarteum".
Seine königliche Hoheit Herr Herzog Ernst von Cumberland, Herzog zu Braunschweig und Lüneburg.
Der hohe Landtag des Herzogtumes Salzburg.
Die löbliche Stadtgemeinde Salzburg.
Die verehrliche Salzburger Sparkasse.
Herr Jan Kubelik.
Herr Ludwig Zeller, Handelskammer-Präsident, Salzburg.
Herr Professor Dr. G. Krause, Cöthen, Anhalt.
Exzellenz Frau Rosina Gräfin Dubsky, k. u. k. Palast- und Sternkreuzordensdame.
Frau Josefine Schmued, Gymnasial-Direktors-Witwe.
Frau Lilli Lehmann-Kalisch, k. u. k. österreichische und königlich preußische Kammersängerin, Ehrenmitglied der internationalen Stiftung „Mozarteum".
Herr Dr. Ignaz und Frau Marie Vian.
Die k. k. Reichs-Haupt- und Residenzstadt Wien.
Exzellenz Graf Waldstein.
Durchlaucht Fürstin Eleonore Ursula, Herzogin von Arenberg.
Mozartgemeinde Berlin, durch Herrn Professor Dr. Rudolph Genée.
Schlaraffia Juvavia.
Herr Paul Hirsch, Frankfurt am Main.
Herren Gebrüder Gehmacher.
Freiherr Friedrich Mayr v. Melnhof.
Herr Graf und Frau Gräfin Moy de Sons, München.
Herr Max und Frau Therese Wöß.
Das Offizierskorps des k. u. k. 4. Regiments der Tiroler Kaiserjäger.
Wiener Männer-Gesangverein.
Fräulein Geraldine Farrar, Opernsängerin, New York.
Die künstlerische Leitung des Musikfestes obliegt Lilli Lehmann. Sie wählt an Opern Mozarts „Don Giovanni" und „Die Zauberflöte" aus. „Don Giovanni" geht am 30. Juli sowie am 2. und 5. August in italienischer Sprache in Szene. Unter der Leitung von Carl Muck spielen die Wiener Philharmoniker, singt der Chor der k. k. Hofoper, agieren folgende Sänger: Don Giovanni: Hr. Scotti, Il Commendatore: Hr. Stehmann, Donna Anna: Fr. Lehmann, Donna Elvira: Fr. Gadsky-Tauscher, Don Ottavio: Hr. Maikl, Leporello: Hr. de Segurola, Zerlina: Fr. Farrar, Masetto: Hr. Paul.

Ihre ganze Kraft verwendet Frau Lehmann auf die Einstudierung der „Zauberflöte". Alfred Roller deutet für sie das Bühnenbild an, Anton Brioschi d.J. malt es. Ziel der Inszenierung ist eine einfache und natürliche Gestaltung, ohne alles dekorativ Märchenhafte, allen Ausstattungszauber. Über die Interpretation Mozartscher Werke hat Lilli Lehmann geäußert: „Entgegen allen modernen Ausstattungs- und Regiekünsten, deren hier nur an zweiter Stelle gedacht werden konnte und sollte, wird dem gesanglichen und darstellerischen Element der Werke vor allem Rechnung getragen werden. Wie sie Mozart schrieb, wie sie uns von denen überkommen sind, die Mozartscher Kunst am nächsten standen, die sie ausübten und lehrten, so gelangen hier seine Werke zum Vortrage. . . . Auch nach der urdeutschen, gemütlichen „Zauberflöte" haben Ausstattungswütige schon die Hände ausgestreckt..."

Ernst Schuch, der die Aufführung dirigieren sollte, sagt kurz zuvor ab. Als Dirigent kann Franz Mikorey (1873–1947) aus Dessau gewonnen werden. Leo Slezak (1873–1946), der plötzlich nicht singen will, kann durch ein grob abgefaßtes Telegramm von Frau Lehmann „zurückerobert" werden. „Die Zauberflöte" wird am 29. Juli sowie am 1. und 4. August gegeben. Die Wiener Philharmoniker spielen, der k. k. Hofopernchor singt. Die Besetzung ist folgende: Sarastro: Hr. Mayr, Königin der Nacht: Fr. Hempel, Pamina, ihre Tochter: Fr. Gadsky-Tauscher, Erste Dame: Fr. Lehmann, Zweite Dame: Fr. Kurt, Dritte Dame: Fr. Kittel, Tamino: Hr. Slezak, Papageno: Hr. Groß, Papagena: Fr. Foerstel, Sprecher: Hr. Haydter, Monostatos: Hr. Lieban, Ein Priester: Hr. Stehmann, Zwei geharnischte Männer: Hr. Reitter, Hr. Bayer, Erster Knabe: Fr. von Schuch, Zweiter Knabe: Fr. Heber, Dritter Knabe: Fr. Tremelli.

Sechs Festkonzerte finden in der Aula academica statt, sie bringen ausschließlich Werke von Mozart, ein Novum der Musikfeste. Damit wird dieses Musikfest quasi zum Vorläufer der heutigen Mozartwoche. Orchester: Wiener Philharmoniker, Dirigenten: Josef Reiter und Carl Muck.

Den Architektenwettbewerb des Mozart-Hauses gewinnt Professor Richard Berndl, München, der ein Honorar von 18 000 Kronen fordert. Die Kosten des Baues sind auf 500 176 Kronen beziffert. Berndls Projekt behält die Villa Lasser bei, um sie gruppiert sich das Konservatorium, westlich von ihr erhebt sich der Saalbau. Allerorten finden Festkonzerte zugunsten des Mozart-Hauses statt; u. a. dirigiert Felix von Weingartner ein Mozartprogramm im Großen Musikvereinssaal in Wien, wo auch Franz Schalk den „Idomeneo" konzertant aufführt.

Am 10. November stirbt Gustav Scio, der Besitzer von Mozarts Geburtshaus.

Drei Vereinskonzerte finden statt; das Zauberflöten-Häuschen besuchen 5 553 Personen, das Mozart-Museum 7 020. Die Musikaliensammlung besteht aus 1 551 Nummern.

Die Musikschule hat 403 Schüler. Sieben Übungsabende, je ein Weihnachtskonzert, Schüler-Orchesterkonzert, eine Kammermusik und ein Jahresschlußkonzert werden veranstaltet.

37. Hofopernsänger Gerhard Stehmann, Wien, sang 1910 den Commendatore im „Don Giovanni" und einen Priester in der „Zauberflöte"

38. Dr. Carl Muck (1859–1940)

39. Hermine Kittl, Wien, sang 1910 die Dritte Dame in der Salzburger „Zauberflöte"

40. Die Villa Lasser, an deren Stelle das Mozarthaus errichtet wurde

41. Erzherzog Eugen, Protektor der ISM, und Präsident Gandolph Graf Kuenburg bei der Grundsteinlegung zum Mozarthaus, 6. August 1910

42. Der Gestalter des Mozarthauses, der Münchner Architekt Prof. Richard Berndl

43. Entwurf des Mozarthauses („Larghetto") von Richard Berndl, München, 1. Preis

44. Entwurf des Mozarthauses („Maestoso") von Alexander Wurm-Arnkreuz, Wien, 3. Preis

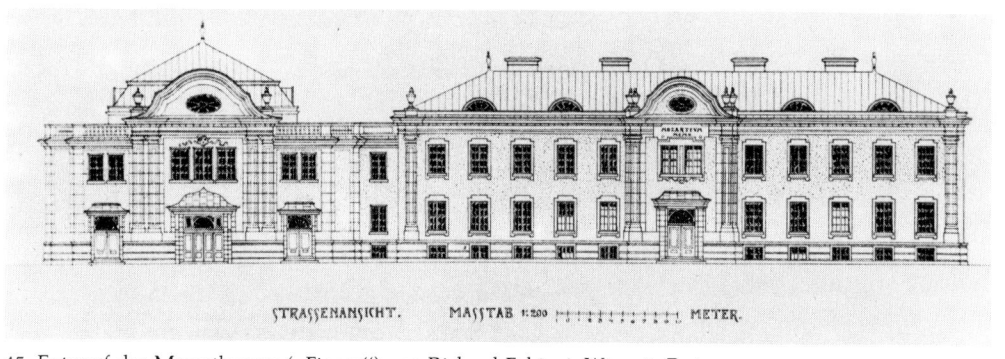

45. Entwurf des Mozarthauses („Figaro") von Richard Fabiani, Wien, 2. Preis

46. Entwurf des Mozarthauses („D-Dur") von Ing. Rosenthal, München

47. Entwurf des Mozarthauses („Papagena") von Gebrüder Ott-Reutenberg, München

1911

Graf Kuenburg legt das Amt des Präsidenten aus Altersgründen am 7. April nieder – am 11. Mai feiert er seinen 70. Geburtstag. Sein Nachfolger wird der k. k. wirkliche Geheime Rat Dr. Franz Stibral, Mitglied des österreichischen Herrenhauses, Großkreuzträger des Franz Joseph-Ordens, Ritter des Ordens der Eisernen Krone zweiter Klasse (bis 30. November 1914). Mozarteumsdirektor Josef Reiter kündigt am 16. Januar zum 15. Februar 1912. Grund: er könne seine künstlerischen Aktivitäten zu wenig entfalten, die Verwaltungsarbeit als Schuldirektor sei zu umfangreich. Der Posten des Schuldirektors wird ausgeschrieben. Von den 55 Bewerbern im Alter von 22 bis 60 Jahren kommen 18 aus Österreich-Ungarn, 37 aus dem Ausland. Einstimmig wird der am 11. Januar 1873 in Berlin geborene Paul Graener gewählt. Graener hat in Berlin studiert, war Opernkapellmeister u. a. in Berlin und Königsberg, 1895 bis 1903 erster Dirigent am Haymarket-Theater in London, 1905 bis 1908 Lehrer für Musiktheorie an der Londoner Academy of Music. Seit Oktober 1910 ist er Direktoriumsmitglied des neuen Wiener Konservatoriums. Er hat Opern, Orchesterwerke und Kammermusik komponiert. Seinen Dienst in Salzburg tritt er am 1. September an (bis 15. Februar 1914). Der neue Direktor hat folgende Pflichten: künstlerische, pädagogische und organisatorische Leitung der Schule, Unterricht in Musiktheorie (Harmonielehre, Kontrapunkt, Komposition, Instrumentation, Musikgeschichte), zehn Stunden wöchentlich, Gestaltung der Programme und Leitung der Proben und Aufführungen der ordentlichen und außerordentlichen Konzertveranstaltungen des Mozarteums (Orchester- und Chorwerke).
Zahlreiche Spenden gehen für das Mozart-Haus ein. Das Hausbaukapital beträgt Ende des Jahres 317823,01 Kronen. Ein Raum im neuen Mozart-Haus wird der Vereinigung „Schlaraffia" zur Verfügung gestellt, sie zahlt dafür 18000 Kronen. Der Liedertafel wird ein Probensaal eingeräumt (Spende: 14000 Kronen).
Im 23. Jahresbericht der Mozart-Gemeinde heißt es: „Im Zeitalter des Sportes wird das Interesse an künstlerischer Betätigung, sei es auf dem Gebiet der Malerei, der bildenden Kunst oder Musik, leider etwas zu sehr in den Hintergrund gedrängt. Eine unausbleibliche Folgeerscheinung ist das Ueberhandnehmen sportlicher Vereinigungen, während solche mit ideellen Tendenzen in vielen Fällen um ihren Bestand zu kämpfen haben." Dennoch finden sich immer mehr Verehrer für Mozart, werden immer mehr junge Leute Mitglieder von Mozart-Gemeinden.
Die Musikschule zählt 373 Schüler, sie veranstaltet neun Vortragsabende, ein Weihnachtskonzert und zwei Schülerkonzerte. Drei Vereinskonzerte finden statt. 4913 Personen besuchen das Zauberflöten-Häuschen, 6454 das Mozart-Museum. Die Bibliothek verfügt über 1580 Musikalien und 474 Bücher.

84   1911

48.

49.

48. Dr. Paul Graener, Direktor des Mozarteums von 1911–1914
49. Dr. Franz Stibral, Präsident der ISM von 1911–1914

Für die Errichtung einer Musikalien-Volksbibliothek am Rudolfskai 38 stiftet die ISM 100 Kronen.
Am 28. Juli feiert Johann Evangelist Engl sein vierzigjähriges Dienstjubiläum als Sekretär der ISM.

1912

Der Bau des Mozart-Hauses beginnt. Der erste Spatenstich erfolgt am 17. Mai, der Schultrakt wird am 10. Juni, der Saaltrakt am 29. Juli begonnen. Die Arbeiten führt die Baufirma Gebrüder Wagner unter Leitung von Architekt Professor J. Schubauer aus. Das Richtfest des Schultraktes wird am 10. September, das des Saaltraktes am 19. Dezember gefeiert. Zahlreiche Spenden gehen ein. Die Liedertafel mietet sich für 20000 Kronen ein; der Vertrag ist unkündbar. Carl Spängler stiftet 22000 Kronen für eine Mozart-Statue für das Forum des Großen Saales. Die Stadtgemeinde folgt den Gregor Baldi-Hausbaufonds aus (103 485 Kronen). Die Wiener Mozart-Gemeinde (Präsidentin Johanna Gräfin von Hartenau-Battenberg) übernimmt die Ausgestaltung des Wiener Saals. Am 12. Mai veranstaltet der Pilot Illner einen Schauflug zugunsten des Mozart-Hauses auf dem großen Exerzierfeld in Maxglan-Himmelreich. Der Reinertrag beläuft sich auf 1 000 Kronen. Der Deutsche Sängerbund stiftet die gleiche Summe, der Präsident des Salzburger Künstlerhauses, Ludwig Schmederer, 500 Kronen, ein Aufruf der Wiener Neuen Freien Presse bringt 26 445 Kronen ein. Das Kultusministerium verteilt seinen Zuschuß von 200 000 Kronen auf zehn Jahre. Die Mozarteumsbau-Effektenlotterie (90 000 Lose) erbringt eine Nettoeinnahme von 22 649 Kronen und 92 Heller. Zahlreiche Benefizkonzerte werden im In- und Ausland veranstaltet. Der Hausbaufonds verfügt Ende 1912 über 404 587 Kronen und 42 Heller, die Ausgaben für den Rohbau betragen 210 152 Kronen und 80 Heller.
In der ersten Januarwoche propagiert Direktor Graener die Einführung von Volks-Symphonie-Konzerten, von denen auch zwei am 14. und 22. Januar im Kurhaussaal mit dem Mozarteum-Orchester abgehalten werden. Die Musikschule besuchen 478 Schüler, je drei Schülerkonzerte und Vortragsabende finden statt. In den drei Vereinskonzerten rückt Graener seine Werke in den Vordergrund. Das Zauberflöten-Häuschen besuchen 5 160 Personen, das Mozart-Museum 6 743.
Am 27. November plädiert Friedrich Gehmacher für die Ausgestaltung der Bibliotheca Mozartiana. 2000 Kronen werden für einen Bibliothekar und Bibliothekszwecke bereitgestellt.
Ein Salzburger Musikfest findet vom 14. bis 17. August in kleinem Rahmen statt. Vier festliche Kammerkonzerte ersetzen die geplante Musikwoche vom 20. bis 25. Juli.

Stefan Zweig wird aufgefordert, den Text des „Schauspieldirektors" zu bearbeiten. Er sagt mit der Begründung ab, seine musikalische Bildung reiche nicht aus, um dieses Werk würdig neu zu gestalten und schlägt Dr. Leo Feld vor, der ausgezeichnete Operntexte für Alexander von Zemlinsky geschrieben habe.

1913

Neue Mittel – rund 600 000 Kronen – werden für die Ausgestaltung des Mozart-Hauses benötigt. Der Bauausschuß der ISM ruft zu einer Spendenaktion auf: „Als im Jahre 1888 die Mozartgemeinde ins Leben gerufen wurde, stellte sie sich in erster Linie die Aufgabe, für die definitiv angestellten Lehrer der Musikschule des Mozarteums einen Pensionsfonds zu schaffen, zu welchem Zwecke von ihr im In- und Auslande Tochtergemeinden gegründet wurden, deren Mitgliederbeiträge dem genannten Fonds zufließen sollten. Der warme Appell, der damals an alle Mozartverehrer erging, war vom schönsten Erfolge gekrönt, denn schon im Jahre 1905 konnte an die Aktivierung des Pensionsfonds geschritten werden.
Damit war aber die Tätigkeit der Mozartgemeinde nicht erschöpft. Ihr Streben ging nach einem noch höheren Ziele. In unserer Stadt sollte den Manen W. A. Mozarts ein zweites Denkmal errichtet werden: das Mozarthaus.
Und siehe da, der Zauber den der Name des großen Meisters der Töne allüberall ausübt, wo für alles Edle und Schöne begeisterte Herzen schlagen, war mächtig genug, um auch der Mozarthausbau-Idee die Wege zu ebnen.
Innerhalb weniger Jahre gelang es, dank den reichlich eingeflossenen Spenden und der mächtigen Unterstützung, welche das Unternehmen in allen Kreisen, von Seiten des Staates wie des Landes fand, den Baufonds auf eine Höhe zu bringen, die es gestattete, im Frühsommer d. J. mit dem Baue beginnen zu können, obwohl die hiezu erforderlichen Mittel noch nicht in vollem Ausmaße vorhanden waren. Bestimmend hiefür war in erster Linie der projektierte Neubau des k. k. Gymnasiums, welcher an Stelle der bisherigen Musikschule ‚Mozarteum' erstehen soll. Gerechtfertigte Vorsicht erforderte es, für die rechtzeitige Unterbringung dieser vornehmsten Musiklehranstalt in geeigneten Räumen zu sorgen, zumal es ausgeschlossen gewesen wäre, solche in schon bestehenden öffentlichen Gebäuden zu erhalten.
In zweiter Linie war es der Mangel an modernen Konzerträumen, der immer fühlbarer wird und dringend nach Abhilfe verlangt. Eine gesunde Entwicklung des Konzertwesens in Salzburg durch das hiezu berufene Kunstinstitut, das ‚Mozarteum', ist undenkbar, so lange nicht die Vorbedingungen dazu durch geeignete Saalräume gegeben sind. Diese werden im Mozarthaus vorhanden sein.
Neben zahlreichen anderen Beweggründen waren die soeben angeführten die Hauptveranlassung, die Inangriffnahme des Baues zu beschleunigen.

Nunmehr gehen aber die verfügbaren Geldmittel zur Neige, und wenn wir nicht Gefahr laufen wollen, das Werk längere Zeit unvollendet stehen zu lassen, so müssen wir für die Aufbringung neuer Mittel sorgen.

Unter Hinweis auf die selbstlose Unterstützung, welche unserem schönen Unternehmen von auswärts geworden ist, wenden wir uns nunmehr an die zunächst interessierten Kreise der Salzburger Bevölkerung, die Vollendung des Mozarthauses durch ihr tatkräftiges Eingreifen zu ermöglichen. Manche erfreuliche Spende ist schon aus der Mitte der Salzburger dem Baufonds zugeflossen, viele berufene Persönlichkeiten aber haben sich bisher von einer aktiven Mitwirkung noch ferne gehalten. Im Vertrauen auf die großen Sympathien, welche dem Mozarthausbau in allen Kreisen unserer Stadt mit Recht entgegengebracht werden, appellieren wir deshalb heute an den Opfermut der gesamten Bewohnerschaft Salzburgs, uns ihre Mithilfe zur Vollendung des unter so vielversprechenden Auspizien begonnenen Unternehmens nicht zu versagen. Soll doch das Mozarthaus der öffentlichen Musikschule ‚Mozarteum', welche die Keime einer großen Entwicklungsmöglichkeit in sich birgt, die Gelegenheit zur Entfaltung bieten. Es soll die Baudenkmäler Salzburgs um eines der schönsten bereichern. Daß dies der Fall sein wird, ist schon aus den im Rohbaue fertiggestellten Gebäudeteilen mit Sicherheit zu ersehen; es soll endlich weiter auch, wenigstens für die nächste Zeit bis zum Baue der Stadtsäle, der empfindlichen Saalnot abhelfen, da in dem Mozarthause ein großer und ein kleiner Saal vorgesehen ist.

Wir sind überzeugt, daß es keinen Bewohner Salzburgs geben wird, der nicht den Zwecken, welchen das Mozarthaus zu dienen bestimmt ist, seine vollsten Sympathien zuwenden würde. Das gibt uns auch den Mut zu unserem heutigen Schritte. Wir haben eine eigene Hilfsaktion ausgedacht, die es ermöglichen soll, ohne einmalige größere Aufwendung und ohne Übernahme einer dauernden Verpflichtung, wie sie z. B. die Mitgliedschaft in sich schließt, dem Werke seine Mithilfe zu leihen. Diese Hilfsaktion besteht darin, daß Freunde unseres Unternehmens sich bereit erklären, nur während der Dauer eines Jahres monatlich eine bescheidene Gabe dem Baufonds zu widmen. Eine kleine Geldspende zu Beginn des Monats, die nach Ablauf eines Jahres wieder eingestellt wird, ist jedermann zu leisten in der Lage. Die Höhe des Betrages zu bestimmen bleibt dem freien Ermessen des Spenders überlassen. Wir hoffen auf die Beteiligung der weitesten Kreise und glauben durch diese, den Einzelnen wenig belastende Aktion dem Baufonds neben den von auswärts auch weiterhin zu gewärtigenden Beiträgen derartig zu kräftigen, daß es nicht allein möglich sein wird, den Mozarthausbau zu vollenden, sondern auch dessen künstlerische Ausschmückung, die ja seiner Bedeutung würdig werden soll, in einem Zuge durchführen zu können.

Wir bemerken ausdrücklich, daß diese unsere Aktion keineswegs den Charakter einer Zwangseinladung tragen soll. Wer nicht gerne und freiwillig das Werk fördert, soll hiezu nicht gepreßt, auch wegen seiner Zurückhaltung nicht mit scheelen Blicken angesehen werden. Die Idee, in deren Dienst wir uns gestellt haben und deren Verwirklichung unserer Vaterstadt nur zum Ruhme gereichen wird, ist so schön und spricht so für sich selbst, daß ihre Förderung wohl von allen Salzburgern als Herzenssache empfunden wird.

Wir hoffen daher zuversichtlich, daß der große Kreis unserer Freunde in der vorgeschlagenen Art helfend eingreifen und durch seine tatkräftige Unterstützung die glückliche Finalisierung des großzügigen Unternehmens ermöglichen wird. Vollziehen wir, was die großen Anreger der Mozarthaus-Idee, die Salzburger Gregor Baldi und dessen Freunde, im Auge hatten: eine begeisterte Huldigung Salzburgs für seinen größten Sohn, den Mitbegründer des Weltrufes unserer Heimatstadt.

In diesem Sinne ergeht unser Appell an alle, die guten Willens und von dem lokalpatriotischen Empfinden erfüllt sind, daß eine Stadt, die unserem Wolfgang Amadeus Mozart ein Denkmal errichtet, nicht nur diesen, sondern auch sich selbst ehrt."

Die feierliche Eröffnung wird für den August 1914 vorgesehen, gleichzeitig soll ein großes Musikfest stattfinden. Lilli Lehmann spendet 200000 Kronen gegen eine Leibrente. Am 5. April stellt Kaiser Franz Joseph I. auf Bitten der ISM bei der Internationalen Mozart-Gemeinde Salzburg 1600 Kronen zur Ausführung seines Porträts für das Präsidium zur Verfügung. Den Auftrag bekommt der Kunstmaler Oskar Brüch. Die vier allegorischen Figuren auf dem Mitteltrakt des Schulgebäudes, ein Werk des Münchener Bildhauers Karl Killer, werden am 19. Juli aufgestellt. Sie bedeuten von links nach rechts: Adagio – Menuetto – A la Marcia – Allegro. Die anderen Figuren am rechten und linken Flügel des Mozarteums stellen die weltliche und geistliche Musik dar; sie wurden von k. Rat Carl Spängler gestiftet. Im Juni beginnt die Ausstattung des Wiener Saals. Neuer Bauleiter wird der Münchener Architekt Ludwig Schuster. Den Orgelbau im Großen Saal übernimmt die Firma Gebrüder Rieger aus Jägerndorf (Österreichisch/Schlesien). Am 4. August besichtigt Erzherzog Eugen das Mozart-Haus. Die „Schlaraffia" zieht am 18. Oktober, die Liedertafel am 15. November in ihre Räume ein.

Mozarteums-Direktor Graener wird ab 15. Juli bis 15. Februar 1914 beurlaubt, ihn vertritt der Musikschriftsteller Dr. Robert Hirschfeld (Wien). An das Ministerium wird der Antrag gestellt, den neuen Direktor zu finanzieren.

Die Musikschule hat 347 Schüler, sie bringt sieben Schüler-Vortragsabende, ein Schülerkonzert und zwei Schlußkonzerte.

5027 Personen besuchen das Zauberflöten-Häuschen, 6142 das Mozart-Museum. Drei Vereinskonzerte werden veranstaltet.

Vom 2. bis 6. August finden fünf Festkonzerte statt. Die drei Kammerkonzerte bestreiten Lilli Lehmann, Marie Keldorfer, Lilli Petschnikoff und Lonny Epstein, Alexander Petschnikoff, Rudolf Ritter, Paul Grümmer, Eduard Hausner und Franz Ledwinka, sowie das neue Wiener Konzerthaus-Quartett mit Adolf Busch, Fritz Rotschild, Karl Doktor und Paul Grümmer, das bei dieser Gelegenheit zum ersten Mal an die Öffentlichkeit tritt (Werke von Bach, Mozart, Beethoven, Schumann, Schubert, Brahms). Die zwei Orchesterkonzerte spielt das Münchener Konzertvereins-Orchester unter Paul Graener. In ihnen wird Mozarts „Requiem" mit den Solisten Lilli Lehmann, Hermine Kittel, Rudolf Ritter und Richard Mayr aufgeführt.

1914

Der Ausbruch des Ersten Weltkrieges lähmt die Aktivitäten der ISM. Das Musikfest, das für den 12. bis 20. August geplant war, wird am 30. Juli abgesagt. Mozarts letzte Symphonien sollten im Mittelpunkt der philharmonischen Konzerte stehen. An Opern waren vorbereitet: „Don Giovanni", „Die Entführung aus dem Serail", „Bastien und Bastienne" und Glucks „Orpheus und Eurydike".
In aller Bescheidenheit findet die feierliche Weihe des Mozart-Hauses am 14. September statt. Die kirchliche Weihe nimmt Fürsterzbischof Balthasar Kaltner vor. Das Eröffnungskonzert im Großen Saal wird auf den 29. September festgesetzt, der Wiener Saal wird der Öffentlichkeit am 30. Oktober gezeigt. Die Gesamtkosten des Mozart-Hauses betragen 1 200 000 Kronen.
Die Musikschule darf sich mit Wirkung vom 10. Juni „Konservatorium des Mozarteums" nennen. Das Konservatorium übersiedelt am 12. Juli in die Schwarzstraße, die Einschreibungen beginnen am 12. September. Es wird festgesetzt, daß das Vereinsjahr künftig mit dem Schuljahr am 1. September beginnt.
Dr. Hirschfeld hatte Reformen des Konservatoriums und des Konzertwesens geplant, sein Tod am 2. April vereitelte die Pläne. Nachfolger Hirschfelds wird der Privatdozent Dr. Eugen Schmitz aus München (15. Mai bis 15. Februar 1915). Johann Evangelist Engl legt nach 44 Jahren seinen Posten als Sekretär nieder. Zu seinem Nachfolger wird der Handelskammerrat Carl Kaltenbrunner bestellt. Stibral bleibt bis zum 30. November Präsident, die Stelle bleibt dann bis 11. November 1915 unbesetzt. Vizepräsident wird Viktor Freiherr von Ehmig. Am 20. März war beschlossen worden, daß die Musikschule von einem Dreier-Direktorium geführt werden soll, mit Robert Hirschfeld als verantwortlichem Leiter, Josef Huttary als Vertreter des Ausschusses und Franz Ledwinka als Vertreter des Lehrkörpers.
Ende Juni 1914 stellt Friedrich Gehmacher den Bau eines Festspielhauses zur Diskussion.
Im August besuchen das Zauberflöten-Häuschen 2592 Personen, das Mozart-Museum 2721. Wie alljährlich gibt es drei Vereinskonzerte.

INTERNATIONALE STIFTUNG „MOZARTEUM" SALZBURG

UNTER DEM HÖCHSTEN PROTEKTORAT SEINER KAIS. UND KÖN. HOHEIT DES HOCHWÜRDIGST DURCHLAUCHTIGSTEN HERRN ERZHERZOGS EUGEN HOCH- UND DEUTSCHMEISTER

MUSIKFEST
AUS ANLASS DER ERÖFFNUNG DES MOZARTHAUSES SALZBURG
12.–20. AUGUST 1914

MOZARTEUM SALZBURG

50. Einladung zum geplanten Musikfest 1914

51. Das Mozarthaus (Mozarteum), 1914

52. Der Große Saal des Mozarteums, 1914

53. Die Bibliothek der ISM, 1914

54. Der Wiener Saal des Mozarteums, 1914

55.

56.

55. Joseph Huttary, Direktoriumsmitglied des Mozarteums 1914–1917
56. Franz Ledwinka, Direktoriumsmitglied des Mozarteums 1914–1917

57. Heinrich Kiener, einer der Stifter des Mozarthauses

1915

Präsident Stibral und Kassier Carl Spängler (seit 13 Jahren) danken ab. Vizepräsident Hofrat Freiherr von Ehmig kann wegen starker beruflicher Inanspruchnahme das Amt des Präsidenten nicht übernehmen. Am 11. November wird der Präsident des Abgeordnetenhauses, der Hof- und Gerichtsadvokat Dr. Julius Sylvester, ISM-Präsident (bis 7. Dezember 1922). Der Kaufmann Alois Baldi wird Kassier. Dr. Eugen Schmitz scheidet mit dem 15. Februar aus dem Direktorium aus.
Vornehmste Aufgabe der ISM ist die Ausgestaltung des Konservatoriums und des Konzertinstitutes. Außerordentliche Einnahmen können durch Vermietung der Säle erzielt werden; sie werden zugunsten der Kriegsfürsorge verwendet. Eine finanzielle Belastung ist der Ausfall von 30 000 Kronen durch Ausfallen des Musikfestes 1914, die Schulden müssen getilgt werden. Der Unterricht im Konservatorium wird durch die Verwundetenpflege eingeschränkt. Ein Zweier-Direktorium führt vom 15. Februar bis 17. September 1917 das Konservatorium: Franz Ledwinka leitet und dirigiert die Konzerte, Josef Huttary ist Vertreter des Kuratoriums der ISM.
Friedrich Gehmacher und Heinrich Damisch (Wien) legen einen Plan zur Gründung einer Salzburger Festspielhausgemeinde vor.
Anna Bahr-Mildenburg und Leo Slezak geben am 17. Februar ein außerordentliches Konzert zugunsten der Kriegsfürsorge (k. u. k. Truppenspital und Notstandsaktion der Stadtgemeinde Salzburg).
Schwach ist der Besuch der Mozartgedenkstätten: im Zauberflöten-Häuschen 1831 Personen, im Mozart-Museum 1022. Für die Bibliothek gehen Spenden der Wiener Mozart-Gemeinde ein.

1916

Das dritte Kriegsjahr bringt weitere finanzielle Sorgen: die Verzinsung der Hypotheken von jährlich 23 000 Kronen muß abgetragen werden. Eine weitere Belastung kommt auf die ISM zu: Gustav Scio räumt am 17. November der ISM das Vorkaufsrecht für Mozarts Geburtshaus ein.
Lilli Lehmann stellt sich wiederum in den Dienst der Sache: „Mozart. Vielleicht erschien niemals ein Zeitpunkt ungeeigneter, einen idealen Gedanken zu verwirklichen, als der mit

58. Dr. Julius Sylvester, Präsident der ISM von 1915–1922

dem schweren Druck dieses furchtbaren Krieges belastete jetzige. Vielleicht aber – und ich glaube es bestimmt – wird es niemals einen geeigneteren geben, Deutschlands und Österreichs, Österreichs und Deutschlands eng verbundene Kraft und Größe durch ein Werk zu verherrlichen, das uns niemand als unsere Kultur, die Liebe und Dankbarkeit zu den führenden Geistern unseres Volkes eingibt – Geister, die uns die Ungeheuerlichkeit der Kämpfe tragen helfen, einer lichten friedvollen Zukunft uns entgegenblicken lassen. Aber nicht dann erst, wenn all das geordnet und verschmerzt hinter uns liegen wird, nein, jetzt gerade soll es sein, wo unser Opfermut am stärksten, wo unsre Völker Blut und Leben dem Vaterland weihen, wo wir Frauen mit dem Herzblut der Liebe Schmerzen zu lindern, Wunden zu heilen versuchen.
Wir sind uns bewußt, nicht hindämmern zu dürfen in Trauer und Verzweiflung, sondern tapfer sein zu müssen, wie die da draußen, die für nächste Geschlechter den Frieden erkämpfen, und fühlen die Verpflichtung, die Fahne des Idealismus hoch voran zu tragen, der jeden, der daran glaubt, uns folgen heißt.
Dem reinsten Musiker aller Zeiten, Wolfgang Amadeus Mozart, gilt unser Werk: nicht um ein Denkmal ihm zu errichten aus Marmor oder Erz, sondern um eine geweihte Stätte ihm zum Gedenken zu erhalten für alle Zeiten: sein Geburtshaus, in welchem er das Licht der Welt erblickte, die er so reich beglücken sollte, in dem er seine Kinderjahre verbrachte, aus dem uns heute noch aus jedem Gegenstande seine lichte Persönlichkeit entgegentritt, um uns aufs tiefste zu rühren. Diesem lieben alten Haus in der Salzburger Getreidegasse mit seinen Erinnerungsschätzen nicht nur des großen Sohnes, sondern auch seines prachtvollen Vaters, droht, solange es nicht in den Besitz des Mozarteums als des berufenen Hüters übergegangen sein wird, die stete Gefahr profaner Entweihung oder Zerstörung.
Wenn nun in den weitesten Kreisen, selbst draußen unter unseren feldgrauen Helden, auch nur groschenweise gesammelt würde, dann wäre dieses liebe alte Haus bald unser Aller ideales Eigentum!
Nicht Mäzene allein sollten stolz sein dürfen, große Summen dafür gespendet zu haben. Alle, alle wollen wir freudig und dankbar unser Scherflein dazu beitragen! Gefahr ist im Verzuge!
So möge bald geschehen, was geschehen muß, was wir – und nur wir – in oder trotz der großen Zeit uns zu unternehmen getrauen dürfen: durch eine allgemeine Sammlung die Mittel aufzubringen für die Erhaltung eines Heiligtums: der Geburtsstätte Mozarts!
Grunewald, im Februar 1916.   Lilli Lehmann."

Der Aufruf bringt 23 889 Kronen ein. Weitere Gelder stellt Frau Lehmann aus Konzerteinnahmen zur Verfügung. Auch andere Künstler, wie Richard Mayr und Adolf Busch, geben Konzerte zugunsten des Geburtshauses.
Im Sommer wird der Musikschriftsteller Heinrich Damisch (Wien) auf Wunsch von Friedrich Gehmacher in einer Versammlung von zwölf Mozart-Verehrern im Garten des Hotels d'Europe Salzburg mit der Gründung einer neuen Mozart-Gemeinde in Wien betraut, die als ihre Hauptaufgabe die Errichtung eines Festspielhauses in Salzburg zu

betrachten hat. Damisch setzt am 4. November die ISM von der Wiener Neugründung in Kenntnis. Doch bald widerruft er die Gründung, da Lilli Lehmann heftig gegen den Bau eines Festspielhauses in Salzburg protestiert. Damisch plädiert dafür, den Plan auf günstigere Zeiten zu verschieben. Es bilden sich zwei Parteien: Gehmacher und Damisch sind für den Bau des Festspielhauses, Lilli Lehmann und Rudolf von Lewicki (Wien) sind dagegen. Am 15. November wird die Friedrich Gehmachersche Mozarteums-Stipendien-Stiftung ins Leben gerufen (Kapital 10000 Kronen).

„Die Stiftung ist aus der Absicht des Stifters entstanden, Bewerbern durch das Stipendium die Möglichkeit zu geben, das Konservatorium des Mozarteums in Salzburg als Schüler oder Schülerinnen zu besuchen und allenfalls auch über diese Schule hinaus ihre musikalische Ausbildung fortzusetzen. Diesem Zwecke ist die Stiftung auch gewidmet." Die Stiftung ist besonders für Studierende von Blasinstrumenten gedacht.

Lilli Lehmann wird am 28. Januar Ehrenpräsidentin der ISM. Im Juli/August gibt sie ihren ersten Gesangskurs am Mozarteum (insgesamt 13 bis 1928). Am 19. August stiftet die Sängerin eine „Lilli Lehmann-Medaille", die alljährlich an würdige und tüchtige Schüler und Schülerinnen des Konservatoriums verliehen werden kann. Lilli Lehmann und Richard Mayr machen eine größere Bibliotheksspende.

Am 20. April übernimmt die ISM die Pflege der ihr durch Erbschaft zugefallenen Bertramka, eines kleinen Besitztums in Smychow bei Prag, wo Mozart am 28. Oktober 1787 seine Oper „Don Giovanni" vollendet hat. (Die Bertramka geht endgültig 1925 an die ISM über.)

Neuer Sekretär der ISM wird mit dem 11. November Dr. Ludwig Sedlitzky (bis 24. November 1920). Im Großen Saal finden 38 Konzerte statt, 15 Veranstaltungen zugunsten der Kriegsfürsorge, u. a. ein Konzert am 11. November für Invalide, lungenleidende Soldaten und Soldaten im Feld. Das Zauberflöten-Häuschen besuchen 2782 Personen, das Mozart-Museum 1833. Das Unterrichtsministerium spendet 10000 Kronen für die Ausgestaltung des Mozart-Museums, das aber erst 1925 umgestaltet werden kann.

1917

Mozarts Geburtshaus kann endgültig am 4. Mai erworben werden. Der Kaufpreis beträgt 180000 Kronen. Am 16. Mai eröffnet die ISM ein Konzertbüro, das die Durchführung sämtlicher Veranstaltungen in den Sälen des Mozart-Hauses übernimmt. Das Konzertbüro wird in der Schwarzstraße 3 (heute neben Foto Ellinger) eingerichtet. Neben dem Lehmann-Gesangskurs für zwölf Teilnehmer finden im Sommer auch Kurse für rhythmische Gymnastik und Gehörbildung statt. Die Gründung der Salzburger Festspielhausgemeinde geschieht am 1. August. Der Hauptverein hat seinen Sitz in Wien (Vorstand: Damisch), ein Zweigverein etabliert sich am 7. Dezember in Salzburg (Vorstand: Gehmacher). Das Festspielhaus soll ein Symbol des Friedens werden.

„Es ist keine ‚Theatergründung', nicht das Projekt einiger träumerischer Phantasten und nicht die lokale Angelegenheit einer Provinzstadt. Es ist eine Angelegenheit der europäischen Kultur. Und eine von eminenter politischer, wirtschaftlicher und sozialer Bedeutung dazu. Kein Zweifel, es liegt etwas Beschwichtigendes und Erhebendes darin, daß der erste Gedanke, der in all unserer Not und unserem Zwange aufleuchtet, der ist: Sich aus der Schwere des täglichen Lebens in die Kunst zu retten, in den Sinnbildern des Dramas neue menschliche Kraft, in den Geheimnissen der Musik neue Zuversicht und Verheißung zu suchen. Dieser Gedanke verbündet sich mit dem anderen, unser spezifisches, österreichisches Wesen in den Werken unserer Meister zu zeigen, aber auch in der besonderen Art, in der wir sie wiederzugeben gedenken. Und daß dieser Gedanke Kraft und Zukunft hat, beweist die selbstlose Hingabe an diesen Künstler- und Völkertraum, die die größten lebenden, österreichischen und süddeutschen Künstler dafür gezeigt haben. Daß Meister wie Richard Strauß, Hugo Hofmannsthal, Max Reinhardt, Franz Schalk, Alfred Roller u.a.m., führend an unserer Spitze stehen, bürgt dafür, daß hier künstlerische Taten besonderer Art geschehen werden, daß man sagen können wird: Wer die Werke unserer großen Geister in Ton und Wort so hören will, wie sie in aller Farbigkeit, Anmut und Phantasie ihres süddeutschen Wesens geträumt worden sind, muß nach Salzburg in das Festspielhaus kommen, wer Oesterreich kennen will, wie es sich in seiner unverstellten und von allem falschen Schein befreiten Art darstellt, wird es nun hier erfahren lernen." (Aus einem Aufruf der Salzburger Festspielhaus-Gemeinde)
Der ehemalige Dirigent des Wiener Tonkünstler-Orchesters und Lehrer an der k.k. Akademie für Musik und darstellende Kunst, der Referent der musikhistorischen Zentrale des k.u.k. Kriegsministeriums, Dr. jur. Bernhard Paumgartner, wird mit dem 19. September einstimmig zum Direktor des Konservatoriums bestellt. Bald nach seinem Dienstantritt gründet er einen Orchesterfonds für die Honorare außergewöhnlicher Veranstaltungen. Das Konzertleben ist durch Brennstoff- und Lebensmittelmangel stark eingeschränkt. Ein Orgel-Meisterkurs des Thomasorganisten Karl Straube muß im August/ September abgesagt werden. Unentwegte, wie Richard Mayr, geben Liederabende zugunsten der Mozart-Gemeinden.
Die Bibliotheca Mozartiana soll von nun an ein gelernter Bibliothekar verwalten. Mozarteums-Mitteilungen, die wissenschaftlich ausgerichtet sind, sollen vom 1. November 1918 an vierteljährlich erscheinen.
Im Zauberflöten-Häuschen zählt man 2698 Besucher, im Mozart-Museum 1500. Die Baukosten für das Mozart-Haus betragen vom 1. Januar 1911 bis 31. August 1917 die Summe von 1 288 731 Kronen und 29 Heller. Die Salzburger Sparkasse senkt den Zinsfuß für die ISM (Mozart-Haus) von 4 ¾ auf 3 ½ v. H.

59. Angelo Saullich, vormaliger Besitzer von Mozarts Geburtshaus
60. Bürgermeister Max Ott, hochverdient um die Erwerbung von Mozarts Geburtshaus

1917

61. Dr. Bernhard Paumgartner als junger Direktor des Mozarteums

1918

Erklärte Ziele der ISM im letzten Kriegsjahr sind: Erhaltung und Ausgestaltung der Mozart-Gedenkstätten, Erhaltung des Mozart-Hauses und der Bibliotheca Mozartiana, Sammlung von Mozart-Originalbildnissen, Handschriften und Gedenkgegenständen, Ausgestaltung des Konservatoriums und des Konzerthauses. Die Hypothekenschuld für das Mozart-Haus ist getilgt (Kosten von 1907 bis 1918: 1 298 415 Kronen und 55 Heller). Der Bankdirektor Josef Christian Bösmüller regt den Kauf des Hotels Mirabell an; der Gedanke wird im April 1928 wieder aufgenommen und am 30. April 1929 verwirklicht. Der Sparkassen-Direktionsrat Dr. Franz Mussoni wird Zentralvorsteher der Mozart-Gemeinde Salzburg (12. Januar bis 12. Januar 1921). Bürgermeister Max Ott wird die Goldene Mozart-Medaille für seine Verdienste bei der Erwerbung des Mozart-Hauses verliehen. Der Komponist Friedrich Frischenschlager wird am 24. Juni offiziell zum Bibliothekar bestellt (bis 31. Dezember 1923). Erzherzog Eugen legt am 12. November das Protektorat über die ISM nieder, das er seit dem 5. Juli 1900 innegehabt hatte.
Die Mozart-Autographe kommen in die Bibliothek in der Schwarzstraße. Das erste Heft der Mozarteums-Mitteilungen erscheint im November. Sie werden begründet von dem Mozart-Forscher und Kuratoriumsmitglied Rudolf Ritter von Lewicki und nach seinem Tod (8. Februar 1921) bis 1923 fortgeführt von Emil Karl Blümmel.
Sieben Orchesterkonzerte finden statt, ferner 23 Solistenkonzerte. Paumgartner führt am 22. März Mahlers Vierte Symphonie zum erstenmal in Salzburg auf.

1919

Im ersten Inflationsjahr ergibt sich für die ISM eine kritische finanzielle Lage. Subventionen der öffentlichen Hand gehen nur zögernd ein, die Gehälter können nicht pünktlich gezahlt werden.
Zur festen Einrichtung wird die Mozart-Feier des Konservatoriums zu Mozarts Geburtstag. Für die Festspielhausgemeinde veröffentlicht Hugo von Hofmannsthal im April die Schrift „Deutsche Festspiele in Salzburg". Dr. Erwin Kerber wird am 5. Mai als Leiter des Salzburger Büros angestellt. Am 25. Mai tritt Hofrat Professor Alfred Roller für ein Festspielhaus in Hellbrunn ein und legt Baupläne vor. Die Pläne Gehmachers gehen zunächst nach Maria Plain. Die Festspielhausgemeinde zählt Ende des Jahres 1641 Mitglieder.

1919

Für die Gesangskurse von Lilli Lehmann ergeben sich unerwartete Schwierigkeiten: Einreise- und Aufenthaltsgenehmigungen werden nur zögernd erteilt.
Mozarteums-Direktor Joseph Friedrich Hummel stirbt am 29. August im Alter von 79 Jahren.
Der Konzertbetrieb nimmt einen Aufschwung: Das Konservatorium bringt acht Übungs- und sechs Vortragsabende sowie vier Schlußkonzerte; die ISM vier Orchesterkonzerte, acht Kammermusiken, sieben Chorkonzerte und 24 Solistenkonzerte.
Ein Erneuerungsplan für Mozarts Geburtshaus wird am 29. März von Landeskonservator Dipl. Ing. Eduard Hütter vorgelegt, kann aber wegen der wirtschaftlichen Schwierigkeiten nicht in Angriff genommen werden.

62. Das Direktorium der Salzburger Festspielhausgemeinde, aufgenommen im Jahre 1919 nach einer Direktionssitzung im Marmorsaal des Schlosses Mirabell. Stehend, von links: Direktor Dr. Paul Hellmann, Oberrechnungs-Rat Arthur Sacher, Hofapotheker Willvonseder, Hotelier Georg Jung, Sektionsrat Dr. Huber, Kammersänger Richard Mayr, Ing. Edwin Schurich, Direktor Emil Ronsperger, Baumeister Richard Wagner, Kaffeetier Richard Tomaselli, Hof- und Gerichtsadvokat Dr. Arthur Schey. Sitzend, von links: Direktor Friedrich Gehmacher, Sektionschef Dr. Karl Ritter von Wiener, Redakteur Heinrich Damisch

1920

Infolge der steigenden Inflation decken die Subventionen die Gehälter nicht mehr. Die ISM versendet deshalb im November eine Einladung zum Zeichnen von Geldbeiträgen für das Mozarteum: „Das Mozarteum mit seinen 900 Schülern genießt einen Weltruf und ist die Pflegestätte für Musik und Kunst. Infolge des Krieges hat das Institut mit großen finanziellen Schwierigkeiten zu kämpfen, welche seinen Fortbestand ernstlich gefährden, und hoffen wir keine Fehlbitte zu tun, wenn wir an Ihre Munifizenz appellieren und einen größeren Geldbetrag zwecks Sanierung und Fortführung des Unternehmens erbitten. Wir erlauben uns ergebenst darauf hinzuweisen, daß Stifter von M 10000.– aufwärts in goldenen Lettern auf der Marmor-Gedenktafel in unserem Mozarteum verewigt werden. Genehmigen Ew. Hochwohlgeboren für Ihre rühmenswerte tatkräftige Hilfe, die Sie uns zur Pflege klassischer Musik, Förderung und Erziehung der Jugend angedeihen lassen, unseren aufrichtigsten und wärmsten Dank." Um dem finanziellen Ruin zu entgehen, war die ISM im Mai gezwungen, Autographe von Joseph Haydn zu verkaufen. Zur Unterstützung armer, invalider Musiker, Musiker-Witwen und Waisen wird der Schuegraf-Fonds gegründet.

Am 21. Juni wird die Mozarteums-Oper ins Leben gerufen, sie spielt zeitweilig im Stadttheater. Eine Schauspielschule wird im Mozarteum eingerichtet, die ISM überträgt die Leitung den Theaterdirektoren Paul Blasel und Alexander Strial. Lilli Lehmann führt ihre Gesangskurse fort. Am 4. Oktober wird sie Ehrenbürgerin der Stadt.

Die ersten Salzburger Festspiele, zugleich ein großer Erfolg der Festspielhausgemeinde, finden vom 22. bis 28. August statt. Auf dem Domplatz wird am 22. August zum ersten Male „Jedermann" aufgeführt (Titelrolle: Alexander Moissi, Regie: Max Reinhardt, Musik: Einar Nilson).

Generalsekretär Dr. Ludwig Sedlitzky scheidet am 24. November aus. Direktor Wilhelm Puller wird Geschäftsführender Sekretär bis zum 21. Juni 1921. Sein Nachfolger ist Oberleutnant a. D. Wilhelm Hofmann.

Der Lehrkörper setzt sich im Schuljahr 1920/21 wie folgt zusammen:

Direktor:
Dr. Bernhard Paumgartner, Mitglied des Beirates für Tonkunst und dramatische Kunst am Staatsamte für Unterricht.

Lehrkörper.
Ordentliche Lehrer:
Bianca Bianchi-Pollini, Kammersängerin (Sologesang-Ausbildung).
Romeo Colloredo-Mels, Konzertmeister (Violine).
Haya Demberger, Lehrerin (Rhythmische Gymnastik, musikalische Plastik [Methode Dalcroze]), beurlaubt.

Marie Frank-Tandler, Lehrerin (Harfe).
Friedrich Frischenschlager, Lehrer (Harmonielehre, Kontrapunkt, Komposition).
Karl Groß, Lehrer (Sologesang-Ausbildung, dramatischer Unterricht).
Eduard Hausner, Konzertmeister (Klarinette, Baßklarinette, Klavier).
Elisabeth Indra, Lehrerin (Klavier).
Robert Jäckel, Konzertmeister (Oboe, Englischhorn, Klavier).
Eduard Klement, Konzertmeister (Violine, Viola).
Berta Kulstrunk, Lehrerin (Klavier).
Franz Ledwinka, Konzertleiter (Klavier-Ausbildung).
Theodor Müller, Konzertmeister (Violine-Ausbildung, Theorie, Kammermusik).
Dr. Bernhard Paumgartner, Direktor (Musikgeschichte, Akustik, Instrumentenkunde, Klavier-Ausbildung, Orchester- und Chorübungen).
Felix Petyrek, Konzertmeister (Klavier-Ausbildung, Klavier-Pädagogik, Kammermusik).
Rudolf Prasch-Cornet (Sologesang-Ausbildung, Gesangs-Pädagogik).
Fritz Römisch, Konzertmeister (Violoncello).
Franz Sauer, Konzertmeister, Domorganist (Orgel, Chorgesang, Theorie).
Anton Schöner, Konzertmeister (Flöte, Violine).
Karl Schuegraf, Konzertmeister (Fagott, Kontrafagott, Klavier).
Marie Stögmüller (Klavier).
Gustav Zinke, Konzertmeister (Violine-Ausbildung).
Hilfslehrer:
Renée Bergen (Sprachkurs).
Johann Huber (Waldhorn, Trompete, Posaune, Tuba).
Marie Kugler (Klavier).
Frieda Mareck (Sologesang).
Ludwig Möchel (Violine).
Josef Schmid (Kontrabaß, Laute).
Schauspielschule:
Paul Blasel, Direktor.
Alexander Strial, Direktor des Stadttheaters in Salzburg.
Dozenten:
Dr. Karl Wagner, Professor an der Lehrerbildungsanstalt Salzburg (Allgemeine Pädagogik und Geschichte der Pädagogik).
Bernt Wendt (Vorträge über Dramaturgie).
Assistent:
Meinhard Zallinger (Assistent für Kirchenmusik).

1921

Das Kollegium des Konservatoriums bittet die ISM um das Existenzminimum (10. Januar), man strebt eine „Landes-Akademie für Musik und darstellende Kunst" an, um die finanzielle Sicherung für die Zukunft zu erreichen. Der Verkauf von Originalbriefen Joseph Haydns (23. Februar) bringt 100000 Kronen ein, die Gehälter werden rückwirkend ab 1. Januar für den Lehrkörper verdoppelt. Direktor Paumgartner stellt am 3. März Richtlinien für eine Verstaatlichung des Konservatoriums auf. Subventionen gehen tröpfelnd ein: 1920/21 überweisen der Staat 900000 Kronen, Land und Stadt Salzburg 160000. Zu Weihnachten will man mit Wirkung vom 1. Juli 1922 alle Verträge des Lehrkörpers kündigen. Mit Ende des Jahres ist die wirtschaftliche Not des Konservatoriums auf das höchste gestiegen. Die Mitgliedsbeiträge der Mozart-Gemeinden können in Österreich nicht mehr festgesetzt werden. Dennoch kauft die ISM von Theodor Streicher für 80000 Mark 104 Briefe bedeutender Persönlichkeiten.
Das Amt des Zentralvorstehers der Internationalen Mozart-Gemeinde Salzburg übernehmen Kaufmann Wilhelm Puller (4. Februar bis 21. Juni) und Wilhelm Hofmann (9. November bis 7. Dezember 1922). Generalsekretär wird Wilhelm Hofmann (21. Juni bis 19. April 1936). Johann Evangelist Engl wird Ehrenmitglied des Kuratoriums (27. Januar). Altpräsident Gandolph Graf Kuenburg stirbt am 2. April. Der Damensingverein des Mozarteums stiftet am 2. Oktober eine Gedenktafel für J. F. Hummel im Mozarteum.
Im September wird ein Bibliotheksfonds gegründet. Der Aufruf „Mozart gilt unser Werk" geht in alle Welt: „Die internationale Stiftung Mozarteum in Salzburg pflegt das Gedächtnis W. A. Mozarts in vielgestaltiger Form. Mit der Vollendung des Mozarthauses im Jahre 1914 wurde ein langgehegter Wunsch und die wichtigste Voraussetzung für eine ersprießliche Pflege und Förderung aller Zweige des Mozartkultes erfüllt: Würdig ausgestattete Konzertsäle ermöglichen regelmäßige Aufführungen Mozartscher und anderer Meisterwerke wie auch die Veranstaltung von Musikfesten größeren Stiles, geeignete Bibliotheksräume gestatten eine sichere Aufbewahrung der unersetzlichen Mozartrelikten, ebenso eine fachgemäße Aufstellung der Bibliotheca Mozartiana, und ein geregelter Bibliotheksdienst ermöglicht die Benützung der Werke zu wissenschaftlichen Studien. Außerdem beherbergt das Mozarthaus das Konservatorium des Mozarteums, welches nach der Staatsakademie in Wien das zweitgrößte Institut Deutschösterreichs ist und sich die Heranbildung eines ernsten, künstlerischen Nachwuchses zum Ziele setzt. Das Konservatorium Mozarteum besuchen 800 Musikstudierende des In- und Auslandes, und es wird durch die Staatsregierung, wie auch durch das Land und durch die Stadtgemeinde Salzburg mit jährlichen Subventionen unterstützt: hingegen müßte der

63. Oberstleutnant der Reserve Wilhelm Hofmann, Generalsekretär der ISM von 1921–1936

Verein, dessen Mozartgemeinden im Kriege durch die Auflösung der ausländischen Ortsgruppen bedeutend restringiert wurden, die enormen Kosten der Erhaltung und Ausgestaltung des Mozartmuseums, des Archives und der Bibliotheca Mozartiana allein bestreiten. Diesen dem Mozartkult gewidmeten Intentionen kann der Verein seit dem Zusammenbruch der alten Monarchie nicht mehr in entsprechendem Ausmaße gerecht werden. Der fortschreitende Niedergang der wirtschaftlichen Verhältnisse fordert für die Erhaltung dieser wichtigen Zweige der Mozartpflege immer größere finanzielle Opfer. In seiner trostlosen Lage sieht sich der Verein gezwungen, über die Grenzen Deutschösterreichs hinaus die Freunde der Mozartschen Kunst im wirtschaftlich stärkeren Auslande aufzurufen und an ihre Hilfsbereitschaft zu appellieren.

Die für die Erhaltung der Archiv- und Bibliotheksbestände in den letzten Jahren durchgeführten Arbeiten entsprechen infolge der mangelnden Mittel nicht den bescheidensten Anforderungen einer fachgemäßen Restaurierung und Konservierung. Nicht besser ist es mit der Vermehrung dieser Bestände bestellt. Diese mußte sich lediglich auf Ankäufe von Studienwerken für die angegliederte Studienbibliothek des Konservatoriums beschränken. Die unerschwinglichen Preise des Studienmaterials bedrohen die Lebensfähigkeit unseres jungen musikalischen Nachwuchses außerordentlich, denn gerade aus dem darbenden Mittelstande geht erwiesenermaßen der Großteil unserer begabten Musikstudierenden hervor. Darum erfüllte der Verein nur eine selbstverständliche Pflicht, wenn er in den letzten Jahren das bescheidene Bibliotheksbudget lediglich für Erwerbungen im Lehrplane enthaltener Studienwerke verwendete und durch die Entlehnung solcher Werke vielen Bedürftigen das Musikstudium erleichterte.

Der Tiefstand der österreichischen Krone zeitigte in den letzten Jahren eine der traurigsten Folgeerscheinungen: es wanderten viele bedeutende Kulturdokumente deutschösterreichischer Kunst in das valutastarke Ausland. Das Mozarteum erachtet es daher als seine heiligste Pflicht, der Vaterstadt W. A. Mozarts die noch erreichbaren Handschriften und wertvollen Drucke dieses Genius und seiner Zeitgenossen, wie auch die für die Mozartforschung ebenso wichtigen, auf Mozart bezugnehmenden Autographen, Drucke, Schriften und Seltenheiten für die Heimat Mozarts zu erhalten. Um dies zu ermöglichen, gründete der Verein im Jahre 1921 einen Bibliotheksfonds, dessen Aktivstand durch die Hilfe einer internationalen Sammelaktion jederzeit die Erwerbung von erreichbaren Mozartrelikten gewährleisten soll.

Das Kuratorium des Mozarteums und mit ihm die Unterzeichneten hoffen zuversichtlich, daß dieser Aufruf um eine werktätige Mithilfe zur Pflege und Förderung des Mozartkultes in den weitesten Gesellschaftskreisen des In- und Auslandes Interesse findet. War es ungezähltemale möglich, zur Errichtung von Denkmälern für Heroen der Kunst und Wissenschaft Hunderttausende aufzubringen, so wird auch dieses Hilfswerk gelingen, da es gilt, über die Not der Zeit eine Brücke zu schlagen und eine dem größten Apostel und Lichtspender der Musik geweihte Arbeit für die Mit- und Nachwelt fortzusetzen und zu vollenden. An Mozarts herrlichen Tonschöpfungen freuen sich seit mehr als einem Jahrhundert Generationen, mit der Fülle und Anmut seiner Melodien beglückt er die

ganze Welt. Ihr hinterläßt er einen Schatz, so groß und wertvoll, daß sie für alle Zeit in seiner Schuld stehen muß. Dieser Mozart verdient eine Ehrung auch in dieser Form."
Lilli Lehmann plädiert für die Erwerbung von Autographen Mozarts.
Im Rahmen der Festspiele findet eine Mozart-Woche des Mozarteums vom 1. bis 14. August statt. Sieben Konzerte mit Werken Mozarts (vier Symphoniekonzerte 2., 4., 11., 14. August, und drei Kammerkonzerte 3., 6., 9. August) werden im Großen Saal des Mozarteums gegeben, eine Serenade im Hof der Residenz, das Requiem im Dom. Im Heckentheater wird „Bastien und Bastienne" gespielt (Regie: Anna Bahr-Mildenburg). Diese Aufführungen, von Bernhard Paumgartner, Willem van Hoogstraaten und Adolf Tandler dirigiert, kommen nicht zuletzt durch die gute Zusammenarbeit mit der Festspielhausgemeinde zustande.
Das Konzertbüro der ISM veranstaltet vier Symphoniekonzerte, 15 Kammermusiken, 12 Chouraufführungen und 14 Solistenkonzerte.
Der Salzburger Kammermusik-Verein wird am 29. Januar aus der Taufe gehoben. Zweck des Vereins ist die Pflege und Förderung ernster Kammermusik.

1922

Am 14. Juni wird das Konservatorium öffentliche Musikschule. Wirtschaftliche Sorgen führen am 8. Juli dazu, daß die Institution in staatliche Verwaltung übernommen wird. Die Schule wird jetzt von Bund, Land und Stadt erhalten. Schwierigkeiten gibt es dennoch bis 1926. Man einigt sich, den Pensionsfonds der ISM und der Internationalen Mozart-Gemeinde Salzburg aufzuteilen.
Bei den Salzburger Festspielen, die vom 13. bis 29. August stattfinden, wirkt das Mozarteum nicht mit. Am 20. August wird der Grundstein für das geplante Festspielhaus im rückwärtigen Teil des Hellbrunner Schloßparks gelegt.
Die Festspiele bringen im Stadttheater unter der Leitung von Richard Strauss und Franz Schalk vier Opern von Mozart. Lilli Lehmann führt im Juli/August ihre Gesangskurse fort. Im Oktober beginnen die Kammermusikabende, die sogenannten „Samstagabende" von Professor Franz Ledwinka (bis 1928; am 31. Dezember 1927 findet das 125. Konzert statt).
Dr. Julius Sylvester legt das Amt des Präsidenten am 7. Dezember nieder, er wird zum Ehrenpräsidenten ernannt. Sein Nachfolger wird der Direktor der Arbeiter-Versicherungsanstalt, Regierungsrat Friedrich Gehmacher (22. Dezember bis 7. März 1924). Julius Neumann übernimmt von Wilhelm Hofmann das Amt des Zentralvorstehers der Internationalen Mozart-Gemeinde (22. Dezember bis 20. April 1928).
Die ISM veranstaltet trotz der immer größer werdenden finanziellen Schwierigkeiten zahlreiche Konzerte: fünf Orchesterkonzerte, 14 Kammermusiken, sechs Chorkonzerte und 18 Solistenkonzerte.

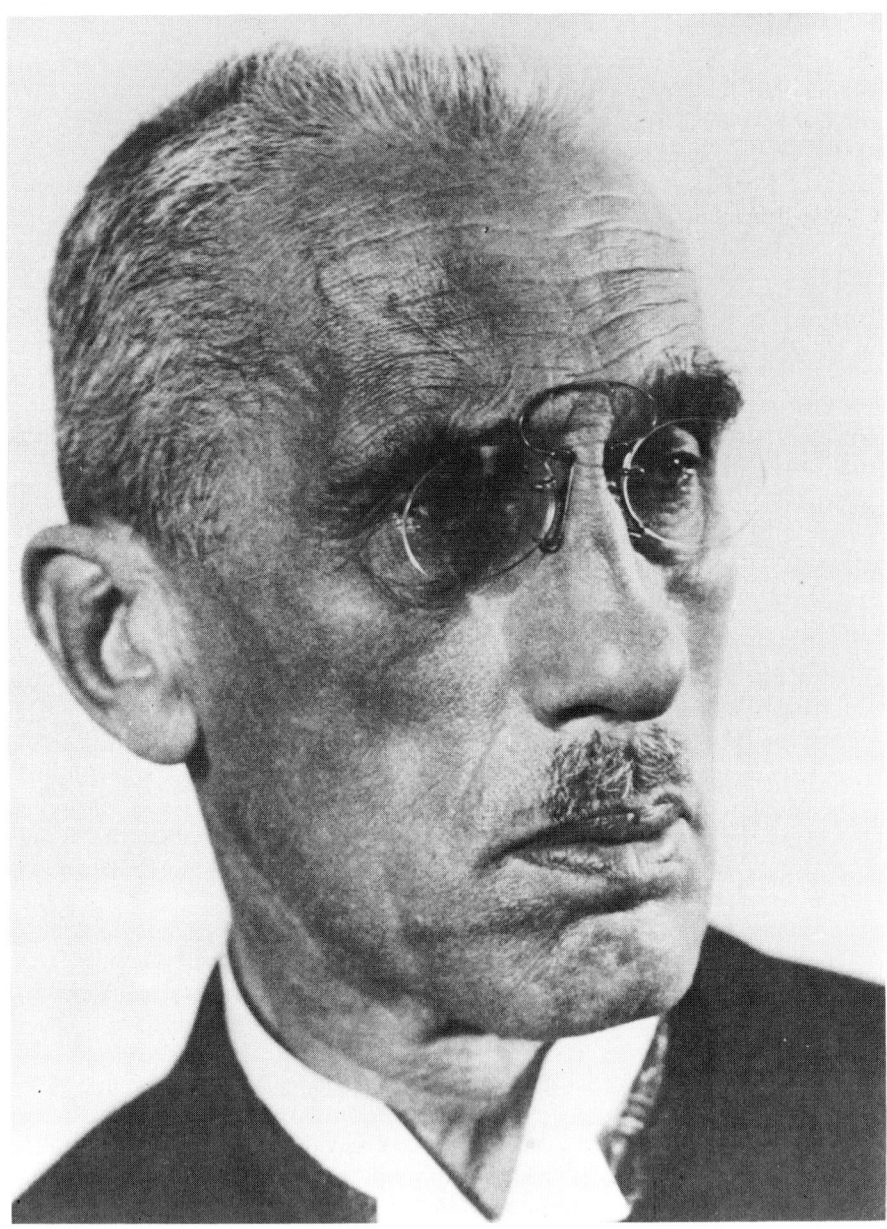

64. Friedrich Gehmacher sen., Initiator des Mozarthausbaues, Zentralvorsteher der Mozart-Gemeinde, Präsident der ISM 1922–1924

1923

Im fünften Inflationsjahr finden kein Mozart-Tag und keine Mozarteum-Abonnementskonzerte statt. Trotz der verzweifelten wirtschaftlichen Lage nimmt die Internationale Mozart-Gemeinde Salzburg erneuten Aufschwung: neun neue Mozart-Gemeinden können gegründet werden.
Ein Vertrag der ISM mit den Schulerhaltern Bund–Land–Stadt wird geschlossen. Das Konservatorium soll bis zum 1. Juli 1927 in deren Hand bleiben. Auch die Pensionsfragen für die Lehrer werden geklärt.
Im Januar wird eine Spendensammlung zur Ausgestaltung und Instandsetzung des Geburtshauses in Angriff genommen. Im Dezember kann der Aufgang zum Museum neu gestaltet werden. Das Zauberflöten-Häuschen auf dem Kapuzinerberg bekommt ein schützendes Überdach. Für die Bibliothek werden Ankäufe vorgenommen.
Ab 1. Juli finden in den Sommermonaten tägliche Führungen im Mozart-Haus statt. Dabei spielt Franz Sauer die große Konzertorgel. Diese Einrichtung hat sich bis heute erhalten.
Die Internationale Gesellschaft für zeitgenössische Musik veranstaltet am 2., 7. und 8. August sechs Konzerte im Mozart-Haus mit Werken von Bartók, Busoni, Hindemith, Milhaud, Ravel, Schönberg und Strawinsky.
Im Herbst wird mit dem Umbau der Reitschule in der Hofstallgasse begonnen (Architekt Hütter). Die ISM beginnt am 9. Oktober mit Gesellschaftskonzerten, das erste Konzert leitet Hans Knappertsbusch.
Die ISM arrangiert acht Orchesterkonzerte, je zwölf Chorkonzerte und Kammermusiken und 26 Solistenkonzerte.

1924

Die ISM erwirbt aus englischem Privatbesitz für hundert Millionen Kronen das Ölbild „Der neunjährige Mozart mit dem Vogelnest" von Johann Zoffani (1733–1810).
Am 21. Mai bekommt die ISM die Konzession für eine Konzert- und Theateragentur und die Vollmacht für eine Stellenvermittlung für Künstler.
Im Sommer finden wegen des Umbaues der Felsenreitschule keine Festspiele statt. Statt dessen gibt es im August (8., 11., 15. und 22.) Mozart-Serenaden an historischen Stätten

65. Das Kuratorium der ISM im Jahre 1924. Von links nach rechts, sitzend: Julius Neumann, Dr. Julius Sylvester, Dr. Rudolf Hassak, Josef Preis, Hermann Kerber, Friedrich Gehmacher sen., Dr. Johann von Nusko, Alois Baldi, Josef Gelinek. Stehend: Josef Christian Bösmüller, Dr. Walter Hummel, KR Edwin Schurich, Gustav Flesch-Brunningen, Wilhelm Hofmann, Dr. Otto Kunz, Hans Demel-Seebach, Professor Theodor Müller

66. Dr. Rudolf Hassak, Präsident der ISM von 1924–1925

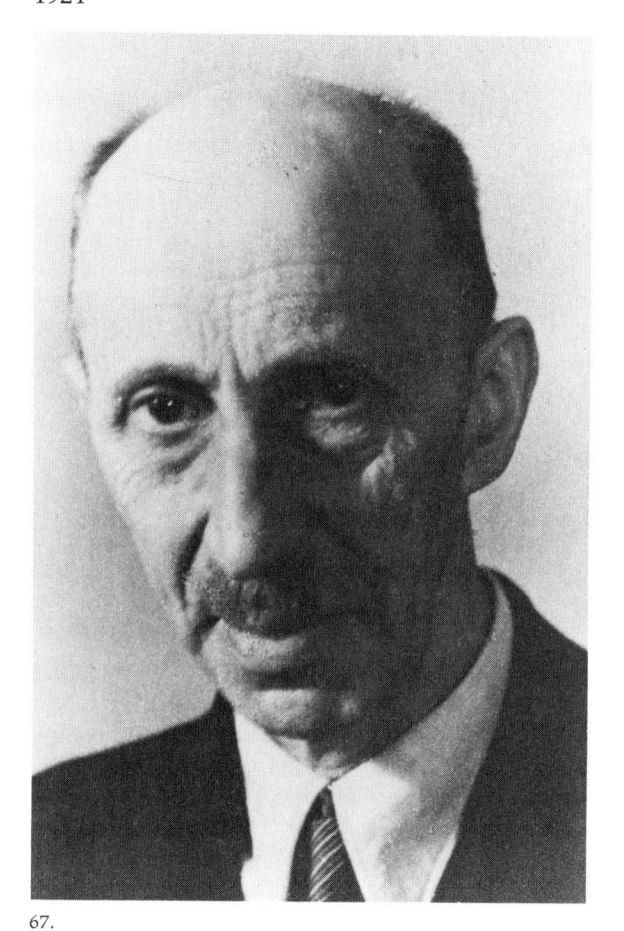

1924

67.

68.

67. Professor Dr. Walter Hummel, Vizepräsident der ISM von 1924–1934, später Schriftführer und Archivar der ISM

68. Die Pianisten Heinz Scholz (links) und Robert Scholz (rechts)

(u.a. im Hofe des Priesterhauses und auf der alten Bastion im Hofe des Mozart-Hauses). Vom 5. bis 9. August wird das zweite Kammermusikfest der Internationalen Gesellschaft für Neue Musik veranstaltet.
Das erste Symphoniekonzert in der Reihe der Gesellschaftskonzerte (8. Februar) dirigiert Clemens Krauss (Solisten: Heinz und Robert Scholz, Salzburg, Konzert für zwei Klaviere Es-dur KV 365 von Mozart).
Hofrat Dr. Rudolf Hassak übernimmt am 18. März das Amt des Präsidenten (bis 19. November 1925). Leiter des Mozart-Museums wird am 15. Juli der Chefredakteur des Salzburger Volksblattes Dr. Otto Kunz (bis 15. Juli 1945). Die Bibliothek betreut ab 1. Dezember der Leiter der Salzburger Studienbibliothek, Dr. Ernst von Frisch (bis 1. November 1925). Sein Vorgänger, Friedrich Frischenschlager, fordert von der ISM den Ausbau der Bibliotheca Mozartiana, sie soll wichtigste Voraussetzung für die nationale und internationale Mozartforschung sein. Vorsteher der Internationalen Mozart-Gemeinde Salzburg wird am 1. Oktober Alfred Heidl (bis 31. Dezember 1951).

1925

Feierlich, mit musikalischer Umrahmung, werden am Sonntag, 14. Juni, Mozart-Museum und Zauberflöten-Häuschen wieder eröffnet. Der dritte Stock von Mozarts Geburtshaus ist instandgesetzt (Leopolds Arbeitszimmer und das ehemalige Gastzimmer der Familie Mozart sind einbezogen), das Zauberflöten-Häuschen ist renoviert worden. Die Festspielhausgemeinde hat mit dem 1. Januar ihren Sitz von Wien nach Salzburg verlegt. Die feierliche Eröffnung des Festspielhauses findet am 13. August mit Hugo von Hofmannsthals „Salzburger großem Welttheater" statt. Die ISM bringt keine eigenen Veranstaltungen zu den Festspielen vom 13. bis 31. August.
Am 1. August wird die ISM Besitzerin der Bertramka in Smychow bei Prag. Die Bertramka, ein Weingut mit einem ländlichen, einstöckigen Haus, ist eine bedeutende Mozart-Gedenkstätte, denn hier wurde am 28. Oktober 1787 der „Don Giovanni" vollendet. Die Mozarts waren hier Gäste ihrer Freunde Franz und Josefa Duschek. 1876 ließ der ehemalige Mitbesitzer Adolf Popelka im Garten eine Mozart-Büste aufstellen. Zur Jahrhundertfeier von Mozarts „Don Giovanni" am 29. Oktober stellte sich die ISM in der Bertramka mit einem Huldigungskranz ein. In den Jahren 1912 und 1913 wurde Frau Emanuela Popelka, der die Bertramka nun gehörte, durch nach Prag entsandte Mitglieder des Kuratoriums bestimmt, die ISM als Erbin der Mozart-Gedenkstätte einzusetzen. Das Testament der Frau Popelka vom 20. April 1916 verfügte dies tatsächlich, nur sollte ihre Nichte, Frau Mathilde Sliwensky, auf Lebenszeit den Nutzgenuß erhalten. Die ISM nahm das Erbe an und hielt mit Frau Sliwensky Verbindung. Um die notwendigen Wiederherstellungsarbeiten in der Bertramka zu ermöglichen, regte man 1923 die Gründung einer

69. Dr. Erich Schenk, Bibliothekar der ISM von 1925–1926. Schenk bereitete die Musikwissenschaftliche Tagung 1931 vor und gab den Kongreßbericht (1932) heraus.

70. Feierliche Wiedereröffnung des Zauberflöten-Häuschens auf dem Kapuzinerberg durch den österreichischen Landeskanzler Dr. Rudolf Ramek, 14. Juni 1925

zweisprachigen Mozart-Gemeinde in Prag an, die sich vor allem um die Bertramka kümmern sollte. Nach dem Tode von Frau Sliwensky 1925 wird die ISM Erbin der Bertramka. Am 30. April 1927 wird der „Mozart-Verein" in Prag unter dem Schutz der tschechoslowakischen Regierung gegründet.
Präsident Dr. Rudolf Hassak legt sein Amt am 19. November nieder, der Posten bleibt bis 1. April 1926 unbesetzt. Josef Christian Bösmüller ersetzt am 5. November den Kassier Alois Baldi (bis 31. März 1931). Vom 1. November bis 21. Mai 1926 übernimmt Dr. Erich Schenk die Leitung der Bibliothek. Schenk unterrichtet auch am Konservatorium Musikgeschichte und bemüht sich um die erneute Herausgabe der Mozarteums-Mitteilungen. Seine wissenschaftliche Bibliothek wurde 1979 an Mozarts Geburtstag der ISM von seiner Witwe übergeben.

1926

Das Mozart-Museum kann das anonyme Ölbild „Mozart mit dem Diamantenring" aus dem Besitz des Salzburger Kapitäns Helmreichen-Brunnfeld für 11 800 Schilling erwerben. Für die Bibliothek können u. a. angeschafft werden: das Album der Mozartschülerin Babette Ployer, der Johann Josef Fuxsche „Gradus ad Parnassum" (1725) mit dem Exlibris „Leopold Mozart 1746", 15 Don Juan-Stiche von Rudolf Lohbauer sowie Erstdrucke Mozartscher Werke.
Neue Mozart-Gemeinden werden in Stuttgart und Budapest gegründet. Das große Sängerbundfest findet am 3. und 4. Juli in Salzburg statt. Rund tausend Sänger huldigen vor dem Mozart-Denkmal dem Genius loci.
Die Fortführung der Gesellschaftskonzerte der ISM, dem Mittelpunkt des musikalischen Lebens in Salzburg, ist in Frage gestellt, weil die Zahl der Abonnenten von Jahr zu Jahr sinkt. Unter Leitung von Konservatoriums-Direktor Bernhard Paumgartner wird ein Komitee zur Schaffung einer Konzertgemeinde gebildet. Ziel: Musikfreunde aus allen Gesellschaftsschichten sollen Abonnenten für Orchesterkonzerte und Kammermusikabende werben. Die Konzertgemeinde kann ihre Tätigkeit wegen der Weltwirtschaftskrise nur bis zum 5. April 1929 ausüben. Die ISM veranstaltet zahlreiche Konzerte.
Am 7. August werden die Stadtsäle und das neue Festspielhaus nach den Plänen von Professor Clemens Holzmeister eröffnet. Während der Festspiele (7. bis 29. August) finden acht Mozart-Serenaden im Hof der Residenz statt.
Das Amt des Präsidenten übernimmt am 1. April Senatspräsident Dr. Franz Höfenmayer (bis 15. Oktober 1929). Dr. Roland Tenschert ist seit dem 1. November Bibliothekar der ISM (bis 30. Oktober 1930).

1927

Das Jahr 1927 ist vor allem gekennzeichnet durch die erste internationale Mozart-Tagung in Salzburg. Diese soll der Mozart-Forschung neue Impulse geben und zugleich den Freunden Mozarts einen Ausschnitt seiner Werke in mustergültigen Aufführungen bieten. Die Tagung wird vom Bibliothekar der ISM, Dr. Roland Tenschert, vorbereitet. Den Ehrenvorsitz hat der Ordinarius des Musikwissenschaftlichen Institutes der Universität Wien, Professor Dr. Guido Adler, übernommen, den Vorsitz Professor Dr. Hermann Abert, Berlin. Obwohl kurz vorher die Beethoven-Zentenarfeier in Wien stattgefunden hat, gelingt es, eine größere Anzahl von Gelehrten zu gewinnen, die Referate halten oder ihre Arbeiten einsenden. Genannt seien: Hermann Abert, Mena Blaschitz (Wien), Friedrich Blume (Berlin), Otto Erich Deutsch (Wien), Karl Gustav Fellerer (Münster i.W.), Max Graf (Wien), Hermann Kasseroller (Salzburg), Erwin Kutscher (München), Julius Leisching (Salzburg), Ernst Lert (Mailand), Ernst Lewicki (Dresden), Fernando Liuzzi (Florenz), Paul Nettl (Prag), Alfred Orel (Wien), Carl August Rosenthal (Wien), Erich Schenk (Salzburg), Ludwig Schiedermair (Bonn), Stephan Strasser (Budapest), Fritz Vollbach (Münster i.W.) und Hermann von Waltershausen (München). Die Tagung findet vom 3. bis 7. August statt. Eine anschließende Enquete mit Otto Erich Deutsch, Direktor Julius Leisching und Dr. Otto Kunz arbeitet Richtlinien für eine Umgestaltung des Mozart-Museums aus. Am 13. August stirbt Professor Abert. Der berühmte Mozart-Forscher hat eine seiner letzten Arbeiten „Mozart und Beethoven" der ISM gewidmet. Musikalisch steht das Jahr zunächst im Zeichen der Beethoven-Zentenarfeier. Am 22. März dirigiert Bernhard Paumgartner im Festspielhaus die IX. Symphonie mit dem Soloquartett Berta Kiurina, Wien, Elisabeth Schlotterbeck-Textor, Heidelberg, Franz Zwonig, Wien, und Josef von Manowarda, Wien. Der Chor wird von der Salzburger Liedertafel, dem Damensingverein Hummel, dem Mozarteums-Chor und Chören Salzburger Mittelschulen gestellt, es begleitet das Mozarteum-Orchester. Während der Mozart-Tagung spielt am 4. August das Busch-Quartett mit Robert Jäckel, Oboe, im Mozarteum. Am 5. August dirigiert Bruno Walter ein Konzert der Wiener Philharmoniker mit Berta Kiurina, Professor Viktor Polatschek, Wien, Klarinette, und Professor Robert Jäckel, Salzburg, Klavier. Am 6. August wird zum Pontifikalamt in St. Peter zum erstenmal unter Bernhard Paumgartner die c-moll-Messe KV 427 aufgeführt. Am gleichen Abend bringen Salzburger Künstler einen heiteren Mozart im Hotel „Mirabell". Schließlich veranstaltet die Festspielhausgemeinde am 7. August eine Aufführung von „Figaros Hochzeit" mit Kräften der Wiener Staatsoper.
Erstmals findet am 5. Februar die Mozarteums-Redoute statt. Der Große Saal dient als Tanzraum. Der Besuch ist so stark, daß man erwägt, bei künftigen Veranstaltungen die

Besucherzahl zu begrenzen. Der Reinerlös, der dem Mozarteum zugute kommt, beträgt über 3700 Schilling und ermöglicht die Erneuerung des Wiener Saales.
Auch 1928 und 1929 findet der Mozarteums-Ball statt, die Abnützung des Hauses verbietet jedoch weitere Wiederholungen.
Cecil B. Oldman, Vorsteher der Mozartgemeinde London, dediziert der ISM zwei Briefe von Constanze Mozart.
Am 30. April wird ein Vertrag mit dem Prager Mozart-Verein abgeschlossen, der die Rechte der ISM als Eigentümer der Bertramka sichern soll. Leider zeigt sich in den kommenden Monaten, daß dies nicht in dem gewünschten Ausmaß möglich ist und daß man die Gedenkstätte nicht von Salzburg aus verwalten kann. So entschließt sich die ISM, den Besitz an den Prager Verein zu verkaufen, gegen die Verpflichtung, die Mozart-Zimmer zu erhalten. Die Kaufsumme beträgt 343 000 tschechische Kronen. Die letzten Zahlungen laufen im Jahre 1933 ein und helfen bei der Abzahlung des „Mirabell"-Hotels. Für die Ausstattung der Mozart-Zimmer stellt die ISM eine Reihe von Schaustücken zur Verfügung (vgl. auch 1925).

71. Redoute im Großen Saal des Mozarteums (5. Februar 1927)

72. Regierungsrat Josef Karl Hummel, Vorsteher der Salzburger Mozartgemeinde, Archivar der ISM von 1927–1961

1928

Nach der erfolgreichen Tagung von 1927 beschließt das Kuratorium der ISM für dieses Jahr eine „Zauberflöten"-Ausstellung, welche die Ursprünge des Werkes und ihre Fortentwicklung musikgeschichtlich, literarisch und bühnengeschichtlich zeigen soll. Leiter der Ausstellung ist Redakteur Dr. Otto Kunz, Mitglied des Kuratoriums; seine engsten Mitarbeiter sind Dr. Roland Tenschert, der u. a. den Katalog zusammenstellt, und Dr. Bernhard Paumgartner. Zum Arbeitsausschuß gehören ferner: Professor Otto Erich Deutsch, Wien, Dr. Ernst Frisch, Studienbibliotheksdirektor, Salzburg, Dr. Josef Gregor, Vorstand der Theatersammlung der Nationalbibliothek, Wien, Dozent Dr. Robert Haas, Vorstand der Musiksammlung der Österreichischen Nationalbibliothek, Wien, Oberstleutnant Walter Hofmann, Generalsekretär der ISM, Professor Dr. Arthur Kutscher, München, Museumsdirektor Julius Leisching, Salzburg, Dozent Dr. Alfred Orel, Städtische Sammlungen Wien, Hofrat Dr. Rudolf Payer von Thurn, Wien, Professor Dr. F. Rapp, Direktor des Theatermuseums, München, Dr. Constantin Schneider, Österreichische Nationalbibliothek, Professor Dr. Johannes Wolf, Preußische Staatsbibliothek Berlin. Die wirksamste Mithilfe findet die Ausstellungsleitung bei der Nationalbibliothek in Wien. Unter den Ausstellern sind über dreißig öffentliche Sammlungen in Österreich und Deutschland sowie siebzehn Privatsammlungen, u. a. in Basel und London. Bühnenentwürfe haben siebzehn Künstler beigesteuert. Die Ausstellung besteht aus drei großen Gruppen: Vorgeschichte, Entstehung von Text und Musik, Fortleben. Ehrenprotektor ist Bundespräsident Dr. Michael Hainisch. Die feierliche Eröffnung findet am 5. Juli statt. Zur Erinnerung daran läßt die ISM eine „Zauberflöten"-Medaille von Arnold Hartig, Wien, modellieren, die später um die Wissenschaft verdienten Persönlichkeiten verliehen wird.

Das Mozart-Fest im Rahmen der Salzburger Festspiele bringt am 16. August ein Konzert der Wiener Philharmoniker unter Bruno Walter, am 17. August einen Kammermusikabend des Adolf-Busch-Quartetts mit Rudolf Serkin am Klavier und am 18. August die traditionelle Aufführung der c-moll-Messe in St. Peter.

1929

Am 30. April gelingt es der ISM, wie schon seit 1918 geplant, das Hotel „Mirabell" zu erwerben und damit den Kunstbezirk zwischen Theater und Mozarteum zu vergrößern. Der Kaufvertrag mit dem bisherigen Besitzer, der Brauerei Sigl, wird durch Präsident Dr. Höfenmayer und die Kuratoriumsmitglieder Hofrat Gehmacher, Kassier Bösmüller und

73. Schriftleiter Dr. Otto Kunz, 1924–1938. Mitglied des Kuratoriums der ISM, Betreuer des Mozart-Museums, Leiter der „Zauberflöten"-Ausstellung im Jahre 1928, Schöpfer der Theatergeschichtlichen Abteilung im Mozart-Museum, 1931

Dr. Albert Reitter unterzeichnet. Der Vermittlung von Altbundeskanzler Dr. Rudolf Ramek verdankt man die Gewinnung von Banken, der des Bundeskanzlers Dr. Ignaz Seipel die von Camillo Castiglioni, der selbst 100 000 Schilling spendet. Das Haus soll dem Konzert-, Schul- und Kursbetrieb zugute kommen, eine Absicht, die aber erst im Jahre 1968 verwirklicht werden kann, da zunächst die Casino AG 1934 einen Pachtvertrag mit der ISM schließen wird.

Das Mozart-Fest im Rahmen der Salzburger Festspiele bringt am 15. August ein Konzert der Budapester Philharmoniker unter Ernst von Dohnányi, am 16. ein Kammerkonzert des Ungarischen Streichquartettes mit Karl Stumvoll, Salzburg (Viola), und am 17. August die c-moll-Messe.

1930

Als der Amerikaner Julian Freedman im Sommer 1929 auf eigene Rechnung einen „Dirigentenkurs am Mozarteum" (The Salzburg Orchestral Academy) einrichtet und für die Leitung Dr. Bernhard Paumgartner und Herbert von Karajan (Ulm) gewinnt, finden sich so viele Ausländer, vor allem Amerikaner, als Teilnehmer ein, daß sich das Kuratorium der ISM entschließt, diese „Musikalischen Sommerkurse" 1930 unter dem Protektorat des Bundeskanzlers Dr. Johannes Schober und des Altbundeskanzlers Dr. Rudolf Ramek selbst zu veranstalten. Das Kuratorium dieser Kurse bilden die Professoren Dr. Paul Graener, Berlin, Clemens Krauss, Direktor der Wiener Staatsoper, Dr. Bernhard Paumgartner und Generalmusikdirektor Bruno Walter, Berlin, ferner als Präsident der ISM Altbundeskanzler Dr. Ramek sowie Julian Freedman für die Administration, Dr. Albert Reitter und Generalsekretär Oberstleutnant a. D. Walter Hofmann. Den Kurs für Orchesterleitung ergänzen die Professoren Anna Bahr-Mildenburg (Oper und dramatische Darstellung), Rosa Papier-Paumgartner, Wien (Gesang), Felix Petyrek, Stuttgart (Klavier), Willi Schweyda, Prag (Violine), Franz Sauer, Salzburg (Orgel), und Loris Margaritis, Saloniki (Klavier). In der Dirigentenklasse wirken Dr. Bernhard Paumgartner, Clemens Krauss, Meinhard von Zallinger (Köln) und Herbert von Karajan. Dem Vortrag von Bruno Walter im Rahmen des Dirigentenkurses wird besondere Aufmerksamkeit geschenkt. Vom 7. Juli bis 5. September entwickelt sich ein lebhafter Studienbetrieb, dessen künstlerischer und pädagogischer Erfolg außerordentlich befriedigend ist. Den Abschluß bildet ein Orchesterkonzert unter Leitung der talentiertesten Teilnehmer. Die Werbung für diese Kurse geschieht in deutsch und englisch, die hauptsächlich für Amerika bestimmte englische Fassung erwähnt im Protektorat noch Edgar Prochnik, Austrian Minister to the United States, und Albert H. Washburn, American Minister to Austria. Es wird darauf verwiesen, daß junge Komponisten die Möglichkeit haben, sich fortzubilden, und daß künftigen Dirigenten berufliche Erfahrung und Übung anschaulich vermittelt wird. Die Teilnehmer können auch die Vorbereitung der Salzburger Festspiele

74. Dr. Rudolf Ramek, Präsident der ISM von 1929–1933

75. Casino Mirabell, 1929 von der ISM erworben

miterleben. Der Zauber der Landschaft und Architektur Salzburgs wird hervorgehoben. Die Kurse von 1930 vermitteln u.a. auch die Bekanntschaft mit David Mannes, dem Direktor einer großen New Yorker Musikschule.
Seit 1927 hat die ISM stärkeren Kontakt zur Festspielhausgemeinde, in deren Kuratorium sie mit einem Vertreter Sitz und Stimme hat, während sie selbst den Direktor der Festspielhausgemeinde, Dr. Kerber, in ihr Kuratorium beruft. Dadurch ist es ihr möglich, alljährlich während der Salzburger Festspiele ein Mozart-Fest zu veranstalten. Einen Höhepunkt bildet die Aufführung der c-moll-Messe unter Bernhard Paumgartner in St. Peter. Das Soloquartett besteht aus Felicitas Hüni-Mihacsek (München), Maria Keldorfer-Gehmacher (Salzburg), Hermann Gallos und Richard Mayr (Wien). Das Orchester besteht aus Mitgliedern der Wiener Philharmoniker, der Chor wird vom Mozarteums-Chor sowie von Mitgliedern der Salzburger Liedertafel, des Damensingvereins Hummel und des Domchores gestellt. Diese Aufführung findet am 16. August statt. Die anderen Veranstaltungen des Mozart-Festes sind ein Abend des Rosé-Quartetts, Wien, am 14., und ein Konzert der Wiener Philharmoniker unter Bruno Walter mit dem Geiger Willi Schweyda als Solisten am 15. August. Am 21. August wird zum zehnjährigen Bestehen der Salzburger Festspiele in den Räumen des Mozarteums ein Fest veranstaltet. Dabei wirken mit: Marcell Meyer, Paris (Klavier), Erika Kahr (Violine), Richard Mayr, Wien (Baß), Tilly Losch (Tanz), Max Reinhardt, der mit seinen Schauspielern eine „Don Carlos"-Parodie gibt. Bundespräsident Miklas und Bundeskanzler Dr. Schober sind unter den Ehrengästen. Ein Festball mit der Kapelle Charlie Gaudriot beschließt das Fest.

1931

Dieses Jahr wird geprägt durch die Festveranstaltungen zu W. A. Mozarts 175. Geburtstag sowie zum Gedenken an das fünfzigjährige Bestehen der ISM und des Konservatoriums „Mozarteum". Eingeleitet werden die Veranstaltungen mit einem Kammerkonzert im Wiener Saal des Mozarteums am 25. Januar. Es wirken mit: Wolfgang Grunsky (Violoncello), Josef Huttary (Klarinette), Robert Jäckel (Oboe), Franz Ledwinka (Klavier und Harmonika), Theodor Müller (Violine), Heinz und Robert Scholz (Klavier), Anton Schöner (Flöte), Joseph Schröcksnadel (Violine), Karl Schuegraf (Fagott), Rudolf Standl (Horn), Karl Stumvoll (Viola). Abschließend gibt es einen Festabend im Hotel „Mirabell" mit heiterer Mozart-Musik. Am 26. Januar ist die Jugendfeier des Konservatoriums für die Haupt- und Mittelschüler Salzburgs im Festspielhaus, Professor Theodor Müller dirigiert das Konservatoriums-Orchester. Der 27. Januar bringt den Festakt in Mozarts Geburtszimmer sowie die Enthüllung einer Gedenktafel am ehemaligen Mozarteums-Gebäude im Anatomiestöckl gegenüber dem Festspielhaus. Im Mozarteum dirigiert Bernhard Paumgartner ein Konzert des Mozarteum-Orchesters mit den Solisten Cida Lau, Berlin

76. Alt-Bundeskanzler Dr. Ramek (Mitte) in Mozarts Geburtshaus. Links von ihm: Friedrich Gehmacher senior und junior und Albert Reitter. Rechts Mitte mit Partitur Franz Ledwinka, links von diesem Josef Huttary, dahinter von links nach rechts: Alfred Heidl, Bernhard Paumgartner, Josef und Walter Hummel

77. Prof. Franz Sauer, Domorganist und seit 1915 Lehrer am Mozarteum

(Sopran), Magda Baillou, Salzburg (Flöte), Ilse Charlemont, Wien (Harfe), Esther Johnsson, Amarillo, Texas (Klavier), der Salzburger Liedertafel und dem Damensingverein Hummel.

Im Rahmen des Mozart-Festes findet am 13. August im Mozarteum das Konzert der Wiener Philharmoniker unter Robert Heger statt, mit den Solisten Gabriel Ritter-Ciampi, Paris (Gesang), Franz Mairegger, Wien (Violine), und Viktor Polatschek, Wien (Klarinette). Die c-moll-Messe wird am 18. August in St. Peter aufgeführt, am 20. August gibt es ein Kammerkonzert des Sedlak-Winkler-Quartetts im Mozarteum, mit Viktor Polatschek (Klarinette) und Karl Stumvoll (Viola). Ein zweites Orchesterkonzert im Mozarteum dirigiert Bruno Walter am 21. August. Es spielen wieder die Wiener Philharmoniker, Solist ist Paul Weingarten, Klavier. Schließlich führt Bernhard Paumgartner zu Mozarts 140. Todestag am 4. Dezember in St. Peter das „Requiem" auf, mit den Solisten Maria Keldorfer-Gehmacher, Martha Schlager, Hermann Gallos, Richard Mayr, Franz Sauer (Orgel), Mitgliedern der Salzburger Liedertafel, des Damensingvereins Hummel und des Mozarteumschores.

Mit der Winterspielzeit 1930/31 werden die Abonnementskonzerte der ISM nicht mehr als Veranstaltungen der Konzertgemeinde bezeichnet. Noch einmal versucht die ISM, sie unter alleiniger Verantwortung aufrecht zu erhalten. Trotz des Entgegenkommens der Musiker aber sind die Unkosten so hoch, daß die ISM nicht mehr als selbständiger Veranstalter auftreten kann.

Ein wichtiges Ereignis bedeutet die zweite Musikwissenschaftliche Tagung vom 2. bis 5. August. Nach dem Erfolg der ersten Tagung im Jahr 1927 hat Privatdozent Dr. Erich Schenk für das Mozart-Jubeljahr 1931 diese zweite Tagung angeregt und vorbereitet. An der Spitze des Arbeitsausschusses steht Präsident Altbundeskanzler Dr. Ramek, das Referat im Kuratorium hat Dr. Albert Reitter. Den Vorsitz übernimmt Professor Dr. Robert Lach. Trotz der inzwischen eingetretenen Devisensperre kommen zwanzig Musikwissenschaftler aus Deutschland, Italien, Österreich, der Schweiz und der Tschechoslowakei nach Salzburg. Die Gesamtteilnehmerzahl beträgt 33. Als Themen stehen zur Diskussion „Mozart und die Gegenwart" und „Aktuelle Fragen der Musikwissenschaft". Insbesondere sollen Fragen zu beiden Gebieten der Bibliographie usw. zur Sprache kommen. Dem Arbeitsausschuß gehören außer den Genannten noch an: Dr. Friedrich Gehmacher, Kuratoriumsmitglied, Oberstleutnant a. D. Walter Hofmann, Generalsekretär, und Dr. Otto Sofka, Sekretär und Bibliothekar. Referenten sind: Gustav Becking, Prag; Erdmann Werner Böhme, Greifswald; Antoine E. Cherbuliez, Zürich; Werner Danckert, Jena; Hans Engel, Greifswald; Karl Gustav Fellerer, Münster i. W.; Wilhelm Fischer, Innsbruck; Robert Haas, Wien; Robert Lach, Wien, und Ernst Lewicki, Dresden; Paul Nettl, Prag; Alfred Orel, Wien; Bernhard Paumgartner; Erich Schenk, Rostock; Ludwig Schiedermair, Bonn; Leo Schrade, Königsberg, und Rudolf Steglich, Erlangen; Fausto Torrefranca, Mailand, und Lothar Wallerstein, Wien.

Die Tagung wird am 3. August vormittags im Großen Mozarteumssaal durch Präsident Dr. Ramek und Dr. Schenk eröffnet. Nach dem Orgelspiel von Franz Sauer werden drei bedeutende Vorträge gehalten: Ludwig Schiedermair „Das deutsche Mozartbild"; Robert

Lach „Mozart und die Gegenwart" und Fausto Torrefranca „Mozart ed il Quartetto italiano". An den beiden folgenden Tagen gehen vor- und nachmittags im Wiener Saal des Mozarteums die Diskussionen weiter.

Die Ergebnisse der Tagung gipfeln in der Aufforderung an die ISM, ein Zentralinstitut für Mozartforschung zu errichten und das seit Hermann Aberts Tod nicht mehr erschienene Mozart-Jahrbuch wieder herauszugeben. Ferner wird der Gemeinde Wien ein Beschluß zur Sicherung der Mozart-Grabstätte in St. Marx übermittelt. Die Gemeinde sagt zu, das Grabmal in dem Zustand zu erhalten, in dem es sich jetzt befindet. Der Bericht über die Tagung erscheint im Jahre 1932.

Vor der Tagung wird am 26. Juli die neue Abteilung des Mozart-Museums „Mozart auf dem Theater" im zweiten Stock von Mozarts Geburtshaus mit einem Vortrag von Dr. Joseph Gregor, Direktor der Theatersammlung der Österreichischen Nationalbibliothek, „Mozart – Geist Österreichischen Theaters", eröffnet. Dr. Otto Kunz, dem die Vorbereitung der Ausstellung oblag, hat die reiche Ausbeute aus der „Zauberflöten"-Ausstellung zum Grundstock genommen. Mit einer Anzahl von Instituten, namentlich der Wiener Nationalbibliothek und dem Theatermuseum, wurden Verbindungen angeknüpft. Die Abteilung, die außer Dioramen Zeichnungen, Figurinen, alte Partituren, Textausgaben sowie Bilder von Mozart-Sängern zeigt, gliedert sich in einen historischen und einen zeitgenössischen Teil. Sie wird ständig erweitert als Spiegelbild der Darstellung aller Mozart-Opern und umfaßt heute über hundert Dioramen und tausend Schaustücke.

Die Dirigenten- und Musikkurse üben steigende Anziehungskraft aus. Für die Werbung und praktische Durchführung wird neben Julian Freedman Dr. Otto Sofka bestellt. Dem Kuratorium gehören neben Professor Franz Schalk die Professoren Krauss, Paumgartner und Walter an. Krauss wirkt auch als Lehrer, zusammen mit dem Preßburger Ludwig von Rajter. Für Anna Bahr-Mildenburg unterrichtet Kammersängerin Maria Gutheil-Schoder, für Gesang werden Kammersängerin Beatrice Sutter-Kottlar, Frankfurt, Dottore Nelia Capussi, Wien, und Emma Wolf-Dengel, Mannheim, bestellt. Klavierkurse halten Friedrich Wührer, Wien, Ralph Lawton, Paris, und Robert Scholz, Salzburg; einen Violinkurs gibt Theo Müller. In 22 Klassen arbeiten unter Anleitung von 16 Haupt- und vier Hilfslehrkräften über 70 junge Künstler an ihrer Ausbildung. Aus vierzehn Staaten in drei Erdteilen sind sie mit Anverwandten und Freunden gekommen. Einige der Studierenden erhalten Engagements an bedeutenden Bühnen.

Um eine großzügige Lösung der kulturellen Aufgaben zu ermöglichen, sollen, so wird am 30. Juni beschlossen, Persönlichkeiten aus Kunst, Wissenschaft und Gesellschaft zu Protektoren ernannt werden. Das Protektorat von Erzherzog Eugen, das dieser seit 1919 innehat, wird dadurch nicht berührt. Der erste neue Protektor ist der Geheime Kommerzienrat Dr. h. c. Hans Remshard, Bankpräsident von München. 1937 folgt dann der Landeshauptmann von Salzburg, Hofrat Dr. Franz Rehrl.

In bibliophiler Aufmachung erscheinen die Festrede von Staatsbibliothekar Joseph Gregor, „Mozart – Geist österreichischen Theaters" und die reich bebilderte Schrift „Die Internationale Stiftung Mozarteum" von Walter Hummel mit einem Begleitwort von Stefan Zweig.

Im Zuge der Eröffnung der theatergeschichtlichen Abteilung kann die gesamte Stirnseite von Mozarts Geburtshaus in der Getreidegasse erneuert werden. Die Farbe wird im Einverständnis mit dem Leiter des Landesdenkmalamtes Regierungsrat Eduard Hütter gewählt. Man nimmt nur wenige Änderungen vor. Die Aufschrift „Mozarts Geburtshaus" wird neu vergoldet und besser aufgeteilt. Die Kosten betragen rund 2700 Schilling. Zu Ende des Jahres gelingt es auch, in dem an die theatergeschichtliche Abteilung hofwärts angrenzenden kleinen Zimmer einen dritten Dioramenraum einzurichten. Die Räume der theatergeschichtlichen Abteilung waren erst 1929 freigeworden, als der Inhaber der Wohnung bewogen werden konnte, gegen eine entsprechende Zahlung auszuziehen.

1932

Dieses Jahr bedeutet einen Höhepunkt bei den Dirigenten- und Musikkursen (1. Juli bis 31. August). Neu sind das Opernregieseminar von Dr. Otto Erhardt, Chicago, der Kurs für Tanz von Harald Kreutzberg, mit Kapellmeister Friedrich Wilckens, die Gesangsklassen von Alexander Kisselburgh, New York–Lansing, und Maria Schlager, Salzburg, die Klavierklasse von Josef Lhevinne, New York, die Violinklasse M. Preß, Moskau–Lansing, die Violoncelloklasse von Paul Grümmer, Köln, die Kammermusikklasse Wolfgang Grunsky, Salzburg, der Kurs für Malerei von G. Jung, Salzburg, die Vorlesungen der Lektoren Dr. Max Graf und Dr. Paul Stefan, beide Wien. Während der Kurse werden achtzehn Aufführungen und drei außerordentliche Konzerte veranstaltet, unter den ersteren zehn Freilichtaufführungen von „Bastien und Bastienne" im Heckentheater des Mirabell-Gartens.
Das Mozart-Fest im Rahmen der Festspiele bringt am 31. Juli ein Konzert der Wiener Philharmoniker unter Fritz Busch, am 14. August ein weiteres unter Bruno Walter, mit Gabrielle Tambuyssier, Brüssel (Klavier). Die traditionelle Aufführung der c-moll-Messe in St. Peter findet am 25. August statt.
Folgende Neuerwerbungen können getätigt werden: ein noch nicht veröffentlichter Brief Leopold Mozarts an seine Tochter Maria Anna von Berchtold zu Sonnenburg vom 25. Januar 1785, ein Brief von Constanze verw. Mozart an ihren Sohn Carl in Mailand vom 22. Januar 1826, ein Brief Georg Nikolaus Nissens an Wolfgang jun. vom 5. März 1826, ein weiterer Brief von Nissen und seiner Frau Constanze an Carl Mozart vom 2. März 1826, ferner der Testamentsentwurf von Constanze sowie als Geschenk der Präsidentin der Mozartgemeinde Paris, Mme Homberg, der Brief eines Abonnenten des „Journal de Débats", Paris, der die Beschuldigung, Salieri habe Mozart vergiftet, zu widerlegen sucht.

Die einzige größere Veröffentlichung der letzten Jahre ist der Bericht der Musikwissenschaftlichen Tagung Salzburg 1931, herausgegeben von Erich Schenk bei Breitkopf & Härtel, Leipzig 1932. Der stattliche Band (312 Seiten) enthält die Referate und findet allenthalben große Zustimmung.

1933

Das Mozart-Fest beginnt am 30. Juli mit einem Konzert der Wiener Philharmoniker unter Richard Strauss, Solist ist Ralph Lawton, Klavier. Am 25. August erklingt die c-moll-Messe in St. Peter, am 27. August dirigiert Bruno Walter die Wiener Philharmoniker.
Am 26. April wird mit der Österreichischen Casino AG der Pachtvertrag über das Mirabell-Hotelgebäude abgeschlossen.

1934

Folgende Musikautographe können erworben werden: das Fragment eines Quartettsatzes in e-moll KV 417d, eine Skizze zu einem Symphoniesatz oder zu einer Ouvertüre KV 383i, ferner von Michael Haydn die Skizze eines marschartigen Orchesterstückes vom 25. Juni 1793, ein Tagebuchblatt von Nannerl von der großen Konzertreise 1763 bis 1766 mit Eintragungen aus Köln, Brüssel und Versailles, mit Ergänzungen der Mutter, und schließlich ein Brief von Constanze an Abbé Stadler vom 10. Januar 1836. Beim Mozart-Fest dirigiert Bernhard Paumgartner am 9. August das Mozarteum-Orchester mit Lilli Krauß als Solistin, am 19. August leitet Bruno Walter die Wiener Philharmoniker vom Flügel aus, am 20. August wird die c-moll-Messe in St. Peter gesungen.
Ein lang gehegter Wunsch der ISM, nämlich auch die Seiten des Mozart-Geburtshauses gegen den Universitätsplatz und gegen den Hof zu erneuern, geht in diesem Jahr in Erfüllung. Die Erneuerung geschieht nun von Mai bis Juli durch Stadtbaumeister Franz Wagner. Als im Hof der Verputz abgeschlagen wird, kommt ein altes dreiteiliges Fresko zum Vorschein, das leider nicht restauriert werden kann, wohl aber freigelegt wird. Die Gesamtkosten belaufen sich auf rund 8260 Schilling.
Nachdem bereits 1933 für das Fotoarchiv acht Blätter aus dem Besitz von Ingenieur D. N. Heinemann in Brüssel erworben werden konnten, folgen 1934 weitere Stücke, teilweise durch Tausch von der Nationalbibliothek in Wien, so daß jetzt insgesamt 158 Blätter vorhanden sind. Dazu kommt noch im gleichen Jahr eine Spende aus dem Besitz von Frau Professor Haas, Rheinfelden, und zwar die Skizze zur ursprünglichen Fassung von Rezitativ und Arie der Susanne „Giunse alfin il momento" – „Deh vieni non tardar" aus „Le nozze di Figaro" KV 492,27.

1935

In diesem Jahr werden der Brief Mozarts aus Neapel vom 19. Mai 1770 („Cara sorella mia") mit dem Nachweis, daß auch Nannerl komponiert hat, ferner Reliquien der Familie Mozart aus dem Nachlaß von Alois Fux sowie sechzig zum Teil unbekannte Dokumente, Gedichte und Briefabschriften erworben.
Neben der c-moll-Messe am 17. August gibt es diesmal am 24. August auch ein Kirchenkonzert in St. Peter, mit dem Mozarteum-Chor und -Orchester unter Leitung von Bernhard Paumgartner, mit den Solisten Erika Rokyta, Wien (Sopran), Martha Schlager, Salzburg (Alt), Hermann Gallos, Wien (Tenor) und Felix Läffel, Bern (Baß).
Zur Feier des 250. Geburtstages von Johann Sebastian Bach wird am 2. November gemeinsam mit der Festspielhausgemeinde ein Konzert im Festspielhaus veranstaltet, Bernhard Paumgartner dirigiert Chöre aus der Matthäus-Passion, die Ausführenden sind: die Salzburger Liedertafel, der Damensingverein Hummel, der Mozarteum-Chor und das Mozarteum-Orchester.
Ein Ehren- und Gedenkbuch mit einem Verzeichnis aller Ehrenstellen, Kuratoriumsmitglieder, Funktionäre und Inhaber von Medaillen und Ehrenurkunden wird aufgelegt.

1936

Am 24. März wird Kammersängerin Dr. h.c. Claire Dux-Swift, Chicago, in Würdigung ihrer Verdienste zur Ehrenpräsidentin der Mozartgemeinde ernannt.
Die achten Dirigenten- und Musik-Kurse vom 2. Juli bis 1. September nehmen künstlerisch und wirtschaftlich einen guten Verlauf, wenn auch infolge der Verschärfung der deutschen Grenzsperre die Werbung erst verspätet einsetzen konnte. Die Vorarbeit, die der Präsident der ISM, Generalintendant Franz Schneiderhan, während seiner Amerikareise geleistet hat, kann sich erst im nächsten Jahr auswirken. Das Kuratorium besteht aus Bernhard Paumgartner, Bruno Walter, dem Direktor der Wiener Staatsoper Dr. Felix von Weingartner und Sir Henry Wood. In der Dirigentenklasse lehren Bernhard Paumgartner, Hans Duhan und Nikolai Malko, unterstützt von Karl Hudetz, Wien, die Blasmusikabteilung leitet der Salzburger Militärkapellmeister Professor Franz Ippisch. Vorträge halten Bruno Walter und Felix von Weingartner. Den Ausbildungskurs für Oper leitet Dr. Herbert Graf, unterstützt von Kapellmeister Karl Pichler, das Seminar für Bühnenbild hält Professor Emil Pirchan. Die Meisterklasse für Tanz führt Harald Kreutzberg. Im Nationaltanz unterrichtet Friderica Derra de Moroda, London.

78. Franz Schneiderhan, Präsident der ISM von 1935–1938

Seit 1935 werden in den Festspiel-Prospekten und Programmen statt der Bezeichnung „Mozart-Fest" bei den Veranstaltungen der ISM Fußnoten angebracht. Auch wird auf die von der ISM veranstalteten Dirigenten- und Musikkurse hingewiesen. Am 21. August dirigiert Bruno Walter die Wiener Philharmoniker mit dem Solisten Zino F. Francescatti (Violine). Bernhard Paumgartner leitet außer der c-moll-Messe ein Konzert mit älterer Kirchenmusik.

Am 1. Oktober konstituiert sich der Verein „Mozarteum-Orchester". Damit erübrigt es sich von diesem Zeitpunkt an, jeden Musiker einzeln zu verpflichten. Es steht nunmehr ein leistungsfähiger Klangkörper zur Verfügung, aus dem Bernhard Paumgartner das sogenannte „Mozart-Orchester" bildet, das auch im Ausland Erfolg hat, und zwar 1936 in der ČSR und 1937 in Luxemburg, Belgien, England, Ungarn und Rumänien.

Im November nimmt nach einem ausführlichen Bericht des Referenten Dr. Albert Reitter das Zentralinstitut seine Tätigkeit wieder auf. Es wird beschlossen, die Herausgabe der „Briefe Leopold Mozarts an seine Tochter" von Otto Erich Deutsch zu fördern.

1937

Am 27. Juni findet in Augsburg die Eröffnung des Leopold-Mozart-Museums anläßlich des 150. Todestages von Leopold im Beisein von Vertretern der ISM statt.

Die Dirigenten- und Musik-Kurse erhalten im neunten Kursjahr einen neuen Namen, den sie bis heute behalten haben, und zwar „Mozarteum-Sommerakademie", mit dem Untertitel „Für Musik, Theater und Tanz". Die Klavierkurse leiten Robert und Heinz Scholz, Loris Margaritis nimmt erst ab Mitte August am Unterricht teil. Violine unterrichtet Theodor Müller, Harfe Artiss de Volt, Fagott Ernst Reindel, Opernregie Herbert Graf, Schauspiel zum ersten Male Tilla Durieux, Abbazia, Frida Richard wirkt im amerikanischen Theaterseminar mit, das unter der Leitung von Mrs. Grimball steht. Harald Kreutzberg ist zum sechstenmal, Derra de Moroda zum viertenmal in Salzburg. Clemens Holzmeister spricht über den „Neubau des Festspielhauses in Salzburg", Josef Gregor über „Moderne Inszenierungsfragen", Emil Pirchan über „Hinter den Kulissen der Kulissen" und Paul Stefan über „Toscanini und die Salzburger Zauberflöte". Tilla Durieux liest aus Werken österreichischer Dichter. Die Kurse werden von der „Salzburger Society of America", Boston und Chicago, und der „British Empire Salzburg Society", London, besonders gefördert.

Am 8. August dirigiert Bruno Walter die Wiener Philharmoniker, mit Mademoiselle Yvonne Lefèbvre, Klavier. Bernhard Paumgartner leitet zwei Mozart-Kirchenkonzerte in St. Peter, und zwar die c-moll-Messe und die Sakramentslitanei. Am 22. August findet ein Mozart-Konzert in der Residenz statt, mit Gina van de Veer, Sopran, Robert und Heinz Scholz am Mozart-Klavier und Walter-Flügel, Ernst Morawec, Viola, und Leopold Wlach, Klarinette. Dabei hält Erich Schenk einen Vortrag.

Im Mozart-Museum werden das Mozart-Klavier instandgesetzt und einzelne Bilder restauriert.

1938

Nach der Annexion Österreichs wird die ISM im Mai umgestaltet. Das alte Kuratorium wird aufgelöst, ein kommissarischer Leiter bestellt. Die Satzungen, nach denen die ISM seit diesem Zeitpunkt geführt wird, werden allerdings erst 1941 vom Gauleiter und Reichsstatthalter genehmigt. Der Verein heißt jetzt „Stiftung Mozarteum", hat den Arierparagraphen einzuführen, kann keine Wahl mehr abhalten, und der Mozart-Tag, die ordentliche Hauptversammlung, hat nur Berichte entgegenzunehmen. Das Kuratorium besteht aus vier Abteilungen: Kunstrat, Zentralinstitut, Verwaltungsausschuß und Konzertamt.
Allen Schwierigkeiten zum Trotz kann die Sommerakademie im zehnten Kursjahr vom 11. Juli bis 1. September stattfinden. Die Teilnehmerzahl sinkt um zwei Drittel, da keine Teilnehmer aus Übersee gekommen sind. Den Dirigentenkurs leitet Generalmusikdirektor Herbert Albert, Stuttgart, das Seminar für operndramatische Darstellung zum erstenmal Professor August Markowsky, Wien. Harald Kreutzberg unterrichtet nur zwei Wochen lang, Frau Derra de Moroda führt ihren Kurs für Choreographie wie geplant durch.
Im August wird während der Festspiele des fünfzigjährigen Bestehens der Mozart-Gemeinde gedacht. Es gibt ein Festkonzert im Wiener Saal mit Felicitas Hüni-Mihacsek, München (Sopran), Julia Menz, München (Hammerklavier), Karl Stumvoll, Salzburg (Viola d'amore), und dem Salzburger Mozart-Quartett: Hofmann–Schröcksnadel–Stumvoll–Grunsky. Meinhard von Zallinger dirigiert das Kammerorchester und die Aufführung der c-moll-Messe in St. Peter am 13. August, mit Felicitas Hüni-Mihacsek, Helene Vierthaler, Julius Patzak und Georg Hann. Zum erstenmal wirken auch Mitglieder des Staatsopernchores mit.
Zwei Konzerte sollen aus dem allgemeinen Konzertbetrieb erwähnt werden, und zwar ein Symphoniekonzert des Mozarteum-Orchesters am 4. März mit Werken von Smetana, Mozart und Brahms unter der Leitung des Aachener Generalmusikdirektors Herbert von Karajan und am 11. November ein Orchesterkonzert mit Werken von Beethoven, Brahms und Weber, dirigiert von dem Leipziger Gewandhaus-Kapellmeister Hermann Abendroth.

1939

Am 2. Juni stirbt der ehemalige Mozarteums-Direktor Josef Reiter. Er wird in einem Ehrengrab der Stadt Wien bestattet.

79. Dr. Albert Reitter, Präsident der ISM von 1938–1944

80. Mozarts Wohnhaus vor dem 2. Weltkrieg

Am 13. und 14. Juni finden Feiern zur Erhebung des Konservatoriums Mozarteum zur Staatlichen Hochschule für Musik statt. Clemens Krauss wird zum Direktor, Willem van Hoogstraten zu seinem Stellvertreter und Eberhard Preussner zum Geschäftsführenden Direktor ernannt. Die „Musikschule für Jugend und Volk" steht unter der Leitung von Cesar Bresgen. In einer Sitzung des Zentralinstitutes am 14. Juni übernimmt der neuernannte Generalsekretär Erich Valentin dessen Leitung. An die Spitze des Arbeitskreises tritt Ludwig Schiedermair, Bonn. Dem Arbeitskreis gehören an: Adolf Sandberger, der am 29. Dezember zum Ehrenmitglied ernannt wird, ferner Hans Engel, Königsberg, Robert Haas, Wien, Alfred Orel, Wien, Erich Schenk, Wien, Rudolf Steglich, Erlangen, sowie Friedrich Breitinger, Salzburg. In der Sitzung spricht Dr. Valentin über die Bedeutung des Mozarteums als Forschungsstätte und die Wiederbelebung des Zentralinstitutes. Professor Schiedermair hält einen Vortrag über die Aufgaben der Mozart-Forschung.
Mit der Besitzerin von Mozarts Wohnhaus, Anna Gildinger, kommt am 26. Juni ein Vertrag zustande. Die ISM mietet acht Räume der ehemaligen Mozart-Wohnung im ersten Stock gegen einen monatlichen Mietzins von 270 Reichsmark. Gleichzeitig wird ihr das Vorkaufsrecht auf das ganze Haus eingeräumt. Die gemieteten Räume werden neu hergerichtet, wobei man versucht, dem ursprünglichen Zustand nahezukommen. Gegen einen Mietzins werden diese Räume der „Reichshochschule", so jetzt der offizielle Name des Mozarteums, überlassen. In der ersten Musikstunde werden Werke von Leopold Mozart aufgeführt. In der Folge bewähren sich die Räume immer wieder bei kleineren Veranstaltungen, so etwa bei Konzerten mit alter Musik, Barockmusik, bei Hausmusiken und Feierstunden an Mozart-Gedenktagen.
Die elfte Sommerakademie ist die letzte, die von der ISM geleitet wird. Sie dauert vom 20. Juli bis 1. September. Das Arbeitsprogramm wird gekürzt, der Lehrkörper wird verringert und muß künftig mit dem Musikinstitut für Ausländer in Berlin-Potsdam zusammenarbeiten. Die Gesamtleitung übernimmt Clemens Krauss.
Am 28. November findet ein Festkonzert zum Gedenken an den 20. Todestag von Joseph Friedrich Hummel, Direktor der Musikschule Mozarteum von 1880 bis 1907, statt. Das Mozarteum-Orchester unter Willem van Hoogstraten, der Frauenchor „Hummel" unter Gisela Pellegrini und die Salzburger Liedertafel unter Franz Sauer, am Flügel begleitet von Franz Ledwinka, bringen Werke von J. F. Hummel, die Gedenkrede hält Erich Valentin, der Generalsekretär der ISM.
Von den Konzerten sei eines am 6. Januar erwähnt, das zu Ehren der französischen und belgischen Gäste des deutsch-französischen und deutsch-belgischen Skilagers stattfindet. In Werken von Mozart und Richard Strauss wirken Adele Kern als Solistin sowie ein Kammerorchester des Bayerischen Staatsorchesters mit. Dirigent ist Clemens Krauss.
Meinhard von Zallinger dirigiert zwei Mozart-Kirchenkonzerte am 12. und 26. August in St. Peter mit dem Mozarteum-Orchester und Mitgliedern des Wiener Staatsopernchores, und zwar die c-moll-Messe und das „Requiem".
Zum Schuljahrsbeginn 1939/40 eröffnet die Hochschule in Mozarts Wohnhaus das „Leopold-Mozart-Seminar".

1940

Da in diesem Jahr keine Festspiele abgehalten werden, veranlaßt der Präsident der ISM, Landesstatthalter und Regierungspräsident Dr. Albert Reitter, im August unter dem Titel „Mozart-Musik" eine Anzahl von Konzerten, bei denen die ISM besonders hervortritt. Das Mozarteum-Orchester spielt viermal unter Dr. Willem van Hoogstraten, unter den Solisten ist Elly Ney. Der gleiche Dirigent veranstaltet vier Serenaden im Hof der Residenz, das Mozarteum-Quartett (Georg Steiner, Christa Richter, Karl Stumvoll und Georg Weigl) spielt drei Kammerkonzerte im Rittersaal der Residenz, ein Ballettabend findet im Landestheater statt, das „Requiem" unter der Leitung von Meinhard von Zallinger erklingt im Großen Saal des Mozarteums.
Am 1. April dirigiert Hoogstraten ein Festkonzert zur Fertigstellung des Anbaues am Mozarteum-Gebäude. Es erklingen Werke von Mozart und Richard Strauss, die Ausführenden sind: Viorica Ursuleac, Sopran, Rosl Schmid und Clemens Krauss, Klavier. Außerdem spielt das Mozarteum-Quartett.
Vom 26. bis 29. April veranstaltet die ISM gemeinsam mit dem Landestheater Pfitzner-Tage unter der Leitung des Komponisten. Zunächst gibt es ein Kammerkonzert mit Hans Pfitzner, Christa Richter, Anton Gruber-Bauer und R. Raupenstrauch, dann zwei Aufführungen des „Käthchens von Heilbronn" im Landestheater und schließlich am 29. ein Orchesterkonzert unter Leitung von Hans Pfitzner, bei dem Christa Richter, Rosl Schmid, Ludwig Hoelscher, das Mozarteum-Quartett und das Mozarteum-Orchester mitwirken. Hierbei findet die Uraufführung von Pfitzners „Elegie und Reigen" statt.
Vom 22. bis 24. April wird eine Arbeitstagung des Zentralinstitutes für Mozartforschung abgehalten. Erich Valentin kann besonders den Nestor der deutschen Musikwissenschaft, Geheimrat Adolf Sandberger, begrüßen. Diese Arbeitstagung gilt der Vorbereitung der dritten Musikwissenschaftlichen Tagung 1941. Ludwig Schiedermair spricht über das „Mozart-Schrifttum", dessen Umfang größer ist als der der Literatur über Richard Wagner. Erich Schenk spricht über „Tonsymbolik bei Mozart", Adolf Sandberger über die „Münchner Haydn-Renaissance", Erich Valentin über „Mozart und die Dichtung seiner Zeit", Alfred Orel über „Mozart und Wien", Friedrich Breitinger über „Mozarts Salzburger Bekannte", Otto Kunz: „Über Ziele und Wege des Ausbaues des Mozart-Museums zu einer Weihestätte deutscher Nation", Hans Engel über „Neue Methode der Wissenschaften als Hilfsmittel musikwissenschaftlicher Biographik und Stilkunde". Rudolf Steglich zeigt am Mozart-Flügel den Klangstil der Zeit. Die Vorträge von Schenk, Steglich und Valentin werden im Neuen Mozart-Jahrbuch publiziert, das 1941 im Verlag Gustav Bosse, Regensburg, erscheint.

1941

Zum zehnjährigen Bestehen des Zentralinstitutes für Mozartforschung findet vom 30. September bis 4. Oktober die dritte Musikwissenschaftliche Tagung statt, in deren Rahmen ein Festkonzert und eine Aufführung der „Hochzeit des Figaro" im Landestheater veranstaltet werden. Vorträge halten die Professoren Robert Haas über „Aufgaben und Ziele der Mozart-Forschung", Ludwig Schiedermair über „Mozart, Sterben und Auferstehen", Erich Schenk über „Mozart und die Gestalt", Georg Schünemann über „Mozarts Notenschrift", Theodor Wilhelm Werner gibt einen „Beitrag zur Kenntnis der Mozartschen Opernarie", Alfred Orel spricht über „Mozart und die Wiener Gesellschaft", Friedrich Breitinger über „Die großaugte Mundbäckentochter", Erich Valentin über „Mozart als Dichter", Rudolf Steglich über „Mozart, Beethoven und Schubert im Klang der Wiener Hammerflügel ihrer Zeit". Der Mitgliederkreis des Zentralinstitutes wird um die Professoren Theodor Wilhelm Werner, Hannover, und Georg Schünemann, Berlin, erweitert. Als Mitarbeiter wirken Otto Kunz, Salzburg, und Max Zenger, München, mit. Am 1. Dezember hält Dr. Hermann Gerhardinger, Innsbruck, einen Vortrag über „Mozart als Ästhetiker". Im Auftrag des Zentralinstitutes und als Festgabe zum Mozart-Jahr 1941 erscheint der bereits erwähnte erste Jahrgang des Neuen Mozart-Jahrbuches, wird doch in diesem Jahr des 185. Geburtstages und des 150. Todestages von Mozart gedacht. Außerdem beschließt man, die Werke Mozarts in einer neuen Kritischen Ausgabe vorzulegen.
Am 22. April finden Gedenk- und Feierstunden unter dem Titel „100 Jahre Mozarteum" statt. In Mozarts Geburtshaus wird eine große Ausstellung veranstaltet, die Zeugnis ablegt von einer bedeutsamen Kulturepoche Salzburgs. Das „Salzburger Volksblatt" schreibt am 24. April: „An den Wänden und in den Vitrinen sah man die stummen Zeugen emsigen Schaffens mozartbegeisterter Menschen während eines ganzen Jahrhunderts und man konnte erkennen, was Selbstlosigkeit, Opferfreude und Zähigkeit der Männer im Dienste der Mozart-Pflege zu leisten vermochten. Jede der Vitrinen der Ausstellung ist ein kleiner Ehrentempel für Salzburgs Musikbestrebungen."
Die Vitrinen im ersten Ausstellungsraum enthalten: Erinnerungen an den Gründer Dr. Franz von Hilleprandt und an den ersten Direktor Alois Taux, ferner Urkunden über die Gründung des Dommusik-Vereins, Erinnerungen an die Enthüllung des Mozart-Denkmals sowie Dokumente über die Singakademie, die Gesangsfeste, die Gründung der Mozart-Stiftung und deren Musikfeste. Im zweiten Raum sind die elf Vitrinen wie folgt gegliedert: Lichtbilder der Präsidenten, Mozart-Museum, Erinnerungen an die Zauberflöten-Ausstellung, Erwerbung des Hotels Mirabell, Die Sommerakademie, Das neue Mozarteum, Gesellschaftliche Veranstaltungen, Veröffentlichungen der ISM, Verdiente

Kuratoriumsmitglieder, Die Mozartgemeinden, Die Musikschule. Die Ausstellung wird am 23. April feierlich eröffnet und bleibt bis Ende Oktober zugänglich. Außerdem werden im Mai und Juni wertvolle Leihgaben nach München, im Oktober und November nach Prag und Wien und im Dezember nach Mannheim verliehen.
Am 27. Mai wird das Konzertamt der ISM eröffnet, das am 6. Juni sein erstes Volkskonzert veranstaltet. Vom 13. bis 20. Juli findet unter dem Ehrenschutz des Deutschen Instituts in Paris eine „Semaine de Mozart" statt. Am 5. August spielt das Mozarteum-Orchester mit Ludwig Hoelscher (Violoncello) als Solisten ein Mozart-Konzert, am 16. August dirigiert Meinhard von Zallinger die c-moll-Messe in St. Peter.

Im August findet die 13. Sommerakademie für Ausländer statt. Am 15. September wird Hofrat Friedrich Gehmacher mit der Goethe-Medaille ausgezeichnet. Vom 3. bis 9. Dezember nehmen Vertreter von Salzburg an einer Mozart-Feier in Brünn teil. Am 5. Dezember wird eine Huldigungsfeier vor dem Mozart-Denkmal veranstaltet. Am 11. Dezember gibt es unter Mitwirkung von Edwin Fischer und seinem Kammerorchester ein Konzert zu Mozarts 150. Todestag.

1942

Am 24. Februar stirbt das Ehrenmitglied Hofrat Friedrich Gehmacher. Die Trauerfeier ist am 2. März.
Im August findet zum vierzehnten Mal der Sommerkurs des Deutschen Musikinstitutes für Ausländer statt.
An den Festspielen ist das Mozarteum nicht beteiligt.
Am 4. September gedenkt man des hundertjährigen Bestehens des Mozart-Denkmales. Eine Ausstellung wird eröffnet, deren Sinn und Zweck es ist, an die Errichtung des Denkmales als erste Mozart-Ehrung zu erinnern. Mit diesem Ereignis war Salzburg seinerzeit zum ersten Mal als Mozart-Stadt in Erscheinung getreten. Regierungs-Rat Josef Hummel und Dr. Otto Kunz haben reiches Anschauungsmaterial zusammengestellt, zu dem auch das Museum Carolino Augusteum, die Studienbibliothek in Salzburg, die Salzburger Liedertafel, das Historische Museum der Stadt München und die Wiener Stadtbibliothek wertvolle Leihgaben beigesteuert haben. Die Eröffnung findet unmittelbar nach' der Erinnerungsfeier vor dem Denkmal statt. Die Ausstellung wird bis zum 30. September 1942 gezeigt.
Im Festkonzert des gleichen Tages dirigiert Dr. Willem van Hoogstraten das Mozarteum-Orchester; Solisten sind Felicitas Hüni-Mihacsek und Hermann Zilcher (Klavier).
Im Auftrag des Zentralinstitutes für Mozartforschung gibt Dr. Erich Valentin im Gustav Bosse Verlag, Regensburg, den zweiten Band des Neuen Mozart-Jahrbuches heraus. Ebenfalls im Auftrag des Zentralinstitutes erscheinen von Erich A. Müller von Asow im Alfred-Metzner-Verlag, Berlin, drei Bände Originalbriefe W. A. Mozarts im Lichtdruck.

1943/1944/1945

Im Oktober wird das Konzertinstitut der ISM aufgelöst. Das Konzertamt ist am 1. Oktober von der Verwaltung des Reichsgaues übernommen worden, womit jeder Einfluß der ISM aufgehört hat.

1943

Im April kommt der dritte Jahrgang des Neuen Mozart-Jahrbuches im Gustav Bosse Verlag, Regensburg, heraus.
Der Salzburger Theater- und Musiksommer findet ohne Beteiligung der ISM statt, ebenso im August der 15. Sommerkurs des Deutschen Musikinstitutes für Ausländer.

1944

Von Januar bis April werden Luftschutzmaßnahmen vorgenommen. Die Decke des Großen Saales wird durch Glaswolle abgedichtet, Wasserbottiche, Handfeuerspritzen, Schaufeln und Sandsäcke werden bereitgestellt, Ausstiegsmöglichkeiten geschaffen. Als im Herbst alle Kulturinstitute im Zeichen des totalen Krieges ihren Betrieb einstellen müssen, wird ein Teil der Räume der Musikschule einer Wiener Bekleidungsfirma zur Verfügung gestellt. Der erste Bombenangriff auf Salzburg zerstört am 16. Oktober das Leopold-Mozart-Seminar in Mozarts Wohnhaus völlig. Nur der Gebäudeteil mit dem Musiksaal bleibt erhalten.
Archiv- und Bibliotheksschätze, Musikinstrumente und Museumsgegenstände werden ausgelagert.

1945

Nach Kriegsende beansprucht die Besatzungsmacht alle Räume des Mozarteums und des Mirabell-Hotels. Der Konzertsaal dient amerikanischen Truppen als Filmtheater, in den Schulräumen sitzt die Feldpost, die erst nach monatelangen Bemühungen auszieht. Das Gebäude bleibt jedoch im Machtbereich der Theater- und Musikabteilung der Information Services Branch. Man bemüht sich in zäher Kleinarbeit, die Wiedereröffnung des Mozarteums zum Herbst zu erreichen. Der Schultrakt wird wiederhergestellt, nicht alle Instrumente kehren zurück, ebenso nicht alle Archiv- und Museumsschätze.

Zwar werden die Bilder aus dem Denkmalamt in Wien und dem Schloß Sighartstein glücklich wieder nach Salzburg gebracht, jedoch nicht alle im Wolf-Dietrich-Stollen des Salzbergwerks Dürrnberg bei Hallein in Sicherheit gebrachten Gegenstände können dem Museum und dem Archiv zurückgegeben werden.
Die Salzburger Festspiele finden ohne Mitwirkung der ISM statt.
Am 10. Oktober beginnt die „Musikhochschule Mozarteum" mit angegliedertem Konservatorium unter dem wieder in sein Amt eingesetzten Direktor Bernhard Paumgartner ihre Tätigkeit aufs neue. Zum Stellvertretenden Direktor wird Professor Johann Nepomuk David ernannt. Ein Seminar für Kirchenmusik unter Domkapellmeister Joseph Messner wird angegliedert.

1946

Die Musikschule Mozarteum übernimmt die Internationale Sommerakademie.
Diese scheidet damit aus dem Aufgabenkreis der ISM aus, die die Kurse seit 1930 mit großem Erfolg veranstaltet hat.

1947

Julius Gmachl übernimmt mit Genehmigung der amerikanischen Militärregierung das Konzertbüro der ISM auf eigene Rechnung. Das Mozarteum-Orchester wird neu gegründet, Konzerte mit Stammsitzen werden ausgeschrieben und ein künstlerisch interessantes Jahresprogramm zusammengestellt, das die Gedenktage von Peter I. Tschaikowsky, Anton Bruckner, Johannes Brahms, Hans Pfitzner und Richard Strauss berücksichtigt.
Die Salzburger Festspiele finden ohne Beteiligung der ISM statt.

1948

Am 27. Januar findet im Geburtshaus eine Feierstunde zu Mozarts 192. Geburtstag statt.
Am 7. Februar veranstalten ISM, Musikschule und Orchester einen Ball im Mozarteum, da das von der Besatzungsmacht beanspruchte Mirabell-Casino noch nicht zur Verfügung steht. Den Ehrenschutz übernehmen Landeshauptmann Josef Rehrl und Bürgermeister Anton Neumayr, das Ehrenpräsidium Hofrat Paumgartner.

81. Josef Christian Bösmüller, Präsident der ISM von 1948–1955

Am 18. Oktober wird das Zauberflöten-Häuschen am Kapuzinerberg abgetragen. Die Feuchtigkeit am Waldrand und die Erschütterungen durch die Bombenangriffe haben es sehr geschädigt. Es wird gründlich ausgetrocknet und konserviert und im folgenden Jahr im Bastionsgarten hinter dem Mozarteum aufgestellt.

Die ISM bemüht sich um den Wiederaufbau des zerstörten Teiles von Mozarts Wohnhaus in der alten Form und will auch die notwendigen Mittel dafür aufbringen.

Mit dem 15. November, dem 64. Mozart-Tag, nimmt das Kuratorium der ISM seine Tätigkeit wieder auf, die Mozart-Gemeinde wird neu belebt.

In der Sitzung unter Vorsitz des Geschäftsführenden Vizepräsidenten Josef Christian Bösmüller berichtet Generalsekretär Alfred Heidl über die Vereinsjahre 1938 bis 1948. Folgende Kuratoriumsmitglieder werden neu gewählt: Hofrat Bruno Hantsch (Vizepräsident), Dr. Friedrich Gehmacher (Referent für das Mirabell-Gebäude), Dr. Erich Grießenböck, Prof. Alfred Haslinger (Presse), Hofrat Dr. Otto Haustein (Bibliothek), Dr. Walter Hummel (Schriftführer), Dr. Eligius Scheibl (Theatergeschichtliche Abteilung), Josef Schulz (Verbindung zur Kulturkammer) und Dipl.-Ing. Hans Schurich als Verwalter des Mozart-Museums. Hinzugewählt werden Walter Pfletschinger (Konzertwesen) und Bankier Richard Spängler als Kassier. Ehrenmitglieder werden Franz von Baillou, Regierungsrat Josef Huttary und Kommerzialrat Edwin Schurich.

1949

Am 1. Januar wird das Konzertbüro wieder in die ISM eingegliedert.

Hans Pfitzner, der seine letzten Lebensjahre in Salzburg verbracht hat, stirbt am 22. Mai.

Am 1. August findet die Hauptprobe zum ersten Festspielkonzert der Wiener Philharmoniker unter Edwin Fischer als „Außerordentliches Konzert zugunsten der Internationalen Stiftung Mozarteum" statt.

82. Das Begräbnis des am 22. Mai 1949 in Salzburg verstorbenen Komponisten Hans Pfitzner

1950

Unter dem Präsidenten Josef Christian Bösmüller gelingt es dem Kuratorium der ISM, mit der Direktion der Salzburger Festspiele übereinzukommen, daß ähnlich wie von 1927 bis 1934 jährlich drei Veranstaltungen der ISM im Festspielprogramm Platz finden. In diesem Jahre sind es die c-moll-Messe am 12. August in St. Peter, geleitet von Bernhard Paumgartner, mit Elisabeth Schwarzkopf und Maria Stader (Soprane), Julius Patzak (Tenor) und Hans Braun (Baß), sowie das Konzert der Wiener Philharmoniker unter Hans Knappertsbusch am 28. August im Festspielhaus mit Werken von Theodor Berger, Richard Strauss und Anton Bruckner.

Die Neuaufstellung der Ausstellungsgegenstände im Mozart-Museum geschieht nach gründlichen Beratungen im Dezember, Dr. Victor Luithlen von der Sammlung Alter Musikinstrumente im Kunsthistorischen Museum und Architekt Dr. Ing. Hans Hofmann, Salzburg, machen sich dabei verdient.

Am 6. Mai ist die feierliche Wiedereröffnung des Zauberflöten-Häuschens im Bastionsgarten. An der Innenausstattung hat Kuratoriumsmitglied Hans Schurich besonderen Anteil.

In der Feier spielt ein Bläserchor des Mozarteum-Orchesters die Fanfaren aus der „Zauberflöte" und begleitet die Salzburger Liedertafel bei dem Chor „O Isis und Osiris". Hofrat Paumgartner spricht über die Geschichte und die symbolische Bedeutung der Gedenkstätte. Anschließend wird im Geburtshaus eine kleine Ausstellung eröffnet. Sie zeigt die Schicksale und den Wandel der Innenausstattung dieser Mozart-Gedenkstätte und die Rolle, die dieses Häuschen in der Entwicklung der Mozart-Pflege gespielt hat. Über die Ausstellung erscheint eine Broschüre „Kleine Chronik des Zauberflöten-Häuschens".

In diesem Jahre gibt es erstmalig wieder Führungen, in die nun das Zauberflöten-Häuschen mit einbezogen wird. Gezeigt werden die Bibliothek und das Archiv, den Abschluß bildet ein Orgelvortrag im Großen Saal.

Der 65. ordentliche Mozart-Tag wird am 23. März unter Vorsitz von Josef Christian Bösmüller abgehalten. Dabei wird dem Mozart-Forscher Georges Comte de Saint-Foix, Paris, die Goldene Mozart-Medaille zugesprochen. Die Silberne Medaille erhalten der Vorstand der Mozartgemeinde London, Dr. Cecil B. Oldman, und der ehemalige Vorstand der Akademischen Mozartgemeinde Wien, Professor Heinrich Damisch.

Die Theatergeschichtliche Abteilung, die nun 71 Dioramen darbietet, vor allem von den Opern „Don Giovanni" und „Zauberflöte", wird gründlich überholt und die Verwendung noch nicht ausgestellter Dioramen in Angriff genommen. Referent Dr. Eligius Scheibl wird dabei unterstützt von Dr. Hans Niederführ. Damit wird die Abteilung im Geiste ihres Gründers Dr. Otto Kunz weitergeführt.

1951

Dieses Jahr gilt dem Wiederaufbau auf allen Gebieten, besonders dem der Mozart-Forschung. In diesem Sinne wird die vierte Musikwissenschaftliche Tagung für 1952 einberufen und das Zentralinstitut für Mozartforschung neu belebt. Die gewählten Verantwortlichen sind: Präsident Josef Christian Bösmüller, Vizepräsident Bruno Hantsch, Schriftführer Dr. Walter Hummel und Kassier Richard Spängler. Dem Präsidium steht der Arbeitsausschuß zur Seite, dem vor allem die Referenten der einzelnen Sachgebiete angehören: Dr. Friedrich Gehmacher für Mozarts Geburts- und Wohnhaus und für das Mirabell-Gebäude, Hofrat Dr. Otto Haustein für die Jeunesses

Musicales und die Bibliothek, Walter Pfletschinger für das Konzertwesen, Dr. Eligius Scheibl für die Theaterabteilung des Mozart-Museums und Dipl.-Ing. Hans Schurich für die Hausverwaltung und das Mozart-Museum. Leiter des Konzertbüros bleibt Julius Gmachl, Leiter der wissenschaftlichen Abteilung wird Dr. Géza Rech.
Am 15. Januar findet eine Festsitzung des Kuratoriums statt. Anlaß ist der 80. Geburtstag des Ehrenmitgliedes Josef Huttary (16. Januar). Kuratoriumsmitglied Kunstmaler Josef Schulz malt ein Ölbild des Jubilars. Bei der Feierstunde zum 195. Geburtstag von W. A. Mozart am 27. Januar hält Bernhard Paumgartner die Gedenkrede. Die musikalische Umrahmung besorgen Christa Richter-Steiner, Georg Weigl, Kurt Neumüller und Heinz Scholz. Im Großen Saal findet ein Festkonzert des Mozarteum-Schulorchesters unter Leitung von Theodor Müller statt.
Der 66. ordentliche Mozart-Tag bringt unter Vorsitz von Präsident Bösmüller am 4. April Berichte von Schriftführer Dr. Hummel und den Mitgliedern des Arbeitsausschusses über ihre Sachgebiete. Folgende Satzungsänderung wird beschlossen: Der Zentralvorstand der Mozart-Gemeinde wird ausgeschaltet und dieser unmittelbar der ISM angegliedert.
Die Goldene Mozart-Medaille wird Bernhard Paumgartner, die Silberne Friedrich Gehmacher und den Vorstehern der Mozartgemeinden St. Gallen und Rohrschach, Pfarrer Wilhelm Heim, und Basel, Reallehrer Emil Kaiser, verliehen. Die Zauberflöten-Medaille erhält Professor Dr. Egon Komorzynski.
Auf der Stiftertafel werden die Namen des Großindustriellen Bernhard Altmann, New York, sowie von Kammersängerin Maria Jeritza-Seery und Irvin Peter Seery, New York, eingetragen.
Am 1. Juni wird in der Theaterabteilung des Mozart-Museums die Sonderausstellung „Idomeneo" und „Zauberflöte" eröffnet. Beide Opern sind im Spielplan der Festspiele.
Am 26. Juni erhält Josef Huttary die Ehrenurkunde der Wiener Mozartgemeinde.
Bei der Gedenkfeier zum 200. Geburtstag von Mozarts Schwester Nannerl am 30. Juli hält Kustos Hans Schurich die Festrede. Am 31. Juli wird die Internationale Sommerakademie des Mozarteums eröffnet.
Bernhard Paumgartner dirigiert am 11. August in der Stiftskirche St. Peter die c-moll-Messe mit den Solisten Irmgard Seefried, Leona Vanni, Leo Cordes-Dermota und Josef Greindl. Am 12. August leitet Eugen Jochum das Konzert der Wiener Philharmoniker. Am gleichen Tag findet die Eröffnung der vierten Musikwissenschaftlichen Tagung statt. Am 13. August spielt das Barylli-Quartett mit E. Weis, Bratsche, und Paul Schilhawsky, Klavier. Am 15. August gibt es auf dem Domplatz ein Festkonzert zugunsten der ISM. Meinhard von Zallinger dirigiert Werke von Verdi, Ponchielli, Puccini, Mascagni und Richard Strauss, Kammersängerin Maria Jeritza-Seery und Kammersänger Wenko Wenkoff wirken mit.
Zum erstenmal nach dem Kriege erscheint das „Mozart-Jahrbuch" (Schriftleitung Géza Rech). Im April wird die „Chronik der Internationalen Stiftung Mozarteum über die Jahre 1936 bis 1950" von Walter Hummel vorgelegt. Vom gleichen Verfasser erscheint im Amalthea-Verlag „Nannerl, W. A. Mozarts Schwester".
Die vierte Musikwissenschaftliche Tagung, vorbereitet wie auch in den folgenden Jahren

von Géza Rech, steht unter dem Vorsitz von Professor Dr. Wilhelm Fischer, Innsbruck. Achtzehn Musikwissenschaftler nehmen teil. Referate halten: Friedrich Blume (Kiel), Antoine E. Cherbuliez (Zürich), Hanns Dennerlein (Bamberg), Hans Engel (Marburg), Wilhelm Fischer (Innsbruck), Thrasybulos Georgiades (Heidelberg), Walter Gerstenberg (Berlin), Josef Gielen (Wien), Robert Haas (Wien), Alfred Orel (Wien), Bernhard Paumgartner (Salzburg), Géza Rech (Salzburg), Ernst Fritz Schmid (Augsburg), Leo Schrade (New Haven, Connecticut), Oscar Fritz Schuh (Wien), Rudolf Steglich (Erlangen), Roland Tenschert (Wien) und Erich Valentin (Detmold). Die Beratungen bringen wichtige Beschlüsse über die Wiederbelebung des Zentralinstitutes, die Herausgabe des Mozart-Jahrbuches und die geplante neue Gesamtausgabe der Werke Mozarts. Die Teilnehmer beschließen einstimmig: „Wir begrüßen die Absicht der Internationalen Stiftung Mozarteum, das Zentralinstitut für Mozartforschung wieder erstehen zu lassen. Wir erklären, dem Institut unsere Mitarbeit widmen zu wollen, uns als Mitglieder des Institutes zu betrachten und mit dem am Sitz des Mozarteums zu errichtenden Büro in Fühlung zu bleiben." Zur Vorbereitung einer Neuen Mozart-Ausgabe wird ein Ausschuß bestellt, dem unter Vorsitz von Wilhelm Fischer, Walter Gerstenberg, Robert Haas, Alfred Orel, Bernhard Paumgartner, Eberhard Preussner, Ernst Fritz Schmid, Rudolf Steglich und Erich Valentin angehören sollen.
Am 1. Oktober wird in Augsburg die Deutsche Mozart-Gesellschaft gegründet. Oberbürgermeister Dr. Klaus Müller eröffnet das Mozart-Haus in Augsburg. Von der ISM nehmen teil: Präsident Bösmüller, Dr. Friedrich Gehmacher, Richard Spängler, Hans Schurich und Dr. Géza Rech.
Zum 160. Todestag von Mozart wird gemeinsam mit Stadt und Land am 4. Dezember ein Festkonzert unter Edouard van Remoortel mit dem Solisten Leopold Wlach, Klarinette, veranstaltet.
Am 5. Dezember wird bei Fackelschein am Mozart-Denkmal ein Kranz niedergelegt. Bei der anschließenden Gedenkstunde im Geburtshaus spricht Géza Rech. Heinz Scholz, Carl Maria Schwamberger und Gustav Gruber musizieren. Am gleichen Abend konzertiert das Schulorchester unter Theodor Müller.
Zur Vollendung seines 80. Lebensjahres am 4. Dezember wird Kuratoriumsmitglied Professor Heinrich Damisch besonders geehrt.
Das unvollendete Porträt von Josef Lange „Mozart am Klavier" sowie das „Familien-Bild" von Johann Nepomuk della Croce werden vom Bundesdenkmalamt restauriert. Das Schmahlsche Hammerklavier wird von der Pianofirma Wilhelm Rück, Nürnberg, instandgesetzt, die Jugendgeige Mozarts in einer neuen Vitrine aufgestellt.
Der Katalog „Mozart-Gedenkstätten" erscheint in Deutsch und Englisch in neuer Auflage.

1952

Von besonderer Bedeutung ist in diesem Jahr der Beginn der Vorbereitungen für die Zweihundertjahrfeier zu Mozarts Geburt im Jahre 1956. Das Zentralinstitut für Mozartforschung wird zur fünften Tagung einberufen. Das Kuratorium hat den Tod von Hofrat Dr. Haustein am 27. August zu beklagen. An die Stelle des Landtagsvizepräsidenten Kommerzial-Rat Karl Wimmer, der Salzburg verläßt, tritt Altlandeshauptmann Hofrat Josef Rehrl als Inhaber der Virilstimme des Landes Salzburg.
Die Feierstunde zu Mozarts 196. Geburtstag bringt eine Ansprache des Präsidenten Bösmüller. Kurt Neumüller und Hans Schurich am Mozart-Flügel und die Sopranistin Liselotte Fölser wirken mit; Géza Rech spricht ein Gedicht von Grillparzer. Das Festkonzert des Schulorchesters steht wieder unter der Leitung von Theodor Müller.
Am 25. Februar findet eine Gedenkstunde zum 10. Todestag von Ehrenmitglied Hofrat Friedrich Gehmacher statt. Gedenkworte sprechen Hofrat Hantsch, Regierungs-Rat Huttary, Professor Damisch und Dr. Hummel.
Vom 24. bis 28. März finden Besprechungen wegen der Übernahme der Musikschule durch den Bund mit Ministerial-Rat Dr. Ernst Mayer statt.
Der 67. Mozart-Tag wird am 6. Mai abgehalten. Nachdem die Referenten berichtet haben, wird Walter Hummel zum Ehrenmitglied des Kuratoriums gewählt, Dr. Friedrich Breitinger erhält die Silberne Mozart-Medaille, Dr. Hans Niederführ die Zauberflöten-Medaille. Generalsekretär Alfred Heidl, der in den Ruhestand tritt, wird Dank und Anerkennung ausgesprochen. Auf der Stiftertafel werden die Namen von Clemens Krauss und Frau Michiko Tanaka de Kowa eingraviert.
Am 17. Juni ist die Basler Liedertafel zu Gast. Sie legt einen Kranz am Mozart-Denkmal nieder.
Am 3. Juli wird die Sonderausstellung „Zauberflöte" und „Figaro" in der Theaterabteilung des Geburtshauses eröffnet.
Am 11. Mai tritt der Ausschuß des Zentralinstitutes zu ersten Beratungen über die Vorbereitungen der neuen Mozart-Gesamtausgabe zusammen, es referiert Dr. Gehmacher. Am 28. und 29. Juni finden Verhandlungen mit den Vertretern von Breitkopf & Härtel, G. Henle, dem Österreichischen Bundesverlag, Peters, Schott und Universal Edition statt. Bärenreiter ist nicht vertreten, bekundet aber sein Interesse.
Am 9. August wird mit der Mozart-Gemeinde Wien die Bildung eines Ausschusses zur Zweihundertjahrfeier besprochen.
Die ISM veranstaltet im Rahmen der Festspiele einen Kammermusikabend mit dem Barylli-Quartett und Paul Schilhawsky am 5. August, ein Konzert der Wiener Philharmoniker mit Werken von Mozart und Richard Strauss unter Clemens Krauss (Solistin:

Viorica Ursuleac) am 13. sowie die c-moll-Messe in St. Peter am 16. unter Bernhard Paumgartner mit Maria Stader, Teresa Stich-Randall, Helmut Krebs und Oskar Czerwenka.
Am 24. und 25. August findet das erste Deutsche Mozart-Fest der Deutschen Mozart-Gesellschaft in Augsburg statt.
Im August wird eine Gedenktafel am Mozart-Platz 8 enthüllt. In diesem Hause ist Mozarts Witwe Constanze am 6. März 1842 gestorben.
Vom 30. September bis 2. Oktober wird die fünfte Musikwissenschaftliche Tagung in Salzburg abgehalten. Referate halten Antoine E. Cherbuliez, Hans Dennerlein, Hans Engel, Karl Gustav Fellerer, Wilhelm Fischer, Robert Haas, Alfred Orel, Wolfgang Richter, Ernst Fritz Schmid, Rudolf Steglich, Erich Valentin und Theodor W. Werner. Es wird das Bedauern darüber ausgesprochen, daß der Wiederaufbau des Mozart-Wohnhauses nicht möglich ist, und beschlossen, dem stehengebliebenen Teil seine ursprüngliche Form zurückzugeben und ihn als Gedenkstätte zu erhalten. Ferner wird die ISM ersucht, geeignete Schritte zur Einleitung und Organisation der Zweihundertjahrfeier von Mozarts Geburt zu unternehmen. Im Oktober beginnt die ISM mit der Herausgabe der „Mitteilungen der Internationalen Stiftung Mozarteum Salzburg" (Redaktion: Géza Rech). Am 15. November findet eine Feierstunde zum 65. Geburtstag von Hofrat Paumgartner statt. Zu Mozarts 161. Todestag wird nach der Kranzniederlegung am Mozart-Denkmal im Geburtshaus eine Weihestunde abgehalten.

1953

Die Vorbereitungen zur Feier von Mozarts 200. Geburtstag prägen auch dieses Jahr, ebenso wie die zur Verwirklichung des Planes einer neuen Mozart-Gesamtausgabe. Mit diesem Thema befaßt sich vor allem auch die sechste Musikwissenschaftliche Tagung vom 28. bis 31. August.
Das Referat darüber hält Dr. Friedrich Gehmacher. In diesem Jahr wird das Konservatorium Mozarteum vom Bund übernommen. Professor Heinrich Damisch und Hotelier Adolf Kriesch werden Mitglieder des Kuratoriums. Am 16. Januar ermächtigt Landeshauptmann Dr. Josef Klaus die ISM zur Vorbereitung und Durchführung der Zweihundertjahrfeier. Bei der Gedenkstunde zu Mozarts 197. Geburtstag am 27. Januar spielen Kurt Neumüller am Mozart-Flügel und das Streichquartett Joseph Schröcksnadel. Géza Rech spricht über das Bekenntnis Richard Wagners zu Mozart.
Mit dem Vorstand der Mozart-Gemeinde Wien findet am 13. März eine Besprechung über die Feiern für 1956 statt. Am 68. ordentlichen Mozart-Tag am 25. März werden Professor Heinrich Damisch und Viktor Keldorfer zu Ehrenmitgliedern ernannt. Die Silberne Mozart-Medaille erhält der ehemalige Vorstand der Wiener Philharmoniker, Rudolf Hanzl. Am 12. Mai beauftragt auch der Ministerrat der Österreichischen Bundesregie-

rung die ISM und die Mozartgemeinde Wien mit der Vorbereitung der offiziellen Feiern für 1956. Am 14. Mai wird eine Gedenktafel für die Mutter Mozarts in einer Seitenkapelle der Kirche St. Eustache, Paris, enthüllt.
Am 24. Mai besucht die Deutsche Mozart-Gesellschaft mit 120 Mitgliedern die Salzburger Mozart-Gedenkstätten.
Am 12. Juni findet aus Anlaß der Erhebung des Mozarteums zur Akademie für Musik und darstellende Kunst ein Festakt statt.
Das zweite Deutsche Mozart-Fest wird am 25. und 26. Juli in Ansbach abgehalten.
Am 24. August erhält die Konzertsängerin Maria Stader die Silberne Mozart-Medaille.
Der zweite Band des Mozart-Jahrbuches nach dem Krieg erscheint mit den Referaten der Zentralinstitutstagung 1951. Der dritte Band (1952) folgt im November. Die schon erwähnte sechste Musikwissenschaftliche Tagung bringt zahlreiche Referate und beschließt erstens, daß die Musikwissenschaftliche Tagung 1956 in erweiterter Form stattfinden soll, und zweitens, daß in der Planung der Neuen Mozart-Ausgabe neue Wege einzuschlagen sind. Zu diesem Zweck vereinbart am 3. Dezember die ISM mit dem Inhaber und Leiter des Bärenreiter-Verlages Kassel, DDr. h. c. Karl Vötterle, die verlegerische Betreuung der Neuen Mozart-Ausgabe. Zu ihrer Finanzierung schlägt Karl Vötterle eine auf internationaler Grundlage aufgebaute Aktion „Pro Mozart" vor.
Das Schallplattenarchiv erfährt durch Schenkungen der Firmen Columbia und Philips einen beträchtlichen Zuwachs und umfaßt am Ende des Jahres siebzig Platten.
Ende Dezember wird das Programm für die Zweihundertjahrfeier festgelegt. Ein Wettbewerb für die Interpretation Mozartscher Werke für Klavier, Violine und Gesang wird von der Akademie und der ISM gemeinsam ausgeschrieben. An alle Staaten und Städte, in denen Mozart geweilt, konzertiert oder komponiert hat, ergeht ein Aufruf, Mozart im Jahre 1956 in würdiger Form zu feiern.
Das Kammerkonzert der ISM im Rahmen der Festspiele bestreitet am 29. Juli das Wiener Konzerthausquartett. Am 8. August folgt die c-moll-Messe in St. Peter, am 16. das Konzert der Wiener Philharmoniker unter Edwin Fischer.

1954

Die Vorbereitungen zur Zweihundertjahrfeier schreiten fort. Die ISM ersucht über das Außenamt in Wien alle österreichischen Vertretungen um Förderung der Aktion „Pro Mozart", die nach Abschluß des Vertrages mit dem Bärenreiter-Verlag für die Neue Mozart-Ausgabe eingeleitet worden ist.
Das Zentralinstitut für Mozartforschung wird zur siebenten Musikwissenschaftlichen Tagung vom 14. bis 17. August einberufen. Am 19. Januar beschließt das Kuratorium des Salzburger Festspielfonds, die finanziellen Voraussetzungen für ein umfangreiches Mozart-Programm 1956 zu schaffen. Das Festspieldirektorium wird beauftragt, die Vorbereitungen hierfür zu treffen.

Zum Editionsleiter der Neuen Mozart-Ausgabe bestellt das Kuratorium der ISM Ernst Fritz Schmid. Sitz der Editionsleitung ist Augsburg, das neben Salzburg und Wien die Arbeit an der Neuen Mozart-Ausgabe unterstützt. Österreich, die Bundesrepublik Deutschland, die Schweiz und das Saarland gründen 1954 die ersten Länderkomitees für die Aktion „Pro Mozart", deren Schirmherrschaft in Österreich und der Bundesrepublik die Bundespräsidenten Theodor Körner und Theodor Heuss übernehmen. In der Schweiz steht Minister Carl J. Burckhardt dem Komitee als Präsident vor. Zahlreiche Länder in aller Welt folgen mit der Gründung von Pro-Mozart-Komitees.

Bei der Weihestunde zum 198. Geburtstag am 27. Januar spielt erstmalig das neugegründete Mozarteum-Trio (Neumüller, Schröcksnadel, Weigl). Die Festansprache hält Kustos Hans Schurich.

Der Vertrag zwischen der ISM und dem Unterrichtsministerium über die Nutznießung des Mozarteums durch die Akademie wird am 18. Mai unterfertigt.

Das dritte Deutsche Mozart-Fest in Ludwigsburg findet vom 3. bis 10. Juli statt.

Im Rahmen der Festspiele dirigiert Edwin Fischer am 1. August das zweite Konzert der Wiener Philharmoniker für die ISM. Am 9. findet das Konzert des Barylli-Quartetts statt, am 12. August spielt Lonny Epstein im Rittersaal der Residenz auf dem Mozartschen Hammerklavier, die Kirchenmusik in St. Peter bringt am 14. August die c-moll-Messe unter Bernhard Paumgartner.

Die Referate der Tagung werden im Mozart-Jahrbuch 1954 veröffentlicht. Als neue Mitglieder des Zentralinstitutes werden Dr. Friedrich Breitinger und H. C. Robbins Landon aufgenommen. Im August erscheint das Mozart-Jahrbuch 1953.

Am 24. August wird bei einer Feier der Wiener Philharmoniker Professor Dr. Karl Böhm die Ernennung zum Ehrenmitglied der ISM bekanntgegeben. Die Österreichische Bundesregierung erklärt den 200. Geburtstag Mozarts zum Staatsfeiertag.

Am 14. September bittet die ISM zum 40. Jahrestag der Vollendung des Mozarteums den Stadtmagistrat, zum Gedenken an den Initiator des Baues, Hofrat Friedrich Gehmacher, eine Straße nach ihm zu benennen. Am 8. Oktober wird der 69. ordentliche Mozart-Tag abgehalten, bei dem Generalmusikdirektor Karl Böhm zu seinem 60. und Kommerzialrat Edwin Schurich zu seinem 75. Geburtstag zu Ehrenmitgliedern ernannt werden. Die Silberne Mozart-Medaille erhalten der Vorsteher der Mozartgemeinde Athen, Professor Loris Margaritis, und der Vorsteher der Mozartgemeinde Graz, Herbert Wurz.

Eine Rundfunkkonferenz in Salzburg am 19. November beschließt für 1956, die Mozart-Sendungen in Österreich und im Ausland aufeinander abzustimmen.

Am 24. November wird die Österreichische Generaldirektion für das Post- und Telegraphenwesen angewiesen, die von der ISM angeregten Mozart-Sonderbriefmarken vorzubereiten. Das Bundesmünzamt, ebenfalls angeregt von der ISM, nimmt die Prägung einer Mozart-Münze in Aussicht.

Am 2. Dezember findet in München eine Besprechung über die Neue Mozart-Ausgabe statt; am 4. wird in Ostberlin mit Professor Hans Pischner von der Akademie der Künste über das gleiche Thema verhandelt. Bei einer Pressekonferenz am 16. kann das endgültige Festprogramm für Januar 1956 bekanntgegeben werden.

83. Erste Seite des Aufrufs zur Aktion „Pro Mozart"

1955

Ein wichtiges Arbeitsjahr beginnt. Die Vorbereitungen für das Mozart-Jahr 1956 sind im vollen Gang. Bereits am Vorabend des 199. Geburtstag kann in einem Festakt in Köln Hans Schurich dem Präsidenten der Bundesrepublik Deutschland, Professor Dr. Theodor Heuss, und den Vertretern der einzelnen Länderkomitees den ersten Band der Neuen Mozart-Ausgabe (Werke für zwei Klaviere, vorgelegt von Ernst Fritz Schmid) überreichen. Am 27. Januar, Mozarts 199. Geburtstag, überreicht Josef Christian Bösmüller in Mozarts Geburtshaus Landeshauptmann Josef Klaus in Vertretung des Bundespräsidenten ebenfalls im Rahmen eines Festaktes den ersten Band. Schließlich wird dieser Band in Wien Bundespräsident Dr. h. c. Theodor Körner in Anwesenheit des Bundesministers für Unterricht Dr. Heinrich Drimmel von einer Abordnung der ISM – Vizepräsident Bruno Hantsch, Professor Dr. Wilhelm Fischer als Vorstand des Zentralinstitutes für Mozartforschung, Dr. Friedrich Gehmacher und Professor Dr. Bernhard Paumgartner – überbracht. Bei dieser Gelegenheit dankt man dem Bundespräsidenten besonders für die Übernahme des Ehrenschutzes im österreichischen Landeskomitee.
Wenige Wochen vorher, am 6. Januar, hat das Begräbnis des am 30. Dezember verstorbenen österreichischen Erzherzogs Eugen, des Protektors der ISM, in Innsbruck stattgefunden.
Seit Jahren hat sich die ISM bemüht, das durch einen Bombentreffer weitgehend zerstörte Wohnhaus Mozarts zu erhalten. Da keine verfügbaren Eigenmittel vorhanden sind, schreibt eine Salzburger Zeitung: „Das sind sehr ehrenwerte, aber senile Greise, die den Bau des geplanten Bürohauses nur verzögern, ohne eine eigene reale Möglichkeit anbieten zu können." Trotzdem gelingt es der ISM, wenigstens den noch erhaltenen Tanzmeistersaal zu kaufen, ungeachtet des kräftigen Widerstandes der Gemeinde Salzburg und des Bundesdenkmalamtes.
Am 7. Februar genehmigt das Kuratorium den Kaufvertrag mit den Eigentümern von Mozarts Wohnhaus am Markartplatz, das damit endlich in den Besitz der ISM gelangt. Eine der wichtigsten Mozart-Gedenkstätten kann nun ihrer Bestimmung zugeführt werden.
Im März werden das genaue Programm der Mozartwoche 1956 in Salzburg von der ISM sowie das vorläufige Festprogramm für Wien durch die Gesellschaft der Musikfreunde veröffentlicht.
Am 15. März lebt die Mozart-Gemeinde Innsbruck mit den Professoren Dr. Wilhelm Fischer und Dr. Albert Riester an der Spitze wieder auf.
Ein Konzert der Camerata academica am 20. März stärkt den Fonds des Mozart-Wohnhauses. Im April errichtet das Bundesministerium für Unterricht in Wien das

Mozart-Festbüro 1956 zur Koordinierung aller Veranstaltungen. Leiter ist Dr. Matthias Glatzl. Am 17. Mai nimmt die Mozart-Gemeinde Klagenfurt ihre Tätigkeit wieder auf. Am 1. Juni verkündet die Salzburger Landesregierung eine „Lex Mozart" zum Schutz des Namens Mozart.
Im Juli beenden die Architekten Otto Prossinger und Felix Cevela die Erneuerung des Großen Saales im Mozarteum. In den Konzerten der ISM der Festspiele musizieren die Wiener Philharmoniker unter Karl Böhm am 31. Juli Werke von Mozart und Beethoven, Bernhard Paumgartner dirigiert am 13. August die c-moll-Messe, während das Barylli-Quartett das Kammerkonzert am 13. August bestreitet. Den Programmen der Festspielkonzerte sind Voranzeigen der Januar-Festwoche 1956 beigelegt. Am 27. August wird die achte Musikwissenschaftliche Tagung des Zentralinstitutes für Mozartforschung eröffnet, bei der Wilhelm Fischer, Otto Erich Deutsch, Hans Engel, Alfred Orel, Johannes Dalchow, Hermann Beck und Hanns Dennerlein Vorträge halten. Beiträge folgender Referenten, die wegen der Beratungen über die Neue Mozart-Ausgabe nicht vortragen können, sind im Mozart-Jahrbuch abgedruckt: Karl Gustav Fellerer, Robert Haas, Paul Nettl, Georg Reichert, Ernst Fritz Schmid, Rudolf Steglich, Erich Valentin. Ferner nehmen an den Beratungen, bei denen der Leiter des Bärenreiter-Verlages, DDr. h. c. Karl Vötterle, die großen Erfolge der Aktion „Pro Mozart" schildert, noch teil: Thrasybulos Georgiades, Walter Gerstenberg, Franz Giegling, Ernst Hess, H. C. Robbins Landon, Hans Joachim Moser, Walther Siegmund-Schultze, Felix Schroeder und Luigi Ferdinando Tagliavini. Im Oktober erscheint das Mozart-Jahrbuch 1954.
Mozart-Gemeinden entstehen in München und Hamburg; in Dortmund, Trier, Koblenz, Offenbach und Bonn wird ihre Gründung in die Wege geleitet.
Die „Mitteilungen der ISM" erscheinen ab Dezember 1954 im Druck (Oktavformat) und bringen nunmehr auch wissenschaftliche Aufsätze.
Unter den Spenden für das Mozart-Archiv sind eine Skizze zum Durchführungsteil des ersten Satzes der Prager Symphonie KV 504 aus dem Besitz von Viktor Keldorfer sowie eine alte Abschrift der Variationen für Klavier „Unser dummer Pöbel meint" KV 455 aus dem Jahre 1793. Schließlich erhält die ISM vom Britischen Gesandten in Österreich, M.A.C.E. Malcolm, den Erstdruck eines Klavierauszuges der „Zauberflöte", ebenfalls aus dem Jahre 1793.
Das Mirabell-Gebäude, von der ISM 1929 erworben, wird nach Freigabe durch die Besatzungsmacht an die Österreichische Casino-Gesellschaft verpachtet.
Beim 70. ordentlichen Mozart-Tag am 15. November wird der aus Gesundheitsgründen zurückgetretene hochverdiente Präsident Josef Christian Bösmüller zum Ehrenpräsidenten ernannt. Hofrat Bruno Hantsch wird Präsident, Dr. Friedrich Gehmacher und Dipl.-Ing. Hans Schurich werden zu Vizepräsidenten gewählt. Am 5. Dezember findet eine Kranzniederlegung am Mozart-Denkmal und eine Gedenkstunde in Mozarts Geburtshaus statt.
Am 12. Dezember verfügt das Bundesministerium für Unterricht, daß der 27. Januar künftig jedes Jahr an allen österreichischen Schulen als „Tag der Musik" begangen werden soll.

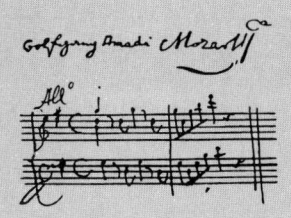

84. Reihentitel der Neuen Mozart-Ausgabe aus dem ersten Band
85. Erste Seite des englischen Subkriptionsprospektes für die Neue Mozart-Ausgabe

86. Hofrat Bruno Hantsch, Präsident der ISM von 1955–1961

87. D Dr. h. c. Karl Vötterle (Mitte), Anreger der Aktion „Pro Mozart" und Verleger der Neuen Mozart-Ausgabe im Gespräch mit dem Politiker Dr. Gerhard Schröder (links) und Verleger Dr. Günter Henle (rechts) anläßlich der Übergabe des ersten Bandes der Neuen Mozart-Ausgabe an den deutschen Bundespräsidenten Prof. Dr. Theodor Heuss in Köln am 26. Januar 1955.

1956

Dieses Jahr steht im Zeichen der Zweihundertjahrfeier von Mozarts Geburt. Nach einer Ansprache von Landeshauptmann Dr. Josef Klaus am Silvesterabend 1955 wird das Jubeljahr durch Turmblasen vom Salzburger Rathaus mit Weisen W. A. Mozarts eingeleitet. Ab 18. Januar wird die Mozart-Sonderbriefmarke (mit dem Bild von Lange) im Wert von 2.40 Schilling verkauft. Am gleichen Tage findet eine Pressekonferenz statt, bei der die Präsidenten Hantsch und Paumgartner Informationen über das Programm der Festwoche geben. Es besteht aus 22 musikalischen Veranstaltungen, darunter zwei Opernaufführungen, vier Orchester- und drei Kammerkonzerte, zwei Matineen und neun Messen. Zahlreiche Sender aus aller Welt arbeiten mit dem Österreichischen Rundfunk zusammen, 145 Musikkritiker und Bildberichterstatter aus 25 Ländern befinden sich in Salzburg. Aus Paris trifft ein Sonderzug ein. Die Stadt trägt Fahnenschmuck. Die Festwoche beginnt mit Mozarts Jugendoper „La finta semplice", eingerichtet und dirigiert von Bernhard Paumgartner (Regie: Géza Rech). Am 22. Januar sind Messen Mozarts in der Franziskanerkirche, im Dom und in St. Peter zu hören, am Abend findet das erste Kammerkonzert des Mozarteum-Orchesters unter Ernst Märzendorfer statt, Solist ist Géza Anda (Klavier). Im zweiten Kammerkonzert am 23. spielt Wilhelm Backhaus. Am 24. beschließt ein außerordentlicher Mozart-Tag, die Goldene Mozart-Medaille an die Wiener Philharmoniker zu verleihen und den Namen Herbert von Karajans auf der Stiftertafel im Mozarteum einzutragen. Im dritten Kammerkonzert am gleichen Abend wirken Irmgard Seefried, Wolfgang Schneiderhan, Carl Seemann und Erik Werba mit. Bei seiner Festsitzung im Marmorsaal des Mirabellschlosses am 26. beschließt der Gemeinderat, der ISM für ihre verdienstvolle Tätigkeit im Musikleben der Stadt und Professor Bruno Walter für sein hervorragendes Wirken als Dirigent und Berater der Salzburger Festspiele die Große goldene Medaille zu verleihen. Bei einem Presseempfang im Wiener Saal verkündet Vizepräsident Hans Schurich die Erwerbung von Mozarts Konzertgeige. Um 19.30 Uhr findet eine Huldigung vor dem Mozart-Denkmal statt, bei der Bundespräsident Dr. h. c. Theodor Körner einen Kranz niederlegt. Am Abend dirigiert Carl Schuricht das erste Konzert der Wiener Philharmoniker. Um Mitternacht spielen Bläser vom Glockenspielturm.
Der 27. Januar ist Amts-, Schul- und Kirchenfeiertag. Bei der Feierstunde in Mozarts Geburtshaus sprechen Bundespräsident Theodor Körner und Bundeskanzler Julius Raab. Die Feier wird auf den Hagenauer- und den Universitätsplatz übertragen. Um 10 Uhr zelebriert Erzbischof DDr. Andreas Rohracher ein Pontifikalamt im Dom; um 12 Uhr findet der Festakt der Österreichischen Bundesregierung in Anwesenheit des Bundespräsidenten, mehrerer Bundesminister und zahlreicher Ehrengäste statt; er wird durch

88. Mozartfest 1956 in Salzburg

89. Besuch des Bundespräsidenten Theodor Körner in Mozarts Wohnhaus am 23. Juli 1956

90. Landeshauptmann Dr. Josef Klaus spricht anläßlich der Weihe des Tanzmeistersaales, 19. Juli 1956

Läuten aller Glocken in Stadt und Land Salzburg eingeleitet. Die musikalische Umrahmung besorgen die Wiener Philharmoniker unter Karl Böhm, die Festrede hält Bernhard Paumgartner. Einer erstmaligen Eurovisionssendung sind zwanzig Sender angeschlossen. Um 17 Uhr ist ein Empfang im Schloß Mirabell, um 19.30 Uhr wird „Idomeneo" in der Neueinrichtung von Bernhard Paumgartner unter Karl Böhm (Regie: Oscar Fritz Schuh) aufgeführt. Im Mozarteum spielt das Akademieorchester unter Theodor Müller. Der 27. Januar ist der erste Ausgabetag der Fünfundzwanzig-Schilling-Mozart-Münze.
Am 28. spielt das Wiener Oktett in einer zweiten Matinee, während am Abend Herbert von Karajan im zweiten Orchesterkonzert das Philharmonia Orchestra London mit Clara Haskil als Solistin dirigiert. Danach findet ein Empfang der ISM statt. Nach den Messen des 29. dirigiert Karl Böhm das dritte Konzert mit den Wiener Philharmonikern und Wilhelm Backhaus. Im vierten Orchesterkonzert am 30. spielen die Bamberger Symphoniker unter Joseph Keilberth. Im Rahmen einer Pressekonferenz am 1. Februar wird der ISM zu dem großen künstlerischen Erfolg der Mozartwoche die Anerkennung der in- und ausländischen Presse ausgesprochen.
Unmittelbar vor Beginn der Festspiele können die Architekten Otto Prossinger, Dr. Ing. Hans Hofmann und Felix Cevela die Wiederherstellung von Mozarts Wohnhaus abschließen. Die Kosten betragen 700 000 Schilling. Am 19. Juli findet die Weihe durch Erzbischof DDr. Andreas Rohracher und die feierliche Eröffnung der Ausstellung „Historische Musikinstrumente aus der Zeit Mozarts" statt. Am 23. Juli besucht Bundespräsident Theodor Körner den Tanzmeistersaal. Am 28. Juli wird die neunte Musikwissenschaftliche Tagung im Tanzmeistersaal feierlich eröffnet, sie dauert bis 1. August. In ihrem Rahmen sprechen Wilhelm Fischer, Ernst Fritz Schmid, Otto Erich Deutsch, Lim Won-Sik aus Seoul, Hans Engel, Hans Moldenhauer, Hellmut Federhofer, Ernst Hess, Rudolf Steglich, Erich Valentin, Karl Gustav Fellerer, Alfred Orel, Robert Haas, Antoine E. Cherbuliez, Hans Joachim Moser und Walter Senn. Dieses Mozartjahr mit seinen zahlreichen Kongressen und Ausstellungen erschließt wertvolle neue Quellen für die Neue Mozart-Ausgabe.
Das Zentralinstitut begrenzt seine Mitgliedszahl auf 25. Zwei freie Stellen werden mit Ernst Hess, Zürich, und Dr. Hellmut Federhofer, Graz, besetzt.
Im Rahmen der Festspiele bestreitet das Wiener Konzerthausquartett das Kammerkonzert am 23. Juli, George Szell dirigiert die Wiener Philharmoniker am 5. August, am 11. findet die traditionelle Aufführung der c-moll-Messe statt. Am 25. Oktober überreicht Elisabeth, Königinmutter von Belgien, in Brüssel dem Präsidenten der ISM, Hofrat Bruno Hantsch, eine namhafte Spende als Ergebnis des Œuvre Belge Pro Mozart. Im November erscheint das Mozart-Jahrbuch 1955 (6. Band, 264 S.).
Der 73. ordentliche Mozart-Tag findet am 9. November statt. Hierbei wird beschlossen: Die Namen von Elisabeth, Königinmutter von Belgien, und Paul Graf de Launoit werden auf einer Marmortafel verewigt. Die Goldene Mozart-Medaille erhält Generalmusikdirektor Professor Dr. Karl Böhm, die Silberne erhalten Heinrich Baron Puthon, Baron de Streel, Direktor Joe W. Klecker und Professor Dr. Charles van den Borren; die Ehrenmitgliedschaft wird Edwin Fischer und Paul Graf de Launoit zuerkannt.

Das Metropolitankapitel unter der Schirmherrschaft des Erzbischofs gedenkt am 2. Dezember Mozarts 165. Todestag mit der Aufführung des „Requiems". Am 5. Dezember ist die traditionelle Gedenkstunde in Mozarts Geburtshaus, bei der Vizepräsident Hans Schurich spricht.

Vom 4. bis 16. Dezember wird der Ausklang des Mozart-Jahres in Wien begangen, und zwar mit einer Festvorstellung der „Zauberflöte" in der Staatsoper, einer Kranzniederlegung am Grab in St. Marx sowie einer Aufführung des „Requiems" in St. Stephan. Danach legt Bundesminister Dr. Drimmel einen Kranz vor der Kreuzkapelle, der Einsegnungsstätte Mozarts, nieder. Bei einem Festakt der Österreichischen Bundesregierung am 16. Dezember dirigiert Carl Schuricht die Wiener Philharmoniker.

Die von der ISM angeregte Mozart-Gedenkmedaille 1956 wird am 27. Dezember Landeshauptmann Dr. Josef Klaus, Bürgermeister Stanislaus Pacher, den Vizebürgermeistern Donnenberg und Weilhartner, dem Erzbischof DDr. Rohracher und den Erzäbten Dr. Reimer und Franz Bachler überreicht. Am 29. Dezember berichtet die ISM in einer Pressekonferenz, die Mozartwoche werde nach ihrem großen Erfolg auch künftig stattfinden, die Vorbereitungen für das Programm von 1957 seien bereits abgeschlossen.

91. Ausstellung „Das Mozartjahr in aller Welt", 1957, in Mozarts Wohnhaus

1957

Zu Beginn des Jahres findet die zweite Mozartwoche statt, die am 27. Januar mit einer Feierstunde in Mozarts Geburtshaus eingeleitet wird. Erich Valentin hält die Gedenkrede mit dem Thema „Mozart, Symbol der Menschlichkeit". Am Vorabend führt das Opernstudio der Akademie „Mozarteum" unter der künstlerischen Leitung von Bernhard Paumgartner „La finta giardiniera" auf. Die von Géza Rech eingerichtete Ausstellung „Das Mozart-Jahr in aller Welt" wird schon am 25. Januar in Mozarts Wohnhaus eröffnet. In einer feierlichen Kuratoriumssitzung am gleichen Tag erhält Josef Christian Bösmüller die Urkunde der Ernennung zum Ehrenpräsidenten.
Der 74. außerordentliche Mozart-Tag am 22. Januar beschließt, für besondere Verdienste um das Mozart-Jahr 1956 Landeshauptmann Dr. Josef Klaus, Bürgermeister Stanislaus Pacher und Botschafter Dr. Martin Fuchs zu Ehrenmitgliedern zu ernennen. Die Silberne Mozart-Medaille wird Präsident Bruno Hantsch und Dr. Konstantin Kovarbasic zuerkannt. Zum Ehrenmitglied des Kuratoriums wird Dr. Albert Reitter ernannt. Neue Protektoren der ISM werden Josef Fürst Schwarzenberg und Paul Graf de Launoit.
An Mozarts Geburtstag findet im Großen Saal des Mozarteums eine Matinee der Camerata academica unter Bernhard Paumgartner mit Teresa Stich-Randall als Solistin statt, am Abend gastieren im Großen Saal die Wiener Symphoniker unter Anthony Collins, mit Friedrich Gulda am Klavier. Nach einer Wiederholung der Opernaufführung am 28. Januar spielt am 30. das Akademie-Orchester unter Gerhard Wimberger. Am 17. Februar erhält Karl Böhm die ihm vom 73. Mozart-Tag zuerkannte Goldene Mozart-Medaille aus den Händen von Präsident Hantsch.
Am 8. August werden im Rittersaal der Residenz Salzburger Persönlichkeiten geehrt, die sich um die künstlerische Gestaltung des Mozart-Jahres 1956 besondere Verdienste erworben haben. Landeshauptmann Dr. Josef Klaus kann im Auftrag des Bundesministers für Unterricht das Große Ehrenzeichen für Verdienste um die Republik Österreich Bruno Hantsch und Bernhard Paumgartner überreichen. Mit dem Goldenen Ehrenzeichen werden Heinrich Damisch, Josef Christian Bösmüller, Walter Hummel und Friedrich Gehmacher ausgezeichnet, mit dem Silbernen Hans Schurich. Géza Rech erhält den Professorentitel.
Am 14. August findet der 75. Mozart-Tag statt, der dem Präsidenten des Comité National Luxembourgeois „Pro Mozart", Felix Welter, die Silberne Mozart-Medaille verleiht. Am 17. August findet im Rahmen der Salzburger Festspiele die 30. Aufführung der c-moll-Messe in St. Peter statt, am 18. August dirigiert Joseph Keilberth die Wiener Philharmoniker, am 20. spielt das Barylli-Quartett in den Stiftungskonzerten der Festspiele.

Vom 18. bis 26. August weilt die Schutzherrin der belgischen „Pro Mozart"-Aktion, Königinmutter Elisabeth, in Salzburg und besucht auf Einladung der ISM die Mozart-Gedenkstätten. Am 28. August wird die zehnte Musikwissenschaftliche Tagung des Zentralinstituts für Mozartforschung im Tanzmeistersaal von Mozarts Wohnhaus eröffnet. In ihrem Verlauf werden zahlreiche Referate gehalten. Vor dreißig Jahren, 1927, hatte die erste Tagung stattgefunden. Im Laufe der ersten neun Veranstaltungen sind 150 Referate gehalten worden. Die Referenten 1957 sind in der Reihenfolge der Vorträge: Wilhelm Fischer, Otto Erich Deutsch, Karl Gustav Fellerer, Hans Joachim Moser, Ernst Fritz Schmid, Hans Engel, Erich Valentin, Walter Gerstenberg, Robert Haas, H. C. Robbins Landon, Paul Badura-Skoda, Ernst Hess, Paul Nettl, Rudolf Steglich, Rudolf Elvers, Herbert Klein, Eva Badura-Skoda, Walter Hummel, Hellmut Federhofer und Horst Heussner.

Vom 14. bis 21. September findet das sechste Deutsche Mozart-Fest der Deutschen Mozart-Gesellschaft in Köln statt, Géza Rech nimmt als Vertreter der ISM daran teil. Am 8. November erhält Kassier Richard Spängler aus den Händen von Landeshauptmann Dr. Klaus das Silberne Ehrenzeichen für Verdienste um die Republik Österreich. Beim 76. Mozart-Tag am 8. November wird Ehrenpräsident Josef Christian Bösmüller die Goldene Mozart-Medaille verliehen. Die Silberne Mozart-Medaille erhält Erik Werba. Zu Mozarts 166. Todestag findet am 5. Dezember eine Weihestunde statt, diesmal in Anwesenheit einer Abordnung der studierenden Jugend.

Zum 70. Geburtstag von Bernhard Paumgartner findet am 14. November ein Festakt mit der Aufführung seiner Oper „Die Höhle von Salamanca" durch das Opernstudio statt.

1958

Vom 16. bis 27. Januar findet die dritte Mozartwoche in Salzburg statt, eingeleitet von den Festival Strings Luzern mit Wolfgang Schneiderhan als Solist, fortgesetzt am 21. mit einem Kammermusikabend der Akademie „Mozarteum", dem am 24. ein Kammerkonzert des Tátrai-Quartettes folgt. Am 25. und 26. werden „Ascanio in Alba" und „Der Schauspieldirektor" aufgeführt, unter der Regie von Bernhard Paumgartner beziehungsweise Géza Rech. Am 26. gibt es außerdem eine Matinee der Akademie („Thamos, König in Ägypten" KV 345), am 27. wird die Woche mit einem Konzert des Klassischen Gulda-Orchesters beschlossen.

Am 6. Juni stirbt Ehrenpräsident Josef Christian Bösmüller im 66. Lebensjahr. Am 8. Juli wird Walter Hummel die Urkunde über die Ernennung zum Ehrenmitglied der ISM überreicht. Im Juni erscheint das Mozart-Jahrbuch 1957. Bei den Festspielen gibt es als Aufführungen der ISM neben der c-moll-Messe am 16. August am 18. ein Kammerkon-

zert des Végh-Quartettes und am 29. ein Konzert der Wiener Philharmoniker unter Joseph Keilberth mit Maria Stader als Solistin.
Die elfte Musikwissenschaftliche Tagung wird vom 27. bis 30. August abgehalten; folgende Wissenschaftler kommen zu Wort: Wilhelm Fischer, Otto Erich Deutsch, Ernst Hess, Robert Haas, Walter Gerstenberg, Ernst Fritz Schmid, Roland Tenschert, Rudolf Steglich, Hellmut Federhofer, Bernhard Paumgartner, Hans Dennerlein und Rudolf Elvers. Die Herausgabe der Mozart-Briefe wird Otto Erich Deutsch und Wilhelm A. Bauer übertragen.
Im Geburtshaus werden Instandsetzungsarbeiten vorgenommen. Das Pianohaus Rück in Nürnberg baut eine Kopie des Anton-Walter-Flügels, der Mozart gehört hat. Sie wird im Tanzmeistersaal aufgestellt.
Der 77. ordentliche Mozart-Tag beschließt am 24. Oktober die Verleihung der Silbernen Mozart-Medaille an Viktor Keldorfer, Franz Ledwinka und Erik Werba. Am 22. November findet in Mailand eine Gedenkfeier zum 100. Todestag von Carl Mozart (gestorben am 31. Oktober 1858) statt. Sie wird auf Initiative der ISM vom Verein der Österreicher in Mailand veranstaltet. An der Gedenkfeier zum 167. Todestag Mozarts am 5. Dezember nehmen 25 Studenten des Oberlin College, USA, teil. Die Gedenkrede hält Eberhard Preussner. Nach einem Festkonzert der Mozart-Gemeinde Wien im Schönbrunner Schloßtheater erhält Walter Hummel am 7. Dezember die Ehrenmitgliedschaft der Mozart-Gemeinde.

1959

Die vierte Mozartwoche vom 18. bis 29. Januar gilt auch dem 200. Todestag von Georg Friedrich Händel (14. April) und dem 150. Todestag von Joseph Haydn (31. Mai). Die Woche wird mit einem Konzert des Sinfonieorchesters des Bayerischen Rundfunks unter Eugen Jochum eingeleitet, am 21. singt Ira Malaniuk, begleitet von Erik Werba, am 23. spielt das Konzerthaus-Quartett, am 24. und 26. werden Händels „Acis und Galatea" unter der Regie von Bernhard Paumgartner und „Der Apotheker" von Joseph Haydn, inszeniert von Géza Rech, aufgeführt. Am 25. Januar spielt das Mozarteum-Orchester unter Heinrich Hollreiser, Solist ist Rudolf Klepač (Fagott). Nach der Feierstunde in Mozarts Geburtshaus am 27. findet die traditionelle Matinee der Akademie statt. Die Leitung des Akademie-Orchesters hat Gerhard Wimberger. Am Abend des Geburtstages dirigiert Bernhard Paumgartner die Camerata academica, Solist ist Alexander Jenner (Klavier). Am 29. findet im Landestheater eine Aufführung von „Don Giovanni" unter der Leitung von Mladen Basic (Regie: Horst Kepka) statt.

Im Rahmen der Festspiele wird am 8. August die c-moll-Messe gesungen. Das Barylli-Quartett spielt am 10. August; die Philharmoniker am 27., mit dem Solisten Gérard Souzay, Bariton, werden von Karl Münchinger geleitet.

Beim 78. Mozart-Tag am 27. November wird Dr. Herbert Klein die Silberne Mozart-Medaille verliehen. Die Bronzene Mozart-Medaille erhalten Miss Emily Anderson, Anna Börner, Bremen, und Professor Manfred Gurlitt, Tokio. Professor DDr. Alfred Orel und Dr. h. c. Philipp von Schoeller werden Ehrenmitglieder.

Das Mozart-Jahrbuch 1958 erscheint im November.

1960

Die Mozartwoche zur 204. Wiederkehr von Mozarts Geburtstag beginnt mit einem Orchesterkonzert der Camerata am 23. Januar, tags darauf gastiert das Stuttgarter Kammerorchester unter Karl Münchinger. Am 25. spielen die Bamberger Symphoniker unter Joseph Keilberth, am 26. das Feld-Quartett. Am 27. spricht bei der Feierstunde Walter Gerstenberg. Die Mozart-Matinee der Akademie wird von Gerhard Wimberger geleitet. Am Abend dirigiert Wolfgang Sawallisch das Mozarteum-Orchester. Schließlich spielt am 28. Sylvia Rosenberg (Violine), begleitet von Heinz Scholz.

Am 20. Januar trifft die ISM ein schwerer Verlust: Der Editionsleiter der Neuen Mozart-Ausgabe, Dr. Ernst Fritz Schmid, stirbt in Augsburg. In seiner Nachfolge werden Dr. Wolfgang Plath und Dr. Wolfgang Rehm mit der Editionsleitung betraut.

Anläßlich des vierzigjährigen Bestehens der Salzburger Festspiele wird am 7. Juli in der Residenz die von Franz Hadamowsky und Géza Rech eingerichtete Ausstellung „1842–1960. Die Salzburger Festspiele, ihre Vorgeschichte und Entwicklung" eröffnet. Im Rahmen der Festspiele bringt die ISM ein Kammerkonzert des Wiener Konzerthaus-Quartetts am 2. August, ein Konzert der Wiener Philharmoniker unter Karl Münchinger mit Friedrich Gulda (Klavier) am 5. und die Aufführung der c-moll-Messe am 13. August.

Vom 24. bis 27. August findet die 12. Musikwissenschaftliche Tagung des Zentralinstitutes für Mozartforschung statt. Die Referate halten: Wilhelm Fischer, Walter Gerstenberg, Paul Nettl, Otto Erich Deutsch, Hans Engel, Karl Gustav Fellerer, Alfred Orel, Ernst Hess, Wolfgang Plath, Hellmut Federhofer, Andreas Holschneider, Rudolf Steglich und Friedrich Neumann. Ende des Jahres erscheint das Mozart-Jahrbuch 1959 als 10. Band mit freien Beiträgen, da 1959 keine Tagung stattgefunden hat.

Am 4. Oktober stirbt das Mitglied des Zentralinstitutes Professor Dr. Robert Haas in Wien. Am 29. werden Hofrat Bruno Hantsch und Dr. Friedrich Gehmacher zu Ehrenmitgliedern der Wiener Mozart-Gemeinde ernannt.

92. Dr. Friedrich Gehmacher, Präsident der ISM von 1963–1976

93. Besuch Nikita Chruschtschows im Mozarts Geburtshaus am 4. Juli 1960

Beim 79. ordentlichen Mozart-Tag am 25. November werden Präsident Bruno Hantsch zum Ehrenmitglied der ISM und Vizepräsident Dr. Friedrich Gehmacher zum Ehrenmitglied des Kuratoriums ernannt. Die Silberne Mozart-Medaille erhalten Vizepräsident Hans Schurich und Geschäftsführer Julius Gmachl.
Ende des Jahres gelingt es der ISM, Originalbriefe zu erwerben, die Mozarts Witwe Constanze und seine Schwester Nannerl wegen der Werke Mozarts an den Verlag Breitkopf & Härtel gerichtet haben. Es sind 52 Briefe von Constanze und 28 von Nannerl; sie werden in der in Vorbereitung befindlichen Ausgabe der Briefe Mozarts und seiner Familie verwertet. Die Landesregierung und die Stadtgemeinde Salzburg unterstützen diese wichtige Erwerbung.

1961

Zum 90. Geburtstag von Josef Huttary findet am 15. Januar in Mozarts Geburtshaus eine Feierstunde statt. Die Mozartwoche beginnt am 22. mit einer Matinee von Kurt Neumüller im Tanzmeistersaal. Am 23. dirigiert Hermann Scherchen das Mozarteum-Orchester, am 24. spielt das Janáček-Quartett. Am 25. dirigiert Bernhard Paumgartner die Camerata academica, in einem Solistenkonzert am 26. sind Irmgard Seefried, Wolfgang Schneiderhan, Carl Seemann und Erik Werba zu hören. Bei der Weihestunde am 27. spricht Wilhelm Fischer über die Fortschritte der Neuen Mozart-Ausgabe. Das Orchesterkonzert der Akademie am Abend leitet Gerhard Wimberger. Das Konzert der Wiener Philharmoniker hat Carl Schuricht als Dirigenten, Riccardo Odnoposoff, Rudolf Streng, Josef Niedermayer und Hubert Jelinek als Solisten.
Zwei für die Kenntnis von Mozarts Leben wichtige Bände erscheinen im Supplement der inzwischen auf sechsundzwanzig Bände angewachsenen Neuen Mozart-Ausgabe: „Mozart. Die Dokumente seines Lebens", gesammelt und erläutert von Otto Erich Deutsch, und „Mozart und seine Welt in zeitgenössischen Bildern", begründet von Maximilian Zenger, ebenfalls vorgelegt von Otto Erich Deutsch.
Vom 16. Mai bis 16. September wird in Mozarts Wohnhaus eine Ausstellung gemeinsam mit der Albertina Wien „Die Musik in der bildlichen Darstellung" gezeigt, mit Kupferstichen und Radierungen des 18. Jahrhunderts von Watteau bis Chodowiecki.
Am 8. Juni stirbt Heinrich Damisch, der Gründer der Wiener Mozart-Gemeinde, im 89. Lebensjahr.
Das Konzert der Wiener Philharmoniker für die ISM im Rahmen der Festspiele am 8. August dirigiert Karl Münchinger, Solist ist Paul Badura-Skoda. Am 12. findet die Aufführung der c-moll-Messe statt, am 21. spielt das Wiener Philharmonische Streichquartett.

Bei dem Kongreß der Internationalen Gesellschaft für Musikwissenschaft vom 5. bis 11. September in New York übermittelt der Vertreter Österreichs die Einladung, den nächsten Kongreß 1964 in Salzburg abzuhalten.
Am 9. Oktober stirbt Generalsekretär i. R. Alfred Heidl im 86. Lebensjahr.
Beim 80. ordentlichen Mozart-Tag am 20. Oktober wird der Intendant des Bayerischen Rundfunks, Dr. Franz Stadelmayer, in seiner Eigenschaft als Präsident der Deutschen Mozart-Gesellschaft zum Ehrenmitglied ernannt. Die Silberne Mozart-Medaille erhalten Erich Valentin, Wilhelm Krämer und Richard Spängler, die Bronzene Fritz von Philipp und Max Trimolt.
Am 4. Dezember wird das „Requiem" von Mozart zum 170. Todestag unter Bernhard Paumgartner aufgeführt. Paumgartner hält auch die Gedenkrede in der Weihestunde am 5. Dezember in Mozarts Geburtshaus.
Im Dezember erscheint das Mozart-Jahrbuch 1960.

1962

Aus Anlaß seines 75. Geburtstages wird Präsident Bruno Hantsch am 17. Januar mit der Silbernen Medaille der Mozart-Stadt Salzburg ausgezeichnet. Die Mozartwoche beginnt am 21. mit einer Matinee des Mozarteum-Quartettes im Tanzmeistersaal von Mozarts Wohnhaus. Am 22. dirigiert Bernhard Paumgartner die Camerata academica, am 23. gastiert das Amadeus-Quartett, London, am 24. findet ein Orchester- und Chorkonzert des Mozarteum-Orchesters und des Salzburger Rundfunk- und Mozarteum-Chores unter Ernst Hinreiner statt. Das Konzert der Wiener Philharmoniker am 25. im Großen Festspielhaus dirigiert Mario Rossi, Solist ist Friedrich Gulda. Am 26. spielt der Pianist Karl Engel, am 27. dirigiert Gerhard Wimberger das traditionelle Orchesterkonzert der Akademie, am 28. spielen die Bamberger Symphoniker unter Joseph Keilberth. Bei der Weihestunde am 27. in Mozarts Geburtshaus spricht Eberhard Preussner über „Mozart und die Jugend".
Am 26. Februar stirbt Professor Dr. Wilhelm Fischer, der Vorstand des Zentralinstitutes für Mozartforschung, am 4. Mai das Ehrenmitglied der ISM und des Kuratoriums, Edwin Schurich.
Bei den Salzburger Festspielen dirigiert Joseph Keilberth am 7. August die Wiener Philharmoniker für die ISM, am 11. findet die Aufführung der c-moll-Messe statt, das Wiener Philharmonische Streichquartett gastiert am 21.
Beim 81. Mozart-Tag am 9. November werden Hofrat Dr. Bernhard Paumgartner und Minister Dr. Carl J. Burckhardt, Bern, zu Ehrenmitgliedern der ISM ernannt. Ehrenmitglieder des Kuratoriums werden Bruno Hantsch und Friedrich Breitinger. Die Silberne

Mozart-Medaille erhalten der Oberbürgermeister von Augsburg Klaus Müller, Franz Sauer (post mortem, er ist am 28. Oktober im Alter von 69 Jahren gestorben), Heinz Scholz, Theodor Müller und Keisei Sakka. Manfred Ortner, Graz, erhält die Bronzene Mozart-Medaille. Am 14. November wird der 75. Geburtstag von Bernhard Paumgartner in einer musikalischen Feierstunde begangen.

Die seit 1959 in Zusammenhang mit der Neuen Mozart-Ausgabe geplante umfassende Neuausgabe des Briefwechsels der Familie Mozart 1755–1857: „Mozart. Briefe und Aufzeichnungen", gesammelt von Otto Erich Deutsch und Wilhelm A. Bauer, beginnt mit den Textbänden 1 und 2 zu erscheinen. In diesem Jahr erscheinen innerhalb der Neuen Mozart-Ausgabe Mozarts Bearbeitungen der Händel-Oratorien, das „Alexander-Fest" und der „Messias". Damit beginnt die wissenschaftliche Erschließung eines bisher wenig beachteten Bereiches in Mozarts Schaffen.

Bei der Weihestunde am 5. Dezember spricht Bernhard Paumgartner in Mozarts Geburtshaus. Am 27. Dezember stirbt das Ehrenmitglied des Kuratoriums Albert Reitter. Der Ausschuß des Zentralinstitutes für Mozartforschung hält zwei Tagungen ab, am 25. Januar und am 25. August.

Die Brüsseler Mozart-Gemeinde unter dem Patronat der Königinmutter Elisabeth, des belgischen Kulturministers und des österreichischen Botschafters in Belgien veranstaltet vom 7. bis 25. Mai einen internationalen Wettbewerb für Sologesang.

1963

Am 22. Januar stirbt Bruno Hantsch, sein Nachfolger als Präsident der ISM wird Dr. Friedrich Gehmacher.

Die Mozartwoche wird am 20. Januar durch eine Matinee im Tanzmeistersaal mit Karl und Gertrud Kottermaier, Augsburg, eingeleitet. Am 22. bringt das Landestheater die Oper „Titus". Am 23. dirigiert Ernst Hinreiner ein Festkonzert „Zehn Jahre Rundfunk- und Mozarteum-Chor". Am 24. spielt der Pianist Walter Klien. Am 25. dirigiert Mladen Basic ein Konzert des Mozarteum-Orchesters mit Karl Engel (Klavier) im Großen Festspielhaus. Am 26. findet ein Kammerkonzert der Bläservereinigung der Wiener Philharmoniker statt, am 27. wird im Dom eine Missa brevis unter Joseph Messner aufgeführt. Bei der Matinee der Akademie dirigiert Gerhard Wimberger das Akademie-Orchester. Das Konzert der Wiener Philharmoniker am 27. im Großen Festspielhaus leitet erstmalig Bernhard Paumgartner; Solist ist Alfred Prinz, Klarinette. In der Weihestunde am 27. spricht Hans Schurich.

Am 12. April feiert der Leiter des Bärenreiter-Verlages, DDr. h. c. Karl Vötterle, seinen 60. Geburtstag. Beim 82. außerordentlichen Mozart-Tag am 5. Juli wird Ehrenmitglied Dr. Walter Hummel aus Anlaß der Vollendung seines 80. Lebensjahres die Goldene Mozart-

Medaille verliehen. Prof. Dr. h. c. Otto Erich Deutsch, der ebenfalls 80 Jahre alt wird, erhält die Ehrenmitgliedschaft der ISM.
Die ISM bringt im Rahmen der Festspiele am 5. August ein Konzert der Wiener Philharmoniker unter István Kertész mit Irmgard Seefried als Solistin, am 10. die c-moll-Messe und am 22. ein Kammerkonzert des Wiener Oktetts.
Bei der Weihestunde am 5. Dezember spricht Hans Schurich über Mozarts Todesgedanken. Der 83. ordentliche Mozart-Tag findet am 6. Dezember statt. Der Ausschuß des Zentralinstitutes für Mozartforschung tritt am 26. Januar und am 29. August zusammen.
Von der Ausgabe „Mozart. Briefe und Aufzeichnungen" erscheinen der dritte und vierte Textband.
Zum 150. Geburtstag und 70. Todestag des Gründers der Internationalen Mozart-Stiftung (1870) und der ISM (1880), Carl Daublebsky Reichsfreiherr von Sterneck zu Ehrenstein, wird vom 27. November bis 14. Dezember in Mozarts Geburtshaus eine Sterneck-Ausstellung gezeigt. Zur Eröffnung findet eine Gedenkfeier statt.
Erstmalig wird in diesem Jahr Karl Richter mit dem Münchener Bachchor und Bachorchester von der ISM eingeladen. Am 13. Dezember findet das Weihnachtsoratorium von Johann Sebastian Bach, Teil I, statt. In den folgenden Jahren wechseln Aufführungen dieses Werkes, Teil I und II (1965, 1966, 1968, 1969, 1971, 1973, 1976 und 1977) mit solchen der h-moll-Messe (1964, 1967, 1972 und 1975). 1970 und 1974 wird der „Messias" von Georg Friedrich Händel aufgeführt.

1964

Die achte Mozartwoche in Salzburg findet vom 19. bis 31. Januar statt. Sie beginnt mit einer Matinee des Kammerchors des Salzburger Rundfunk- und Mozarteum-Chores unter Ernst Hinreiner im Tanzmeistersaal. Am 22. wird im Landestheater wie im Vorjahr „Titus" aufgeführt, am 23. spielt das Tátrai-Quartett, am 24. dirigiert Mladen Basic das Mozarteum-Orchester im Kleinen Festspielhaus, am 25. geben Irmgard Seefried, Wolfgang Schneiderhan, Erik Werba und Walter Klien ein Solistenkonzert. Am 26. wird im Dom eine „Missa brevis" unter Joseph Messner aufgeführt, am 28. findet im Mozarteum das Konzert der Wiener Philharmoniker unter Bernhard Paumgartner statt. Am 30. spielt das Akademie-Orchester unter Gerhard Wimberger, am 31. wird die Mozartwoche im Kleinen Festspielhaus mit einem Konzert der Bamberger Symphoniker unter Joseph Keilberth beschlossen. In der Weihestunde zum 208. Geburtstag im Geburtshaus spricht Bürgermeister Dr. Ludwig Wegele, Augsburg, über die neuesten Ergebnisse der Mozart-Ahnen- und Familienforschung.
Am 26. März wird Wilhelm Backhaus 80 Jahre alt und erhält die Ehrenmitgliedschaft der ISM.

Am 27. Juni wird in der Residenz eine von der ISM veranstaltete Ausstellung „Richard Strauss und Salzburg" eröffnet. Sie findet 10000 Besucher. Zur Eröffnung spricht Géza Rech, der die Ausstellung gemeinsam mit Franz Hadamowsky und Franz Grasberger eingerichtet hat.

Die Veranstaltungen der ISM im Rahmen der Festspiele sind: die c-moll-Messe am 8. August, das vierte Orchesterkonzert, bei dem Karl Böhm die Wiener Philharmoniker dirigiert, am 10. und das Kammerkonzert des Wiener Philharmonischen Streichquartetts am 16. August.

Am 27. und 28. August wird die 13. Musikwissenschaftliche Tagung des Zentralinstitutes für Mozartforschung abgehalten. Zur Eröffnung spricht Hellmut Federhofer über „Die Internationale Stiftung Mozarteum und das Zentralinstitut im Dienste der Mozartforschung". Weitere Vorträge halten: Anna Amalie Abert, Karl-Heinz Köhler, Walter Senn, Herbert Klein, Otto Erich Deutsch, Dieter Kerner, Carl Bär, Gerhard Croll, Andreas Holschneider, Wolfgang Plath und Hans Engel. Am zweiten Veranstaltungstage beginnt der IX. Kongreß der Internationalen Gesellschaft für Musikwissenschaft, den die ISM ausgerichtet hat. Dieser von 498 Wissenschaftlern besuchte Kongreß, der bis zum 5. September in den Räumen des Mozarteums stattfindet, wird ein großartiger Erfolg für die ISM. Während des Kongresses veranstalten Musikverleger und Schallplattenfirmen auf Einladung der ISM im Mozarteum eine Ausstellung.

Am 29. September wird in einem Konzert der Vollendung des Mozarteum-Gebäudes vor fünfzig Jahren gedacht. Im Rahmen des 84. ordentlichen Mozart-Tages am 27. November erhalten Hans Engel, Marburg, Rudolf Steglich, Erlangen, und Meinhard von Zallinger, München, die Silberne Mozart-Medaille. Die Bronzene Mozart-Medaille wird Willi Schumann, Basel, verliehen.

Nach zweijähriger Pause erscheint das Mozart-Jahrbuch 1962/63 als Doppelband mit 26 Aufsätzen. Angeregt von der ISM und mit Unterstützung von Land und Stadt richtet Géza Rech die Wanderausstellung „Mozart und Salzburg" ein. Sie kann 1964 bereits in Wiesbaden und beim 13. Deutschen Mozart-Fest in Wuppertal gezeigt werden.

Bei der Weihestunde zum 173. Todestag am 5. Dezember liest Hertha Leisner die Trauerrede, die nach Mozarts Tod in seiner Loge gehalten wurde.

1965

Die Mozartwoche 1965 beginnt am 22. Januar mit einem Konzert des Österreichischen Rundfunks, Radio Salzburg, im Großen Saal. Am 23. Januar findet das erste Konzert der Wiener Philharmoniker unter Bernhard Paumgartner statt. Nach der Aufführung einer Missa brevis am 24. dirigiert Carl Schuricht am 25. das zweite Konzert der Wiener Philharmoniker. Am 27. hat die Akademie ihr Festkonzert unter Gerhard Wimberger, am 30. konzertiert wieder das Wiener Philharmonische Streichquartett, und am 31. wird die

94. Ehrung der Professoren Hans Engel und Rudolf Steglich am 30. Januar 1965 durch Präsident Dr. Friedrich Gehmacher

Woche mit einer Matinee im Tanzmeistersaal beendet. Gerhard Seitz musiziert auf der Original-Mozart-Geige und Brian Lamport am Hammerklavier.
Bei der Weihestunde in Mozarts Geburtshaus am 27. spricht Pfarrer Dr. Karl Hammer über „Mozarts theologische Bedeutsamkeit".
Vom 1. bis 30. Juni wird anläßlich des fünfzigjährigen Bestehens des Mozarthauses (= Mozarteums) im Präsidium eine Ausstellung zur Baugeschichte des Mozarteums gezeigt, die Géza Rech aus Dokumenten, Fotos und preisgekrönten Entwürfen zusammengestellt hat.
Im Juli übernimmt es die ISM, die Jahrestagung der Internationalen Vereinigung der Musikbibliotheken (AIBM) im August 1967 durchzuführen.
Im Rahmen der Festspiele dirigiert Carl Schuricht ein Konzert der ISM mit den Wiener Philharmonikern am 6. August. Am 14. findet die c-moll-Messe statt, am 20. spielt das Wiener Philharmonische Streichquartett.

Vom 16. Oktober bis 10. November reisen Bernhard Paumgartner und Géza Rech nach Dallas, Texas, wo im Rahmen einer Österreich-Ausstellung auch 22 Mozart-Briefe und Autographen ausgestellt werden. Anschließend spricht Dr. Rech in Bloomington/Indiana, Miami, New Orleans, Chicago und New York über Mozart.
Ende des Jahres kommt das 13. Mozart-Jahrbuch (1964) heraus.
Im Rahmen der Neuen Mozart-Ausgabe erscheint innerhalb des Supplementes der Band „Thomas Attwoods Theorie- und Kompositionsstudien bei Mozart". Mit dieser Erstausgabe wird der Themenkreis „Mozart als Lehrer" wissenschaftlich belegt.
Beim 85. ordentlichen Mozart-Tag am 17. Dezember erhält der Pianist Heinz Scholz die Ehrenmitgliedschaft des Kuratoriums. Mit der Silbernen Mozart-Medaille werden Kirchenmusikdirektor Erich Ade, Stuttgart, Professor Friedrich Frischenschlager und Vizepräsident Dr. Johannes Graf von Moy ausgezeichnet.

1966

Die elfte Mozartwoche wird am 23. Januar im Dom mit der Missa brevis in G-dur KV 140 unter Joseph Messner eingeleitet. Der Salzburger Rundfunk- und Mozarteum-Chor singt in einer anschließenden Matinee Madrigale alter Meister. Am 24. spielt das Wiener Philharmonische Streichquartett, am 25. führt das Landestheater unter der musikalischen Leitung von Mladen Basic den „Idomeneo" auf. In der Feierstunde am 27. legt Hans Schurich ein Bekenntnis zu „Mozart gestern und heute" ab. Gerhard Wimberger dirigiert am Abend die Camerata academica und das Akademie-Orchester. Am 28. nachmittags spielt Svjatoslav Richter, am Abend findet im Großen Festspielhaus das erste Konzert der Wiener Philharmoniker unter Lorin Maazel statt, das zweite am 29. dirigiert Bernhard Paumgartner, Solist ist Svjatoslav Richter. Anschließend gibt die ISM in St. Peter einen Empfang für die Künstler der Mozartwoche. Am 30. wiederholt Svjatoslav Richter sein Konzert.
Am 16. April beginnt in Haarlem, Holland, eine Mozartwoche, bei der die Ausstellung „Mozart und Salzburg" gezeigt wird. Géza Rech hält einen einführenden Vortrag.
Bei den Salzburger Festspielen dirigiert Lorin Maazel am 28. Juli die Wiener Philharmoniker für die ISM, Solist ist Dietrich Fischer-Dieskau. Am 13. findet die Aufführung der c-moll-Messe statt, am 22. das Kammerkonzert des Wiener Philharmonischen Streichquartettes.
König Olaf V. von Norwegen besucht das Mozart-Museum am 15. September, am 20. November kommt der Staatspräsident der UdSSR, Nikolai Podgorny.
Beim 86. ordentlichen Mozart-Tag am 12. Dezember erhalten Alfred Orel und Géza Rech die Silberne Mozart-Medaille. Die Bronzene Mozart-Medaille wird Mariano Drago, Albert Riester und Alfred Loskot verliehen.

95. 40 Jahre Basler Mozart-Gemeinde, Oktober 1966

Eine neue wissenschaftliche Sonderreihe „Schriftenreihe der ISM" wird mit dem Band „Mozart. Krankheit–Tod–Begräbnis" von Carl Bär eingeleitet. Die Sonder-Ausstellung „Mozart und Salzburg" wird im Januar in Cannes gezeigt, im Rahmen der Österreich-Woche im Februar in Luxemburg, im April, wie bereits erwähnt, in Haarlem, im Juni in Tongeren (Belgien) und im Oktober in Basel anläßlich des vierzigjährigen Bestehens der dortigen Mozart-Gemeinde.
Die Instrumentensammlung wird durch Erwerben der Mozart-Viola bereichert.
In den vierten Stock von Mozarts Geburtshaus zieht das Musikwissenschaftliche Institut der Salzburger Universität ein. Im Herbst beginnt Professor Dr. Gerhard Croll mit den Vorlesungen und dem Seminarbetrieb.
Zu Mozarts 175. Todestag wird das „Requiem" am 5. Dezember von Bernhard Paumgartner in St. Peter dirigiert. Die Aufführung des Werkes wird von nun an alljährlich wiederholt.

1967

Die Mozartwoche beginnt in diesem Jahr mit der Missa brevis in C-dur KV 220 am 22. Januar unter Joseph Messner im Dom. In der Matinee im Tanzmeistersaal wird Madrigalkunst von Monteverdi bis Mozart von einem Kammerchor der Akademie unter Kurt Prestel vorgestellt. Am 23. spielt das Wiener Philharmonische Streichquartett, am 24. Wilhelm Backhaus, am 25. wird als Aufführung des Landestheaters „Così fan tutte" unter Mladen Basic gegeben. Am 26. dirigiert Gerhard Wimberger das Konzert der Akademie, am 27. leitet Borislav Klobucar das erste Konzert der Wiener Philharmoniker im Festspielhaus mit Elisabeth Schwarzkopf als Solistin. Im zweiten Konzert der Philharmoniker am 28. unter Bernhard Paumgartner spielt Wilhelm Backhaus. Am 29. dirigiert Robert Wagner das Mozarteum-Orchester im Großen Festspielhaus, Solistin ist Nelly Schkolnikowa. Den Abschluß bildet am 30. im Landestheater Molières „Dom Juan". Nach dem Konzert am 27. überreicht der Präsident der ISM den Wiener Philharmonikern die Urkunde ihrer Ehrenmitgliedschaft.
Folgende Konzerte bringt die ISM im Rahmen der Festspiele: die Wiener Philharmoniker unter Lorin Maazel am 5. August, die c-moll-Messe am 12. und das Wiener Philharmonische Streichquartett am 14.
Vom 26. August bis 1. September findet die 14. Musikwissenschaftliche Tagung des Zentralinstitutes statt, vom 26. bis 29. August die von der ISM vorbereitete Jahrestagung der AIBM.
Das 14. Mozart-Jahrbuch 1965/66 ist rechtzeitig erschienen und kann den Teilnehmern der Musikwissenschaftlichen Tagung übergeben werden. Die Eröffnung findet gemeinsam für beide Kongresse statt. Es begrüßen je ein Vertreter des Zentralinstitutes, der AIBM und der ISM. Vorträge halten Wolfgang Rehm, Wolfgang Plath, Anna Amalie Abert, Ernst Hess, Günter Reiss, Walter Senn, Renate Federhofer-Königs, Karl-Heinz Köhler (verlesen durch Wolfgang Rehm), Hermann Beck, Carl Bär, Franz Giegling (verlesen durch Ernst Hess), Gernot Gruber, Horst Heussner, Oswald Jonas, Stefan Kunze, Jitka Snižková, Karl Musiol, István Kecskeméti, Albert Palm. Am Nachmittag des 29. geben Land und Stadt Salzburg in der Residenz einen Empfang, bei dem Bundeskanzler Dr. Josef Klaus der 50. Band der Neuen Mozart-Ausgabe überreicht wird.
Am 30. August findet eine Gedenkstunde für das am 11. April verstorbene Mitglied des Zentralinstitutes Professor DDr. Alfred Orel statt. Am 31. halten Daniel Heartz, Eduard Melkus, Karl Pfannhauser und Walter Senn Vorträge, am 1. September Tomislav Volek und Gerhard Croll.
Am 13. November findet die Feier der Akademie zum 80. Geburtstag von Bernhard Paumgartner statt. Am 23. November stirbt Otto Erich Deutsch.

1967

Beim 88. ordentlichen Mozart-Tag am 1. Dezember erhalten Karl Gustav Fellerer, Köln, und Fritz von Philipp, Neuburg, die Silberne Mozart-Medaille, Vizepräsident Hans Schurich wird zum Ehrenmitglied des Kuratoriums ernannt.

96. Übergabe des 50. Bandes der Neuen Mozart-Ausgabe an Bundeskanzler Dr. Josef Klaus am 29. August 1967

97. Otto Erich Deutsch

98. Wilhelm A. Bauer

99. Joseph Heinz Eibl

1968

Am 23. Januar stirbt das Ehrenmitglied der ISM, der Träger der Goldenen Mozart-Medaille Walter Hummel.
Die Mozartwoche beginnt am 21. mit der Missa brevis in D-dur KV 194 unter Joseph Messner, in der Matinee darauf konzertieren Gerhard Seitz, Violine, Monika Schwamberger, Violoncello, und Brian Lamport, Hammerflügel. Am 23. spielt das Wiener Philharmonische Streichquartett, am 24. führt Ernst Hinreiner mit dem Salzburger Mozart-Chor und dem Mozarteum-Orchester die Missa solemnis KV 337 auf. Am 25. spielt Svjatoslav Richter das Konzert der Akademie, am 26. dirigiert Kurt Prestel. Das erste Konzert der Wiener Philharmoniker im Großen Festspielhaus, am 27. mit Svjatoslav Richter als Solisten, wird von Bernhard Paumgartner, das zweite, am 28. mit dem Pianisten Friedrich Gulda, von Claudio Abbado geleitet. Am Vormittag findet eine Matinee mit den Solisten vom 21. Januar statt. Am 27. lädt die ISM in den Pausenraum des Festspielhauses zu einem Geselligen Beisammensein ein. Anlaß ist die Stiftung der Bernhard-Paumgartner-Medaille, deren erstes Exemplar der Namensgeber erhält. Am 12. April feiert Verleger D Dr. h.c. Karl Vötterle seinen 65. Geburtstag, am 23. Mai wird der Vorsitzende der Mozartgemeinde Wien, Erik Werba, 50 Jahre alt, am 26. Mai findet ein Festkonzert im Mozarteum aus Anlaß des 85. Geburtstages von Franz Ledwinka statt.
Am 8. Juli besucht der Vorsitzende des Schweizer Pro Mozart-Komitees, Minister Dr. Carl J. Burckhardt, die ISM. Die Veranstaltungen der ISM bei den Festspielen sind das Gastspiel der Klassischen Philharmonie Stuttgart unter Karl Münchinger mit Friedrich Gulda als Solisten am 5. August, die c-moll-Messe am 10. und das Konzert der Wiener Philharmoniker am 28. unter Lorin Maazel mit Josef Sivo (Violine). Das Konzert der Camerata academica auf Originalinstrumenten schließlich findet im Rahmen der Tagung des Zentralinstitutes am 27. August unter Leitung von Ernst Hess statt.
Das Colloquium des Zentralinstitutes beginnt am 26. August und hat zum Generalthema „Probleme der instrumentalen Aufführungspraxis Mozarts und seiner Zeit". (Dem trägt das Konzert am 27. Rechnung.) Zum Hauptthema spricht Hans Engel, zu den einzelnen Instrumenten äußern sich Michel Piquet (Oboe), Walter Stiftner (Fagott), Diethard Riehm, Wolfgang Ruhm und Kurt Birsak (Klarinette), Horace Fitzpatrick (Horn), Eduard Melkus und Walter Senn (Violine und Viola). Am 27. werden Fragen der Besetzung und der Direktion erörtert, ferner Probleme der Tonhöhe und der Ornamentik.
In der Neuen Mozart-Ausgabe erscheint als erste der großen italienischen Opern „Don Giovanni", vorgelegt von Wolfgang Plath und Wolfgang Rehm. Dies ist die erste wissenschaftliche Ausgabe, die die authentische Fassung der Prager Uraufführung von späteren Zutaten trennt. Die Oper erlebt bei den Salzburger Festspielen unter Herbert von Karajan ihre erste Aufführung nach der Neuen Mozart-Ausgabe.

100. Erste Verleihung der Bernhard Paumgartner-Medaille durch den Präsidenten der ISM, Dr. Friedrich Gehmacher, an den Pianisten Peter Lang, 17. Dezember 1968

101. Minister a. D. Dr. Carl J. Burckhardt bedankt sich bei Präsident Dr. Friedrich Gehmacher anläßlich seines Besuches in Salzburg am 8. Juli 1968 für die ihm von der ISM für sein erfolgreiches Wirken als Präsident des schweizerischen Pro-Mozart-Komitees verliehene Ehrenmitgliedschaft

In der Kuratoriumssitzung vom 8. November wird Géza Rech zum Generalsekretär und Dr. Karl Suchanek zum Nachfolger des in den Ruhestand getretenen Geschäftsführers Julius Gmachl bestellt.
Beim 89. ordentlichen Mozart-Tag am 13. Dezember wird Präsident Friedrich Gehmacher die Goldene und Erich Peyrer-Heimstätt die Silberne Mozart-Medaille verliehen. Die Ehrenmitgliedschaft erhält Erik Werba.

1969

Die 14. Mozartwoche beginnt am 19. Januar mit der Missa brevis B-dur KV 275 unter Joseph Messner, in zwei Matineen am gleichen Tage spielen Gerhard Seitz, Violine, Jean Rieber, Viola, Monika Schwamberger, Violoncello, und Brian Lamport, Hammerflügel. Der Salzburger Rundfunk- und Mozarteum-Chor und die Camerata academica unter Leitung von Ernst Hinreiner bringen am 21. ein Konzert mit geistlicher Musik. Am 22. spielt das Moskauer Kammerorchester unter Rudolf Barschai mit Svjatoslav Richter als Solisten, am 24. bringt das gleiche Orchester ein anderes Programm, am 25. folgt ein Kammerkonzert des Wiener Philharmonischen Streichquartetts, am 26. das Akademiekonzert unter Kurt Prestel und am Abend im Großen Festspielhaus das erste Konzert der Wiener Philharmoniker unter Bernhard Paumgartner. Solisten sind Gabriele Fuchs, Sopran, und Daniel Barenboim, Klavier. Das zweite Konzert der Wiener Philharmoniker am 27. leitet Zubin Mehta, Alfred Brendel ist der Solist. Am 26. findet wie in den Vorjahren ein geselliges Zusammensein mit den Künstlern statt.
Am 9. Mai besucht Königin Elisabeth II. von England, begleitet von Prinzessin Anne und dem Herzog von Edinburgh, Mozarts Geburtshaus.
Die Festspiele bringen als erste Veranstaltung der ISM am 9. August die c-moll-Messe, als zweite am 18. das Kammerkonzert des Weller-Quartetts und am 30. das Konzert der Wiener Philharmoniker unter Josef Krips.
Bei der 15. Tagung des Zentralinstitutes vom 22. bis 26. August sprechen zu dem Thema „Mozart auf dem Theater" Walter Gerstenberg, Oscar Fritz Schuh, Dénes Bartha, Hans Engel, Géza Rech, Karl-Heinz Köhler, Sieghart Döhring, Hellmut Federhofer, Gernot Gruber, Daniel Heartz, István Kecskeméti, Stefan Kunze, Herbert Graf, Franz Giegling, Eduard Melkus und Christoph-Hellmut Mahling.
Den Vorträgen am 25. schließt sich eine Gedenkstunde für den am 2. November 1968 verstorbenen Musikdirektor Ernst Hess, Mitglied des Zentralinstitutes für Mozartforschung, an. Die Gedenkworte spricht Franz Giegling. Am 26. gibt Bernhard Paumgartner praktische Musikbeispiele zu Mozart-Opern.
Am 29. findet im Präsidium der ISM eine Feier für Karl Böhm aus Anlaß seines 75. Geburtstages statt.

102. Domkapellmeister Joseph Messner

103. Königin Elisabeth II. von England in Mozarts Geburtshaus, 9. Mai 1969

Zu Beginn des Jahres erscheint das 15. Mozart-Jahrbuch, Jahrgang 1967. Der zweite Band der Schriftenreihe der ISM, „Mozarts Bearbeitungen eigener und fremder Werke", wird im Oktober von Marius Flothuis vorgelegt.
Die Wanderausstellung „Mozart und Salzburg" wird beim 18. Deutschen Mozartfest vom 6. bis 14. September in Brühl gezeigt.
Joseph Heinz Eibl und Manfred Ortner erhalten beim 90. ordentlichen Mozart-Tag am 28. November die Silberne Mozart-Medaille.
Am 20. Dezember feiert Hans Engel seinen 75., am 26. Walter Gerstenberg seinen 65. Geburtstag.

1970

Am 10. Januar wird die neue Orgel im Großen Saal des Mozarteums eingeweiht, nach ihrer Stifterin, Gertrud Gräfin von Arco-Valley, „Arco-Orgel" genannt. Die Segnung nehmen Erzbischof Dr. Eduard Macheiner und Superintendent Dipl.-Ing. Emil Sturm vor. Am Nachmittag werden Auftragswerke von Cesar Bresgen, Josef Friedrich Doppelbauer, Georg Pirckmayer und Gerhard Wimberger uraufgeführt. Am Abend findet ein Widmungskonzert für die Stifterin statt. Die Österreichische Bundesregierung hat einen Teil der Kosten übernommen.
Die 15. Mozartwoche beginnt am 24. Januar mit dem Amadeus-Quartett. Am 25. wird im Dom die Krönungsmesse KV 317 unter Anton Dawidowicz aufgeführt. Es folgen zwei Matineen im Tanzmeistersaal mit Kammermusik auf Originalinstrumenten aus dem Besitz Mozarts. Am Abend findet unter Kurt Prestel das Konzert der Akademie statt. Am 26. spielen die Wiener Philharmoniker im Großen Festspielhaus unter Horst Stein mit Emil Gilels als Solisten, am 27. unter Bernhard Paumgartner, Solist: Josef Sivo (Violine). Am 28. gibt Emil Gilels einen Klavierabend, der 29. ist einem Konzert geistlicher Musik mit dem Salzburger Rundfunk- und Mozarteum-Chor und der Camerata academica unter Ernst Hinreiner gewidmet. Am 30. spielt die Salzburger Bläser-Kammermusikvereinigung, und am 31. gibt es eine international viel beachtete konzertante Aufführung von „Mitridate, Re di Ponto" unter Leopold Hager. Damit beginnt eine neue Ära der Programmgestaltung. Die Mozartwoche wird am 1. Februar mit einer Matinee auf Instrumenten Mozarts und seiner Zeit beendet.
Diplom-Bibliothekar Hans A. Valentin spricht bei der Gedenkstunde am 27. in Mozarts Geburtshaus über „Mozart-Aspekte in der modernen Literatur". Dem Konzert am gleichen Abend folgt ein geselliges Zusammensein im Pausenraum des Großen Festspielhauses.
Am 15. Mai stirbt Hans Engel. Am 10. Juni erhält Präsident Friedrich Gehmacher im Rahmen einer Festsitzung des Gemeinderates im Marmorsaal die Große Silberne Medaille

104. Bernhard Paumgartner dirigiert die Wiener Philharmoniker

105. Festsitzung des Salzburger Gemeinderates am 10. Juni 1970, Präsident Dr. Friedrich Gehmacher und Generalsekretär Prof. Dr. Géza Rech mit Gattinnen

der Mozart-Stadt Salzburg. Die Silberne Medaille der Stadt Salzburg wird Géza Rech zuerkannt.
Im Juni erscheint als Doppelband der Schriftenreihe Band 3/4 von Manfred Hermann Schmid „Die Musikaliensammlung der Erzabtei St. Peter in Salzburg, 1. Teil: Leopold und W. A. Mozart, Joseph und Michael Haydn". Das Zentralinstitut widmet den Band Friedrich Gehmacher zum 70. Geburtstag.
Am 15. Juni wird Präsident Friedrich Gehmacher im Rittersaal der Residenz die Würde eines Ehrenbürgers der Salzburger Universität verliehen.
Die Veranstaltungen der Festspiele für die ISM sind: am 3. August ein Konzert der Wiener Philharmoniker unter Rafael Kubelik, die c-moll-Messe am 8. und am 16. ein Kammerkonzert des Juilliard String Quartet.
Vom 24. Juni bis 5. Oktober wird in Mozarts Geburtshaus eine Sonderausstellung von Entwürfen tschechischer Bühnenbildner zu Mozart-Opern gezeigt.
Am 15. Oktober tritt nach Ausscheiden von Karl Suchanek als Geschäftsführer Dr. Heinz Kuschee diesen Posten an.
Bei der Kuratoriumssitzung am 27. November wird Albert Richard Mohr, Frankfurt/Main, die Zauberflöten-Medaille und Gustav Kuhn die Lilli-Lehmann-Medaille verliehen.
Beim 91. ordentlichen Mozart-Tag am 27. November wird Johannes Graf von Moy zum Ehrenmitglied des Kuratoriums ernannt, die Silberne Mozart-Medaille erhalten Hans Sittner, Wien, und Ludwig Wegele, Augsburg.
In diesem Jahre beginnt Rudolph Angermüller mit der Neukatalogisierung und Neuaufstellung der Bibliotheca Mozartiana sowie der alten Bestände (Handschriften, Erst- und Frühdrucke).

1971

Die 16. Mozartwoche wird am 23. Januar mit einem Konzert des Stuttgarter Bach-Chores und des Mozarteum-Orchesters unter der Leitung von Erich Ade eröffnet. Bei der Matinee des Mozarteum-Kammerorchesters am 24. unter Leopold Hager ist Arleen Augér (Sopran) die Solistin. Am Abend spielt das Weller-Quartett. Das Konzert geistlicher Musik mit der Camerata academica und dem Salzburger Rundfunk- und Mozarteum-Chor am 25. dirigiert Ernst Hinreiner. Im ersten Konzert der Wiener Philharmoniker im Großen Festspielhaus am 26. ist der Dirigent David Oistrach, der Solist Friedrich Gulda. Das zweite Konzert am 27. dirigiert Bernhard Paumgartner mit David Oistrach als Solisten. Das traditionelle Konzert der Hochschule findet am 28. unter Kurt Prestel statt. Bei dem Sonatenabend am 29. spielen David Oistrach und Paul Badura-Skoda. Es folgt ein Klavierduo-Abend am 30. mit Paul Badura-Skoda und Jörg Demus. Anton Dawidowicz führt am 31. die Credo-Messe KV 257 im Dom auf, anschließend folgt in zwei Veranstaltungen Kammermusik auf Originalinstrumenten im Tanzmeistersaal. Am

Abend dirigiert Leopold Hager das Mozarteum-Orchester, wobei als Auftragskomposition des Österreichischen Rundfunks „Metamorphosen über ein Fragment von Mozart" op. 54 von Helmut Eder uraufgeführt wird. Die Ansprache bei der Gedenkstunde am 27. in Mozarts Geburtshaus unter dem Titel „Mozart und wir" hält Gerhard Wimberger. Am 19. Juni findet die Einführung des neuen Rektors der Hochschule, Professor Paul Schilhawsky, statt.
Am 11. Juli wird das Marionettentheater im Hannibaltrakt des Mozarteums eröffnet.
Am 27. Juli stirbt Bernhard Paumgartner.
Zu den Veranstaltungen der ISM im Rahmen der Festspiele gehören das Konzert der Wiener Philharmoniker unter Claudio Abbado am 31. Juli, die c-moll-Messe am 14. August, erstmalig von Ernst Hinreiner geleitet, und das Kammerkonzert des Amadeus-Quartetts am 18. August.
Am 23. September besucht das belgische Königspaar Baudouin und Fabiola Mozarts Geburtshaus. Am 3. Oktober werden die Kammerspiele des Salzburger Landestheaters im Hannibaltrakt des Mozarteums eröffnet. Am 5. erhält Géza Rech das Silberne Verdienstzeichen des Landes Salzburg, am 13. Präsident Gehmacher das Deutsche Bundesverdienstkreuz.
Vom 21. bis 25. August findet eine Tagung des Zentralinstitutes für Mozartforschung statt. Den Festvortrag hält Professor Jens Peter Larsen, Kopenhagen, über die „Möglichkeiten einer musikalischen Echtheitsbestimmung für Werke aus der Zeit Haydns und Mozarts". Mit Echtheitsfragen befaßt sich auch Wolfgang Plath am 23. Am gleichen Tag wird des verstorbenen Vorstandsmitgliedes des Zentralinstitutes Hofrat Paumgartner gedacht. Nach Diskussionen über die Symphonie KV 84 (Jan LaRue) und über die Sarti-Variationen (Paul Badura-Skoda) gibt es am 24. eine weitere Aussprache über die konzertante Symphonie KV 297b. Dann werden freie Referate gehalten: Walter Senn, Daniel Heartz, Robert Münster, Stefan Kunze, Karl-Heinz Köhler, Paul Badura-Skoda. Am 25. sprechen: Erich Schenk, Carl August Rosenthal, Anna Amalie Abert, Walther Dürr, Emil Hradecký.
Zu den bereits vorliegenden vier Textbänden der neuen Mozart-Briefausgabe erscheint der zweibändige Kommentar, verfaßt aufgrund der Vorarbeiten von Wilhelm A. Bauer und Otto Erich Deutsch von Joseph Heinz Eibl.
Das 16. Mozart-Jahrbuch über die Jahrgänge 1968–70 (419 Seiten, 27 Beiträge) erscheint im April.
Die Wanderausstellung „Mozart und Salzburg" wird aus Anlaß des 50. Mozart-Festes von Juni bis Oktober in Würzburg gezeigt.
Der 92. ordentliche Mozart-Tag am 3. Dezember verleiht Richard Spängler die Ehrenmitgliedschaft des Kuratoriums. Die Silberne Mozart-Medaille erhalten Philipp von Schoeller und Walter Gerstenberg, die Bronzene Mozart-Medaille Michio Kobayashi.
Am 6. Dezember spricht Alfons Rosenberg, Zürich, über „Chagall und die Zauberflöte".
Am 8. Dezember stirbt der Gründer und Leiter der Mozart-Gemeinde Ludwigsburg und der Ludwigsburger Schloßkonzerte, Wilhelm Krämer.

106. David Oistrach dirigiert die Wiener Philharmoniker

107. Das belgische Königspaar Baudouin und Fabiola bei ihrem Besuch in Mozarts Geburtshaus am 23. September 1971 mit Vizepräsident Dipl. Ing. Hans Schurich vor Mozarts Kindergeige

1972

Am 8. Januar stirbt das langjährige Mitglied des Zentralinstitutes Professor DDr. Paul Nettl. Ebenfalls am 8. Januar erhält Alfons Rosenberg die Zauberflöten-Medaille. Am 24. stirbt der Schatzmeister der Deutschen Mozart-Gesellschaft und Träger der Bronzenen Mozart-Medaille Dr. Konrad Max Trimolt. Am 25. begeht Heinz Scholz seinen 75. Geburtstag. Die 17. Mozartwoche beginnt am 22. mit einer Kammermusik auf Originalinstrumenten, am Abend spielt das Bläserensemble des Collegium Aureum, Freiburg. Im Dom wird am 23. die Missa solemnis KV 337 unter Anton Dawidowicz aufgeführt. Das Mozarteum-Orchester spielt am Abend unter Helmut Eder in einem Konzert, das die alte und die neue „Lambacher"-Symphonie einander gegenüberstellt. In einem Chor- und Orchesterkonzert mit der Camerata academica und dem Salzburger Rundfunk- und Mozarteum-Chor am 24. dirigiert Ernst Hinreiner u. a. Chöre und Zwischenakte zu „Thamos, König in Ägypten" KV 345. Das erste Konzert der Wiener Philharmoniker am 25. im Großen Festspielhaus wird von Silvio Varviso geleitet, das zweite am 26. von Leopold Hager, Arthur Grumiaux (Violine) ist der Solist. Das traditionelle Hochschulkonzert leitet Kurt Prestel am 27. Am gleichen Abend findet ein Liederabend von Edith Mathis mit Erik Werba am Klavier statt. Am 28. spielt das Moskauer Kammerorchester unter Rudolf Barschai. Am 29. hört man am Nachmittag Peter Lang auf dem Hammerklavier, am Abend in einem Solistenkonzert Aurèle Nicolet, Flöte, und Karl Engel, Klavier. Am 30. führt Anton Dawidowicz die Missa brevis F-dur KV 192 im Dom auf. In der anschließenden Matinee dirigiert Rudolf Barschai das Moskauer Kammerorchester, mit Karl Engel als Solisten. Bei dem abschließenden Konzert des Mozarteum-Orchesters unter Leopold Hager wirken Ursula Holliger, Harfe, und Aurèle Nicolet, Flöte, mit.

Am 29. März wird in Mozarts Wohnhaus eine Ausstellung der Wiener Urania „Mozart in Italien" eröffnet und bis 18. Mai gezeigt. Am 21. Mai stirbt das langjährige Direktionsmitglied des Mozarteums, der Träger der Silbernen Mozart-Medaille, Professor Franz Ledwinka. Bei der Kuratoriumssitzung am 30. Mai erhalten Professor Hermann Aicher, der Leiter des Salzburger Marionettentheaters, und Dr. Fritz von Philipp, Neuburg/Donau, die Zauberflöten-Medaille. Den 70. Geburtstag feiert am 7. Juli Professor Dr. Karl Gustav Fellerer, seit Paumgartners Tod Vorstand des Zentralinstitutes für Mozartforschung, am 12. Juli Vizepräsident Dr. Johannes Graf von Moy.

Am 27. Juli findet im Rahmen der Festspiele das Konzert der Wiener Philharmoniker für die ISM unter István Kertész statt, mit Josef Sivo (Violine). Am 19. August dirigiert Meinhard von Zallinger die c-moll-Messe, am 25. spielt die Bläservereinigung der Wiener Philharmoniker.

108. Rudolf Barschai probt mit dem Moskauer Kammerorchester

Beim 93. ordentlichen Mozart-Tag am 1. Dezember wird die Verleihung der Silbernen Mozart-Medaille an Hofrat Dr. Egon Komorzynski und Hofrat Dr. Hermann Ullrich beschlossen.
In der Feier zur 100. Wiederkehr des Geburtstages von Heinrich Damisch am 3. Dezember hält Erik Werba die Gedenkrede.
Die Editionsleitung der Neuen Mozart-Ausgabe wird durch Dr. Rudolph Angermüller (Salzburg) und Dr. Dietrich Berke (Kassel) erweitert.
Im Oktober erscheint die Neuauflage des ersten Bandes der Schriftenreihe und im Dezember deren fünfter Band, „Bernhard Paumgartner – Vorträge und Essays".
Im Rahmen der Neuen Mozart-Ausgabe erscheint, vorgelegt von Daniel Heartz, „Idomeneo"; in dieser Edition werden die verschiedenen Fassungen des Werkes erstmals eindeutig unterschieden.

1973

Die 18. Mozartwoche eröffnet am 20. Januar eine Musik im Tanzmeistersaal mit Kurt Birsak und Gerhard Papousek, Klarinette, Gerhard Jäger, Fagott, Helmut Zehetmair, Mozart-Viola, Monika Schwamberger, Violoncello, Heinz und Wolfgang Walter, Hammerklavier. Am gleichen Abend dirigiert Helmut Eder das ORF-Symphonieorchester. Zwei Auftragswerke: „Concerto Wolfgang Amadeus" (ORF) von Erich Urbanner und „Ballade pour Alto, Orchestre à Vent, Harpe, Clavecin, Timbales et Batterie" (ISM) von Frank Martin werden uraufgeführt. Im Dom spielt man die Missa brevis C-dur KV 220 unter Anton Dawidowicz, anschließend mit einem Ensemble des Mozarteum-Orchesters mit Walter Klien (Klavier) als Solisten ein Orchesterkonzert. Am Abend hört man Ingrid Haebler, Klavier. Am 22. findet ein Konzert geistlicher Musik der Camerata academica sowie des Salzburger Rundfunk- und Mozarteum-Chores unter Ernst Hinreiner statt, am 23. gastiert das Wiener Philharmonische Kammerensemble, am 24. das Münchener Kammerorchester unter Hans Stadlmair mit Wolfgang Schulz (Flöte). Das erste Konzert der Wiener Philharmoniker am 25. im Großen Festspielhaus dirigiert Walter Weller, Solisten sind Rainer Küchl und Vesselin Paraschkevov (Violine), das zweite am 26. Sergiu Celibidache, mit Hans Leygraf, Klavier. Am 27. findet die traditionelle Matinee des Hochschulorchesters unter Kurt Prestel statt, am Nachmittag spielt das Mozart-Trio im Tanzmeistersaal, am Abend gastiert die Wiener Staatsoper im Kleinen Festspielhaus mit der „Zauberflöte", unter der musikalischen Leitung von Leopold Hager. Am 28. dirigiert Anton Dawidowicz im Dom die Credo-Messe KV 257, während die Camerata academica und der Salzburger Rundfunk- und Mozarteum-Chor unter Ernst Hinreiner in St. Peter die Missa brevis G-dur KV 140 aufführen. Das Ensemble des Mozarteum-Orchesters in der anschließenden Matinee leitet Gerhard Wimberger, Solist ist Paul Badura-Skoda. Am Nachmittag hört man im Tanzmeistersaal noch einmal das Mozart-Trio, am Abend wird im Kleinen Festspielhaus die „Zauberflöte" in geänderter Besetzung wiederholt.

Bei der Gedenkstunde am 27. in Mozarts Geburtshaus zur 217. Wiederkehr seines Geburtstages übergibt Hofrat Professor Robert Keldorfer der ISM das Autograph von 27 Takten einer Fuge für Klavier KV 153 aus dem Besitz seines Vaters Viktor Keldorfer.
Am 12. April feiert DDr. h. c. Karl Vötterle seinen 70. Geburtstag.
Bei der Kuratoriumssitzung am 4. Mai wird beschlossen, gemeinsam mit der Hochschule im Jahre 1975 einen internationalen Mozart-Interpretationswettbewerb in den Fächern Gesang und Klavier durchzuführen.
Die Tagung des Zentralinstitutes vom 2. bis 7. August befaßt sich vor allem mit „Idomeneo" und seiner neuen Inszenierung bei den Festspielen nach der soeben erschienenen Veröffentlichung im Rahmen der Neuen Mozart-Ausgabe. So heißt der Festvortrag von Daniel Heartz „Idomeneus Rex". In der Arbeitsgruppe I „Tonartenplan und Motivstruktur in Mozarts Musik" wirken unter Leitung von Hellmut Federhofer Georg Feder, Gernot Gruber, Daniel Heartz, Emil Hradecký, Oswald Jonas, Janos Liebner, Friedrich Neumann und László Somfai mit. Die Arbeitsgruppe II „Typus und Modell in Mozarts Kompositionsweise" steht unter der Leitung von Wolfgang Plath. Referenten sind: Dénes Bartha, Ludwig Finscher, Karl-Heinz Köhler, Christoph-Hellmut Mahling und Tibor Tallián. Öffentliche Vorträge halten: Ludwig Finscher, Michael Mann, Gustav Rudolf Sellner, Eduard Reeser, Margaret Dietrich und Oscar Fritz Schuh, freie Referate Leopold Nowak, Emil Hradecký, Martin Just, Dénes Bartha, Marius Flothuis, Stefan Kunze, Pierluigi Petrobelli, Carl A. Rosenthal und Rudolph Angermüller. Zur Arbeitsgruppe III „Das vokale und das instrumentale Element im ‚Idomeneo'" unter der Leitung von Gerhard Croll und Walter Gerstenberg sprechen Dénes Bartha, Walther Dürr und Daniel Heartz.
Im Rahmen der Festspiele finden folgende Konzerte der ISM statt: am 4. August die c-moll-Messe, am 6. das Konzert der Philharmoniker unter Horst Stein mit Werner Tripp, Flöte, und am 18. das Kammerkonzert des LaSalle-Quartetts.
Das Mozart-Jahrbuch 1971/72 erscheint mit 31 Beiträgen im August.
Eine wertvolle Schenkung von 25 Briefen Constanzes an den Musikverleger André, einen Brief von Aloysia Lange sowie andere Schriftstücke erhält die ISM von Mrs. C. B. Oldman, London.
In der Ausstellung „Mozart auf dem Theater" wird dem „Idomeneo" eine eigene Abteilung eingeräumt. Außerdem erscheint das Textbuch zum „Idomeneo" in Italienisch und Deutsch als Beginn einer neuen zweisprachigen Textbuch-Reihe. Während der Festspiele wird der „Idomeneo" nach der Neuen Mozart-Ausgabe aufgeführt. Eine Abordnung des Kuratoriums der ISM nimmt an der Feier zum fünfzigjährigen Jubiläum des Bärenreiter-Verlages am 1. November in Kassel teil. Beim 94. ordentlichen Mozart-Tag am 30. November wird Karl Vötterle die Ehrenmitgliedschaft der ISM, Carl Bär, Walter Senn und Alexander Weinmann die Silberne Mozart-Medaille zuerkannt.

109. Sergiu Celibidache dirigiert die Wiener Philharmoniker

1974

Die 19. Mozartwoche beginnt am 26. Januar mit dem Österreichischen Streichquartett im Tanzmeistersaal. Am Abend findet ein Chor- und Orchesterkonzert mit dem Collegium Aureum und dem Salzburger Rundfunk- und Mozarteum-Chor unter Theodor Guschlbauer statt, bei dem Händels „Alexander-Fest" in der Bearbeitung von Mozart aufgeführt wird. Den 27. leitet die Missa brevis KV 140 im Dom unter Anton Dawidowicz ein. In St. Peter erklingt die Krönungsmesse KV 317 unter Ernst Hinreiner. Die Matinee mit dem Mozarteum-Orchester dirigiert Gerhard Wimberger. Solist ist Igor Oistrach. Man hört u. a. die Zwischenaktmusiken zu „Thamos, König in Ägypten" KV 345 sowie das Konzert für Violine KV 219. Das Konzert des Hochschulorchesters dirigiert am Abend Kurt Prestel. Am 28., anknüpfend an die konzertante Darbietung von „Mitridate" 1970, findet eine konzertante Aufführung von „Il re pastore" unter Leopold Hager statt, mit Peter Schreier (Alessandro), Edith Mathis (Aminta), Arleen Augér (Elisa), Marjorie Vance (Tamiri) und Werner Krenn (Agenore). Am 29. musiziert das Collegium Aureum, am 30. spielt Leonard Hokanson Klaviersonaten, am 31. dirigiert Horst Stein im Großen Festspielhaus das erste Konzert der Wiener Philharmoniker, mit Viktor Pikaisen, Violine, und Igor Oistrach, Viola. Das zweite Konzert leitet Leopold Hager am 1. Februar, Solist ist Paul Badura-Skoda. Am 2. hört man im Tanzmeistersaal Musik auf alten Instrumenten und am Abend ein Konzert der Academy of St. Martin-in-the-Fields unter Neville Marriner, mit Lothar Koch, Oboe. Am 3. führt Anton Dawidowicz im Dom die Missa brevis KV 194 auf. In der Matinee des Mozarteum-Orchesters ist Leopold Hager Dirigent und Solist. Das zweite Auftragswerk der ISM, die „Chaconne für Orchester", Werk 71, von Johann Nepomuk David, hört man vom Mozarteum-Orchester am gleichen Abend unter Helmut Eder.

Den Festvortrag bei der Gedenkstunde zum 218. Geburtstag Mozarts am 26. Januar hält Siegfried Goslich, München: „Anmut und Tiefgründigkeit in Mozarts Werk". Bei diesem Anlaß wird eine Bibliotheksausstellung eröffnet, die einführenden Worte spricht Walter Gerstenberg. Rudolph Angermüller legt dazu einen Katalog vor.

Am 5. Februar besucht der Staatspräsident von Mexiko, Luis Echeverria, das Mozart-Museum.

Im Rahmen der Salzburger Festspiele spielen am 5. August die Wiener Philharmoniker unter Claudio Abbado mit Friedrich Gulda als Solisten. Die c-moll-Messe wird am 10. aufgeführt, die Bläservereinigung der Wiener Philharmoniker konzertiert am 25.

Die Ausstellung „Mozart und Salzburg" wird in Reims und in Sarajevo gezeigt.

Am 28. August feiert Karl Böhm seinen 80. Geburtstag. In einer Feier im Präsidium der ISM überreicht ihm Präsident Dr. Gehmacher die Faksimilia aller im Besitz der ISM befindlichen autographen Skizzen und Entwürfe Mozarts.

110. Lothar Koch (Oboe), begleitet von der Academy of St. Martin-in-the-Fields

111. Probe zu „Il re pastore" KV 208 mit Arleen Augér

112. An Karl Böhms 80. Geburtstag, 28. August, gratuliert Präsident Dr. Gehmacher namens der ISM dem Jubilar und überreicht ihm die Faksimilia der in ihrem Archiv befindlichen Mozart-Autographen.

113. Eröffnung der Bibliotheks-Ausstellung der ISM am 22. Januar 1974

Am 11. Oktober stirbt Professor Dr. Erich Schenk, der Mitbegründer des Zentralinstitutes für Mozartforschung.
Der 95. ordentliche Mozart-Tag am 6. Dezember ernennt zu Ehrenmitgliedern der ISM: Landeshauptmann DDr. Hans Lechner, Gertrud Gräfin von Arco-Valley und Senator Kurt Christian Zinkann. Die Silberne Mozart-Medaille wird an Stadtrat Dr. Alois Hanselitsch, Anna Börner, Nellie Bunzl, Albert Riester und Kurt Breuer verliehen. Am 26. Dezember begeht Walter Gerstenberg seinen 70. Geburtstag.

1975

Am 10. Januar stirbt der Gründer und Vorsteher der Mozart-Gemeinde Innsbruck, Professor Albert Riester.
Die 20. Mozartwoche wird am 24. Januar mit „Lucio Silla" als Fortsetzung der konzertanten Aufführungen von Jugendwerken eröffnet. Unter Leopold Hager wirken mit: Peter Schreier (Lucio Silla), Arleen Augér (Giunia), Juli Varady (Cecilio), Edith Mathis (Lucio Cinna), Helen Donath (Celia) und Werner Krenn (Aufidio). Am 25. gestalten Bruno Hoffmann, Glasharmonika, und Breda Zakotnik, Hammerklavier, eine Musik im Tanzmeistersaal. Das Marionettentheater spielt „Apollo und Hyacinth". Am Abend geben Paul Badura-Skoda und Jörg Demus ein Konzert für Klavierduo. Am 26. hört man im Dom die Missa brevis F-dur KV 192 unter Anton Dawidowicz und in St. Peter die Missa brevis G-dur KV 140 unter Ernst Hinreiner. Anschließend dirigiert Gerhard Wimberger in einer Matinee das Mozarteum-Orchester. Am Abend findet ein Konzert der Bläservereinigung der Wiener Philharmoniker statt. Nach der Gedenkstunde am 27. in Mozarts Geburtshaus dirigiert Kurt Prestel die traditionelle Matinee der Hochschule. Am Abend leitet Karl Böhm im Großen Festspielhaus Mozarts „Requiem" mit der Chorvereinigung der Wiener Staatsoper und den Wiener Philharmonikern. Das zweite Konzert der Wiener Philharmoniker am 28. mit Alfred Prinz (Klarinette) steht unter der Leitung von Leopold Hager. Ein drittes Konzert am 29. leitet Eugen Jochum, Solistin ist Ingrid Haebler, Klavier. Das Amadeus-Quartett spielt am 30. und 31. Bei der Musik im Tanzmeistersaal am 1. Februar wirken Lutz Leskowitz, Violine, Heidi Litschauer, Violoncello, und Gerhard Röthler, Cembalo, mit. In einem Kammerkonzert am Abend werden die Preisträger des ersten internationalen Wettbewerbes 1975 vorgestellt. Am 2. Februar führt Anton Dawidowicz im Dom die Missa brevis C-dur („Spatzen-Messe") KV 220 auf. In der darauf folgenden Matinee dirigiert Ernst Märzendorfer den Kammerchor der Salzburger Festspiele und die Camerata academica. Am 2. Februar findet ein Orchesterkonzert mit den Preisträgern des Mozart-Wettbewerbes statt.
Am 12. Juni feiert Friedrich Gehmacher seinen 75. Geburtstag. Aus diesem Anlaß wird der 75. Notenband der Neuen Mozart-Ausgabe (Klavierkonzerte Band 4, herausgegeben von Marius Flothuis) ihm gewidmet.

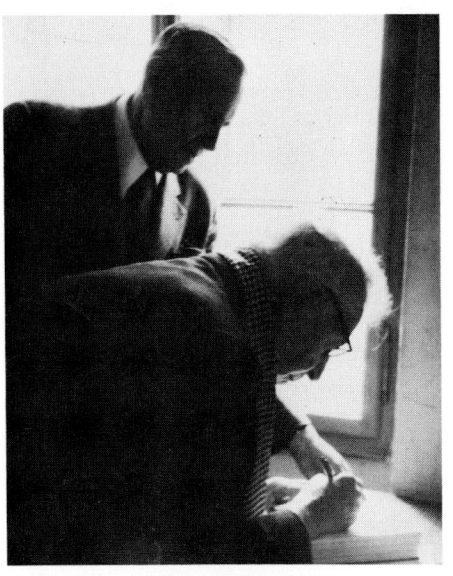

114. Artur Rubinstein. Besuch in Mozarts Geburtshaus in Salzburg am 29. März 1975

115. Präsident Dr. Friedrich Gehmacher und Primgeiger Norbert Brainin vom Amadeus-Quartett

116. Der 75. Band der Neuen Mozart-Ausgabe

117. Mozart. Briefe und Aufzeichnungen. Gesamtausgabe

Editionsleitung der Neuen Mozart-Ausgabe

118. Ernst Fritz Schmid

119. Wolfgang Plath

120. Wolfgang Rehm

121. Rudolph Angermüller

122. Dietrich Berke

Mit dem ebenfalls in diesem Jahre erschienenen Band Duos und Trios für Streicher und Bläser, vorgelegt von Dietrich Berke und Marius Flothuis, ist die Serie VIII, Kammermusik, im Rahmen der Neuen Mozart-Ausgabe abgeschlossen.
In einer Feierstunde in Mozarts Wohnhaus am 26. Juni wird des 70. Geburtstages von Joseph Heinz Eibl und des 65. Geburtstages von Géza Rech gedacht.
Am 30. Juni stirbt der Präsident der Deutschen Mozart-Gesellschaft und Träger der Silbernen Mozart-Medaille, Dr. Ludwig Wegele. Er hatte das Amt seit dem 30. Juni 1962 inne.
Im Rahmen der Salzburger Festspiele veranstaltet die ISM am 2. August die c-moll-Messe, am 5. ein Konzert der Wiener Philharmoniker unter Riccardo Muti und am 26. einen Abend des Küchl-Quartettes. Am gleichen Tage besucht Leonard Bernstein das Mozart-Museum. Am 27. wird im Präsidium der ISM erstmalig der Karl-Böhm-Preis dem jungen österreichischen Dirigenten Ralf Weikert überreicht.
Durch einen Autounfall am 13. Oktober verliert die ISM ihren Vizepräsidenten und Kustos, Dipl.-Ing. Hans Schurich und seine Gattin Trude. Der Verstorbene war Träger der Silbernen Mozart-Medaille und der Zauberflöten-Medaille sowie Ehrenmitglied des Kuratoriums der ISM. Bei einer Gedenkfeier am 24. Oktober im Tanzmeistersaal sprechen Dr. Fritz von Philipp, Erich Valentin und Cesar Bresgen Gedenkworte. Hans Zwölfer spricht für die Mozart-Gemeinde Wien. Die Gedenkrede hält Géza Rech.
Am 29. Oktober stirbt der Gründer und Inhaber des Bärenreiter-Verlages, D Dr. h. c. Vötterle, seit 1973 Ehrenmitglied der ISM, am 22. November stirbt Professor Dr. Friedrich Blume, langjähriges Mitglied des Zentralinstitutes.
Beim 96. ordentlichen Mozart-Tag am 5. Dezember wird Erich Peyrer-Heimstätt zum Ehrenmitglied des Kuratoriums ernannt und die Verleihung der Silbernen Mozart-Medaille an Edith Mathis, Kammersänger Peter Schreier und Rudolf Klepač beschlossen.
Am 28. Dezember stirbt der Präsident der Mozart-Gemeinde Mannheim, Professor Friedrich Wührer.
Im August erscheint das Mozart-Jahrbuch 1973/74 mit den Ergebnissen der dem Themenkreis „Idomeneo" gewidmeten Tagung 1973 (311 Seiten, 38 Beiträge).
Die Wanderausstellung „Mozart und Salzburg" wird in der UdSSR (Litauen) gezeigt.

1976

Die 21. Mozartwoche beginnt am 23. Januar mit einer nun schon Tradition gewordenen konzertanten Opernaufführung, diesmal mit „Ascanio in Alba", dirigiert von Leopold Hager. Es singen Lilian Sukis (Venere), Agnes Baltsa (Ascanio), Edith Mathis (Silvia), Peter Schreier (Aceste), und Arleen Augér (Fauno). Damit wird alljährlich ein verhältnismäßig unbekanntes dramatisches Jugendwerk Mozarts einem begeisterten Publikum vorgestellt. Am 24. spielt Breda Zakotnik im Tanzmeistersaal Variationen auf dem

Hammerklavier. Zur gleichen Zeit führt das Marionettentheater „La finta giardiniera" auf. Am Abend gibt es ein Kammerkonzert des Collegium Aureum. Am 25. wird im Dom die Missa solemnis KV 337 unter Anton Dawidowicz und in St. Peter die Missa brevis F-dur KV 192 unter Ernst Hinreiner aufgeführt. Am Abend spielt das Mozarteum-Orchester unter Gerhard Wimberger. Am 26. findet im Großen Festspielhaus ein Konzert der Academy of St. Martin-in-the-Fields unter Neville Marriner statt. In der Gedenkstunde am 27. zur 220. Wiederkehr von Mozarts Geburtstag spricht Gerhard Croll zu Leopold Mozarts Kindersymphonie, die von einem Ensemble unter Bruno Steinschaden aufgeführt wird. In der anschließenden Matinee der Hochschule dirigiert Kurt Prestel, am Abend hört man den „Geselligen Mozart" mit Hilda de Groote, Peter Schreier, Helmut Holzapfel und Walter Berry. Im ersten Konzert der Wiener Philharmoniker am 28. mit Gidon Kremer, Violine, ist Theodor Guschlbauer der Dirigent, das Konzert am 29. im Großen Festspielhaus leitet Horst Stein mit Maurizio Pollini (Klavier) als Solisten, Leopold Hager führt am 30. mit der Chorvereinigung Wiener Staatsopernchor die Krönungsmesse KV 317 auf. Am 31. spielt das Salzburger Serenadenquartett Musik im Tanzmeistersaal, am Abend findet ein Solistenkonzert von Jörg Demus statt. Am 1. Februar dirigiert Anton Dawidowicz im Dom die Missa brevis D-dur KV 194. Anschließend leitet Antonio Janigro die Camerata academica. Eine konzertante Aufführung von „Bastien und Bastienne" nach der Neuen Mozart-Ausgabe (herausgegeben von Rudolph Angermüller) erstmals mit gesungenen Rezitativen dirigiert am Abend Leopold Hager, die Solisten sind Edith Mathis (Bastienne), Claes H. Ahnsjö (Bastien) und Walter Berry (Colas).
Am 8. Februar feiert Richard Spängler, Präsident der ISM, seinen 70. Geburtstag.
Am 28. April besucht der Vorsitzende des Staatsrates der Republik Polen, Professor Dr. Jablonski, mit Bundespräsident Dr. Rudolf Kirchschläger das Mozart-Museum. Am 25. Juni sind König Hussein und Königin Alia von Jordanien, ebenfalls mit Bundespräsident Dr. Kirchschläger, zu Gast im Mozart-Museum.
Am 6. August feiert das Mitglied des Zentralinstitutes Professor Dr. Hellmut Federhofer seinen 65. Geburtstag.
Die Tagung des Zentralinstitutes mit dem Generalthema „Mozart und seine Umwelt" beginnt am 3. August. Zur Eröffnung spricht der Rektor der Universität Professor Dr. Hans Wagner am 4. im Tanzmeistersaal über „Das josephinische Wien zur Mozart-Zeit". Zur Sektion Kirchenmusik unter Leitung von Walter Senn gehören die Teilnehmer Joseph Heinz Eibl, Karl Gustav Fellerer, Walter Pass und Manfred Hermann Schmid. In der Sektion „Volks- und Tanzmusik", geleitet von Gerhard Croll, referieren Dénes Bartha, Walter Deutsch, Joseph Heinz Eibl, Marius Flothuis, Ernst Hintermaier und Wolfgang Plath. Freie Referate halten Walther Dürr, Klaus Hortschansky, Rudolph Angermüller, Frits Noske, Josef-Horst Lederer, Manfred Hermann Schmid und Kurt von Fischer. Am Abend des 5. zeigt das Ensemble „Danze antiche" im Großen Saal Tänze der Mozart-Zeit. Am 6. nimmt die Sektion „Oper und Konzert" unter Walter Gerstenberg mit Rudolph Angermüller, Otto Biba, Ernst Hintermaier, Clemens Höslinger, Robert Münster, Walter Pass, Pierluigi Petrobelli und Roland Würtz ihre Tätigkeit auf. Die Sektion „Musiktheorie" mit George J. Buelow, Alfred Mann, Gudrun Henneberg, Gernot Gruber und Bernd

1976

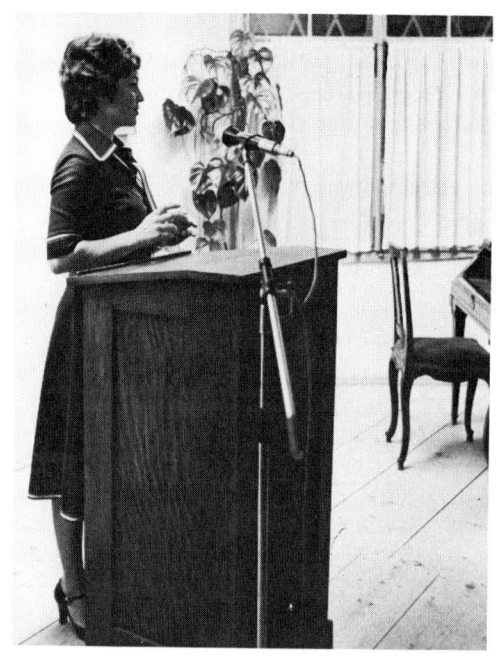

123. Edith Mathis bedankt sich für eine Ehrung in Mozarts Geburtshaus

124. Generalprobe zur konzertanten Aufführung des „Ascanio in Alba"

Kohlschütter leitet Hellmut Federhofer. Schließlich halten am 7. Gerhard Croll, Imogen Fellinger und Jan LaRue freie Referate. Nach dem Vortrag von Joseph Heinz Eibl am 8. „Mozarts Umwelt in den Familienbriefen" hört man in freien Referaten noch Boris Schwarz, Christoph Wolff, Robert Werba, Christoph-Hellmut Mahling und am 9. Hans Dennerlein und Daniel Heartz.

Am 10. August stirbt der Mann, der seit Jahrzehnten die Ideen der ISM in seiner Persönlichkeit verkörperte: Ehrenpräsident Dr. Friedrich Gehmacher. Am 16. findet das Requiem für ihn in St. Peter statt, am 25. die Trauersitzung des Kuratoriums, bei der Walter Gerstenberg Gedenkworte spricht.

Die Kuratoriumssitzung am 26. November beschließt, eine zusätzliche Stiege in Mozarts Geburtshaus zu bauen, um dem Besucherstrom in den Sommermonaten besser gerecht zu werden. Eine Ausstellung „100 Jahre Wiener Philharmoniker in Salzburg" wird geplant. Der 97. ordentliche Mozart-Tag am gleichen Tage beschließt die Verleihung der Silbernen Mozart-Medaille an Dr. Friedrich Gehmacher jun., Professor Otto Schneider, Wien, und Generalmusikdirektor Dr. Richard Treiber, Schwetzingen. An der Geburtstagsfeier für den siebzigjährigen Erich Valentin, Präsident der Deutschen Mozart-Gesellschaft und Mitglied des Zentralinstitutes, nehmen Präsident Richard Spängler und Géza Rech am 24. November in München teil.

Bei der Feier zur 185. Wiederkehr von Mozarts Todestag am 4. Dezember spricht Géza Rech Gedenkworte für den verstorbenen Ehrenpräsidenten Friedrich Gehmacher.

In der Neuen Mozart-Ausgabe erscheinen, vorgelegt von Christoph Wolff, die Klavierkonzertbände zwei und drei; mit diesen Bänden ist die Edition sämtlicher 23 Klavierkonzerte Mozarts abgeschlossen. Im Mai liegt das zweisprachige Textbuch „La clemenza di Tito" (übersetzt von Erna Neunteufel) vor, im August das Mozart-Jahrbuch 1975 mit der Mozart-Bibliographie bis zum Jahre 1970, verfaßt von Rudolph Angermüller und Otto Schneider.

1977

Am 21. Januar wird die Ausstellung „100 Jahre Wiener Philharmoniker in Salzburg" in Mozarts Geburtshaus eröffnet. Aufbau und Katalog stammen von Dr. Otto Biba, Wien. Die Festrede hält der Vorstand der Wiener Philharmoniker, Professor Wilhelm Hübner. Am gleichen Tage wird Landeshauptmann DDr. Hans Lechner in einer Audienz der 80. Band der Neuen Mozart-Ausgabe vom Präsidenten der ISM, KR Richard Spängler, feierlich überreicht. Der Band enthält Mozarts bedeutendstes Salzburger Instrumentalwerk, die „Haffner-Serenade" KV 250 mit der dazugehörigen Aufzugsmusik, dem Marsch KV 249 (vorgelegt von Walter Senn). Mit diesem 80. Band ist die auf ca. 120 Bände projektierte Neue Mozart-Ausgabe zu zwei Dritteln der Notenbände abgeschlossen. Weitere Bände der Neuen Mozart-Ausgabe waren in diesem Jahr „Il sogno di

125. Riccardo Muti probiert mit den Wiener Philharmonikern

126. Der Präsident der Internationalen Stiftung Mozarteum Salzburg Kommerzialrat Richard Spängler überreicht dem Salzburger Landeshauptmann Dr. Hans Lechner den 80. Band der Neuen Mozart-Ausgabe. Von links nach rechts: Gerhard Croll, Dietrich Berke, Johannes Graf von Moy, Richard Spängler, Hans Lechner, Géza Rech, Walter Gerstenberg, Karl Gustav Fellerer, Wolfgang Rehm, Rudolph Angermüller

Scipione", ein offenbar für Salzburg komponiertes dramatisches Frühwerk, und der Band „Klarinettenkonzert", der Mozarts letztes Instrumentalwerk in zwei Fassungen enthält, der traditionellen für Klarinette und der rekonstruierten Originalgestalt für Bassettklarinette.

Die Mozartwoche wird mit einer konzertanten Aufführung von „Mitridate, Re di Ponto" unter Leopold Hager eingeleitet. Die Solisten sind Werner Hollweg (Mitridate), Arleen Augér (Aspasia), Edita Gruberova (Sifare), Agnes Baltsa (Farnace), Ileana Cotrubas (Ismene), David Kübler (Marzio) und Christine Weidinger (Arbate). Am 22. Januar spielt das Salzburger Streichquartett im Tanzmeistersaal, am Abend musiziert das Mozarteum-Orchester unter Gerhard Wimberger und bringt u. a. wieder die neue Lambacher Symphonie. Am 23. hört man im Dom die „Credo"-Messe in C-dur KV 257 unter Anton Dawidowicz und in St. Peter die Messe C-dur von Johann Ernst Eberlin unter Ernst Hinreiner. Am Abend spielt das Küchl-Quartett. Am 24. findet das erste Konzert der Wiener Philharmoniker unter Leopold Hager im Großen Saal des Mozarteums statt, am 25. das zweite unter Georg Solti im Großen Festspielhaus. Am 26. wirken im dritten Konzert der Wiener Philharmoniker unter Riccardo Muti die Konzertvereinigung Wiener Staatsopernchor und die Solisten Arleen Augér, Julia Hamari, Wieslaw Ochman und Gwynne Howell mit. Die traditionelle Matinee der Hochschule am 27. dirigiert Sergio Cárdenas. Am Abend findet das Solistenkonzert von Ingrid Haebler statt. Am 28. spielt das Österreichische Streichquartett, am 29. werden im Tanzmeistersaal Zeitgenossen Mozarts durch das Wiener Kammerensemble aufgeführt. Im Kammerkonzert am Abend hört man die Solisti Veneti. Die Missa brevis D-dur KV 194 erklingt am 30. im Dom unter Anton Dawidowicz, in der Matinee darauf dirigiert Leopold Hager die Wiener Streichersolisten, am Abend spielt zum Abschluß das Mozarteum-Orchester unter Riccardo Muti mit dem Pianisten Christoph Eschenbach als Solisten.

Weitere Ereignisse der Mozartwoche sind eine Zusammenkunft aller in Salzburg anwesenden Vorsteher der Mozart-Gemeinden. Man faßt den einstimmigen Beschluß, den Band „Così fan tutte" der Neuen Mozart-Ausgabe zu fördern. Am 25. findet in Wien eine Aufführung des „Mitridate, Re di Ponto" in der Salzburger Besetzung statt. Am gleichen Tage feiert Ehrenmitglied Heinz Scholz seinen 80. Geburtstag. Bei der Gedenkstunde am 27. zum 221. Geburtstag Mozarts hält Professor Dr. Hans Sedlmayr den Festvortrag über „Mozarts Zeit und die Metamorphose der Künste". Am 30. Mai verliert die ISM ihren Schriftführer Dr. Erich Peyrer-Heimstätt, Ehrenmitglied des Kuratoriums und Träger der Silbernen Mozart-Medaille.

Am 5. Juni wird das renovierte Mozart-Denkmal wieder aufgestellt.

Die Kuratoriumssitzung am 7. Juni berichtet über den Abschluß der Bauarbeiten an der zweiten Stiege in Mozarts Geburtshaus. Am 15. findet die Ehrenpromotion von Vizepräsident Walter Gerstenberg zum Dr. phil. h. c. der Universität Salzburg statt, am 22. feiert der Vorsitzende der Mozartgemeinde Neuburg, Dr. Fritz von Philipp, den 65. Geburtstag, am 7. Juli der Vorsitzende des Zentralinstitutes, Professor Dr. Karl Gustav Fellerer, und am 12. Vizepräsident Dr. Dr. h. c. Johannes Graf von Moy den 75. Geburtstag.

Im Rahmen der Festspiele wird am 30. Juli die c-moll-Messe aufgeführt, am 22. August spielen die Wiener Philharmoniker unter Horst Stein; Wolfgang Schulz (Flöte) und Jon Ivan Roncea (Harfe) sind die Solisten. Das Kammerkonzert am 28. wird von den Wiener Bläsersolisten und Heinz Medjimorec, Klavier, bestritten.
Im Juni bringt Stefan Kunze das zweisprachige Arien-Textbuch und Walther Dürr das Textbuch von „Don Giovanni" heraus. Schließlich kann pünktlich zu Bernhard Paumgartners 90. Geburtstag der siebente Band der Schriftenreihe „La vita di Giuseppe Afflisio", mit einem Vorwort von Gerhard Croll und Hans Wagner, am 14. November vorgelegt werden.
Am 24. Juli spricht der ehemalige Vorstand der Wiener Philharmoniker Professor Dipl.-Ing. Otto Strasser über die Geschichte dieses Orchesters im Zusammenhang mit der Ausstellung „100 Jahre Wiener Philharmoniker in Salzburg". Eine von der ISM für Friaul gestiftete Orgel wird am 6. September übergeben. Am 28. feiert das Mitglied des Zentralinstitutes Professor Dr. Donald J. Grout seinen 75. Geburtstag. Am 15. Oktober besucht Großherzog Jean von Luxemburg mit Familie Mozarts Geburtshaus. Am 23. November überreicht Landeshauptmann Dr. Wilfried Haslauer Professor Dr. Gerhard Croll das Große Silberne Ehrenzeichen, Professor Dr. Géza Rech das Große Ehrenzeichen der Republik und Dr. Rudolph Angermüller das Ehrenkreuz für Wissenschaft und Kunst. Ebenfalls ausgezeichnet wurden Professor Dr. Karl Gustav Fellerer, Dr. Wolfgang Plath und Dr. Wolfgang Rehm mit dem Ehrenkreuz für Wissenschaft und Kunst Erster Klasse sowie Professor Dr. Walter Gerstenberg mit dem Goldenen und Dr. Dietrich Berke mit dem Großen Ehrenzeichen für Verdienste um die Republik Österreich.
Beim 98. ordentlichen Mozart-Tag am 25. November wird dem ersten Vorsitzenden der Mozart-Gemeinde München, Generalmusikdirektor Otto Winkler, die Silberne Mozart-Medaille zuerkannt.
Am 26. und 27. November finden im Mozart-Museum zum erstenmal „Tage der offenen Tür" statt. Zum 186. Todestag von Mozart hält Vizepräsident Walter Gerstenberg am 5. Dezember die Gedenkansprache.

1978

Die 23. Mozartwoche wird am 21. Januar vom Mozart-Trio im Tanzmeistersaal eröffnet. Am Abend stellen sich die Preisträger des zweiten internationalen Mozart-Intepretationswettbewerbes, diesmal in den Fächern Gesang und Violine, in einem Kammerkonzert vor. Ebenfalls am Abend des 21. findet im Großen Festspielhaus ein Opernkonzert des Mozarteum-Orchesters statt, bei dem Leopold Hager als Dirigent und als Solist am Klavier mitwirkt. Die weiteren Solisten sind die Sänger Edith Mathis, Margarita Zimmermann, Claes H. Ahnsjö, Thomas Moser und Hakan Hagegard sowie György Homoki, Violine. Dabei werden vor allem jene Arien und Duette gesungen, die man bei gewöhnlichen Opernaufführungen streicht.

Am 22. wird im Dom die Krönungsmesse KV 317 mit dem Domchor und dem Mozarteum-Orchester unter Anton Dawidowicz, in St. Peter die Missa solemnis KV 337 mit dem Salzburger Rundfunk- und Mozarteum-Chor und dem Münchener Kammerorchester unter Ernst Hinreiner aufgeführt. Die Solisten der nachfolgenden Matinee des Collegium Austriae sind Wolfgang Schneiderhan, Violine, und Walter Klien, Klavier. Am Abend präsentieren sich die Preisträger des Mozart-Wettbewerbes in einem Orchesterkonzert unter Sergio Cárdenas. Rudolf Buchbinder, Klavier, bestreitet das Solistenkonzert am 23., am 24. wird wieder ein Jugendwerk Mozarts konzertant aufgeführt: „Die Schuldigkeit des Ersten Gebots". Unter Wolfgang Sawallisch singen Edith Mathis (Gerechtigkeit), Margaret Price (Barmherzigkeit), Lilian Sukis (Weltgeist), Norbert Orth (Christgeist) und Claes H. Ahnsjö (Christ).

Am 25. gibt Peter Schreier, von Erik Werba begleitet, einen Liederabend, am 26. findet das erste Konzert der Wiener Philharmoniker unter Leopold Hager im Mozarteum statt, mit Erich Binder, Violine, und Josef Staar, Viola. Die Matinee der Hochschule mit Henryk Szeryng am 27. wird von Sergio Cárdenas geleitet, das zweite Konzert der Wiener Philharmoniker im Großen Festspielhaus dirigiert Christoph von Dohnányi, Solisten sind Anthony und Joseph Paratore, Klavier.

Die Wiener Streichersolisten spielen am 28. im Tanzmeistersaal Werke von Zeitgenossen Mozarts. Am Abend ist das dritte Orchesterkonzert der Wiener Philharmoniker im Großen Festspielhaus, André Previn dirigiert und ist Solist des Klavierkonzertes c-moll KV 491. Zur gleichen Zeit findet im Mozarteum das Kammerkonzert der Hochschule statt. Anton Dawidowicz führt am 29. im Dom die Missa brevis C-dur KV 259 auf. Es folgt im Großen Festspielhaus die Matinee der Academy of St. Martin-in-the-Fields unter Neville Marriner mit William Bennett, Flöte. Und wieder erklingt am Abend im Großen Festspielhaus ein Jugendwerk Mozarts konzertant, und zwar „Betulia liberata". Es dirigiert Leopold Hager, es singen Peter Schreier (Ozìa), Hanna Schwarz (Giuditta), Ileana Cotrubas (Amital), Walter Berry (Achior), Gabriele Fuchs (Cabri) und Margarita Zimmermann (Carmi).

In der Mozartwoche wird die Bernhard Paumgartner zum 90. Geburtstag gewidmete Ausstellung in Mozarts Geburtshaus eröffnet, die auch in den Sommermonaten gezeigt wird. Aufbau und Katalog sind Gerhard Croll und Ernst Hintermaier zu verdanken.

Im Rahmen der Festspiele wird am 29. Juli die c-moll-Messe unter Meinhard von Zallinger mit den Solisten Gabriele Fuchs und Christine Weidinger, Horst Laubenthal und Robert Holl aufgeführt.

Das Konzert der Wiener Philharmoniker unter Leopold Hager findet am 26. August im Kleinen Festspielhaus statt. Solist ist Clifford Curzon. Im Kammerkonzert am 25. August spielt das Amadeus-Quartett mit Cecil Aronowitz die Mozart-Quintette KV 174 und 515 sowie das Quartett KV 499.

In der Neuen Mozart-Ausgabe erscheinen in diesem Jahr sämtliche einzeln überlieferten Märsche Mozarts für Orchester und für größere Solobesetzungen und der zehnte Sinfonienband mit einer Reihe nur schwer klassifizierbarer Einzelstücke. Wichtigste Publikation im Rahmen der Neuen Mozart-Ausgabe in diesem Jahr ist das von Rudolph

127. Christoph von Dohnányi dirigiert die Wiener Philharmoniker

128. Frau Erna Gehmacher und Präsident Richard Spängler, Empfang zur Mozartwoche 1978

129. Prof. Robert Keldorfer überreicht Präsident Richard Spängler das Autograph der Arie für Baß „Io ti lascio, o cara, addio" KV^6 621a, Mozarts Geburtshaus, 27. Januar 1978

130. Anthony und Joseph Paratore beim Empfang der ISM (Mozartwoche 1978)

Angermüller und Dietrich Berke herausgegebene Dramma giocoso „La finta giardiniera". Die Ausgabe des Werkes in der Neuen Mozart-Ausgabe ist die erste, die beide authentische Fassungen, die italienische von 1775 und die deutsche Singspielfassung von 1780, vollständig darbietet.

Das in diesem Jahr erschienene Mozart-Jahrbuch 1976/77 enthält neben neuesten Erkenntnissen der Mozartforschung die Mozart-Bibliographie für die Jahre 1971–75, vorgelegt von Rudolph Angermüller und Otto Schneider. Die Redaktion des Mozart-Jahrbuches wird um Rudolph Angermüller und Dietrich Berke erweitert.

In der Reihe der Übersetzungen kommt das zweisprachige Textbuch zu „Le nozze di Figaro", von Walther Dürr übertragen, heraus.

Am 1. Dezember findet der 99. ordentliche Mozart-Tag statt.

1979

Die 24. Mozartwoche beginnt am 20. Januar mit einer Musik im Tanzmeistersaal. Heinz und Wolfgang Walter, Hammerklavier, spielen Klavierwerke zu vier Händen. Die mit Spannung erwartete konzertante Aufführung von Mozarts Jugendwerk „Il sogno di Scipione" im Großen Festspielhaus am Abend gestaltet sich unter der musikalischen Leitung von Leopold Hager (Choreinstudierung: Rupert Huber) zu einem nachhaltigen Erfolg, den auch die von der Aufführung eingespielte Schallplatte bezeugt. Mitwirkende sind: Peter Schreier (Scipione), Lucia Popp (Costanza), Edita Gruberova (Fortuna), Claes H. Ahnsjö (Publio), Thomas Moser (Emilio), Edith Mathis (Licenza), das Mozarteum-Orchester und der Salzburger Kammerchor.

Anton Dawidowicz führt am Sonntag, dem 21., im Dom die „Waisenhaus-Messe" KV 139 auf, am Nachmittag findet eine Vorführung des Ensembles „Danze antiche" mit Tänzen der Mozart-Zeit statt, am Abend spielt das Guarneri-Quartett. Am 22. hört man Paul Badura-Skoda im Solistenkonzert im Großen Saal des Mozarteums. Im gleichen Raum findet am 23. das Konzert des Mozarteum-Orchesters unter Gerhard Wimberger mit Kurt Birsak, Bassettklarinette, statt. Im Konzert der Wiener Philharmoniker unter Horst Stein am 24. im Großen Festspielhaus spielen Gidon Kremer und Tatjana Grindenko (Violine). Am 25. dirigiert Leopold Hager die Philharmoniker, es singen Lucia Popp, Katharina Ciesinski, Werner Hollweg und der Wiener Jeunesse-Chor. Bemerkenswert ist die Aufführung der Kantate „Davidde penitente" KV 469. Das dritte Konzert der Wiener Philharmoniker am 26. leitet Claudio Abbado, Solisten sind Kiri Te Kanawa (Sopran) und Peter Lang (Klavier). Mozarts Geburtstag bringt wieder eine Gedenkstunde im Geburtshaus, anschließend die traditionelle Matinee der Hochschule mit Hochschulchor und -orchester unter Sergio Cárdenas. Am Nachmittag führt der Salzburger Rundfunk- und Mozarteum-Chor unter Ernst Hinreiner mit dem Mozarteum-Orchester

131. Claudio Abbado dirigiert die Wiener Philharmoniker

132. Kuratoriumssitzung am 19. Juni 1979. Stehend (von links nach rechts): Professor Paul Schilhawsky, Dr. Hans Peter Kaserer, Dr. Friedrich Gehmacher, Wolfgang Gehmacher, Dr. Rudolph Angermüller M. A., Archiv-Oberrat Dr. Friederike Zaisberger, Major Horst F. Graf, Diplom-Volkswirt Wolfgang Schurich, Gertrude Richter, Dr. Heinz Kuschee, Universitäts-Professor Dr. Gerhard Croll, Dr. Heinz Wiesmüller. Sitzend: Professor Dr. Ferdinand Faber, Vizepräsident Universitäts-Professor Dr. Dr. h. c. Walter Gerstenberg, Dr. Erich Grießenböck, Präsident Kommerzialrat Richard Spängler, Professor Heinz Scholz, Vizepräsident Dr. Dr. h. c. Johannes Graf von Moy, Professor Dr. Géza Rech

133. Übergabe der Bibliothek Erich Schenk (Prof. Dr. Dr. h. c. Walter Gerstenberg, Margaretha Schenk, Präsident Richard Spängler), Mozarts Geburtshaus, 27. Januar 1979

134. Der derzeitige Präsident, Kommerzialrat Richard Spängler

geistliche Musik der Mozart-Zeit auf. Bei der gleichzeitigen Musik im Tanzmeistersaal wirken Raili Viljakainen (Sopran), Michael Werba (Fagott), Reinhold Siegl (Violoncello) und Erik Werba (Hammerklavier) mit. Im Kammerkonzert am Abend spielen neben Gidon Kremer und Tatjana Grindenko Heidi Litschauer (Violoncello), Georg Hörtnagel (Kontrabaß) und Krystian Zimerman (Klavier und Orgel). Am 28. wird im Dom die „Spatzenmesse" KV 220 unter Anton Dawidowicz mit dem Domchor und dem Orchester der Dommusik aufgeführt. Die Festival Strings Luzern unter Rudolf Baumgartner mit Zoltán Kocsic, Klavier, bringen eine Matinee im Großen Saal des Mozarteums. Am Abend findet das letzte Orchesterkonzert statt, das Mozarteum-Orchester musiziert unter Leopold Hager. Grant Johannesen spielt das Konzert für Klavier in Es-dur, op. 25, von W. A. Mozart (Sohn).

Zu Mozarts Geburtstag bekommt die ISM die wissenschaftliche Bibliothek des 1974 verstorbenen Wiener Ordinarius für Musikwissenschaft Professor Dr. mult. Erich Schenk dediziert.

In der Reihe Mozarts italienische Texte mit deutscher Übersetzung erscheint „La finta giardiniera" (Rudolph Angermüller).

Am 31. Mai wird mit einer Sonderausstellung „Così fan tutte" in Mozarts Geburtshaus zugleich die neugestaltete Theaterausstellung im zweiten Stockwerk eröffnet. Die Dioramen sind jetzt in neuen Vitrinen übersichtlich untergebracht.

Am 24. Februar besucht Frau Imelda Romualdez Marcos, Gattin des Staatspräsidenten der Philippinen, am 5. April Königin Margarethe II. von Dänemark mit Prinz Henrik Mozarts Geburtshaus.

Vom 1. bis 7. Juli findet die Jahrestagung der Internationalen Vereinigung der Musikbibliotheken (AIBM) und der Schallarchive (IASA) in Salzburg statt, deren Organisation die ISM besorgt.

Die Bibliothek der Internationalen Stiftung Mozarteum, die nahezu 40 000 Titel enthält, verwahrt heute (1979) folgende Sammlungen:
1. Musik- und Briefautographe W. A. Mozarts,
2. autographe Briefe der Familie Mozart (Leopold, Maria Anna, Constanze, Franz Xaver Mozart, Carl Mozart),
3. Musik- und Briefautographe verschiedener Komponisten (vornehmlich des 18. und 19. Jahrhunderts),
4. zeitgenössische Kopien von Werken W. A. Mozarts,
5. Erst- und Frühdrucke der Werke W. A. Mozarts,
6. zeitgenössische Kopien von Komponisten vornehmlich des 18. und 19. Jahrhunderts,
7. Erst- und Frühdrucke von Komponisten vornehmlich des 18. und 19. Jahrhunderts,
8. Gesamtausgaben,
9. eine spezielle Bibliotheca Mozartiana mit ca. 5000 Titeln,
10. Zeitschriften des 18., 19. und 20. Jahrhunderts,
11. allgemeine musikwissenschaftliche Literatur,
12. eine allgemeine Schulbibliothek (Bücher, Orchestermaterial, Partituren, Klavierauszüge).

Mit einem gewaltigen Sachaufwand hat die Internationale Stiftung Mozarteum in den letzten acht Jahren vor allen Dingen die Bibliotheca Mozartiana gefördert. Fehlende Bücher konnten antiquarisch, fehlende Artikel fotomechanisch im internationalen Leihverkehr beschafft werden. Für den Benützer bedeutet das, daß er in der Bibliothek der Internationalen Stiftung Mozarteum die umfangreichste „Mozart-Sammlung" der Welt vorfindet.
Im Rahmen der Festspiele gibt es am 2. August ein Konzert der Wiener Philharmoniker im Mozarteum unter Silvio Varviso. Solist ist Karl Engel. Die traditionelle Aufführung der c-moll-Messe in St. Peter am 11. wird erstmals von Leopold Hager dirigiert. Neu ist auch, daß der Chor diesmal vom Wiener Staatsopernchor gestellt wird. Im Kammerkonzert am 29. im Mozarteum spielt das Beaux Arts-Trio.
Zum Beginn des Jubiläumsjahres 1980 der ISM wird eine Ausstellung in Mozarts Geburtshaus „100 Jahre ISM" stattfinden.
Die ISM glaubt der Feier ihres hundertjährigen Bestehens in der Überzeugung entgegengehen zu können, daß sie ihren Auftrag, die Pflege von Mozarts Werk und die Mozart-Forschung, erfüllt hat. Die Mozartwoche wird – ein freundlicher Zufall – 1980 zum 25. Male stattfinden.
Innerhalb der Neuen Mozart-Ausgabe, dem bedeutendsten wissenschaftlichen Unternehmen der ISM, wird der 90. Band erscheinen; der erste erschien vor 25 Jahren. Die Tagung des Zentralinstitutes für Mozartforschung im August hat sich das Generalthema „Mozart im 19. Jahrhundert" gewählt.

Literatur
(Auswahl)

Anonym, Das Mozarteum in Salzburg, in: Allgemeine Wiener Musik-Zeitung, herausgegeben von A. Schmidt, Wien 1843, No. 25/26, S. 101–102

Rudolph Angermüller, Die Errichtung des Salzburger Mozart-Denkmals, in: Österreichische Musikzeitschrift 26 (1971), Heft 7, Juli 1971, S. 429–434

ders., The new Mozart edition. A note on its progress and achievement, in: Musical Times 114 (1973), No. 1665, July 1973, p. 694–695

ders., Opern Mozarts bei den Salzburger Musikfesten 1877–1910, in: Mitteilungen der Internationalen Stiftung Mozarteum 22 (1974), Heft 3/4, S. 20–44

ders., Künstlerisches Personal des „Dom-Musik-Verein und Mozarteum" 1841–1880 und der Dommusik von 1880–1926, in: Mitteilungen der Internationalen Stiftung Mozarteum 24 (1976), Heft 3/4, S. 3–31

Archiv der Internationalen Stiftung Mozarteum, Kartons 1841–1979

Bärenreiter-Chronik. Die ersten fünfzig Jahre 1923–1973. – Kassel etc.: Bärenreiter 1973

Heinrich Damisch, Salzburger Mozartgedenkstätten, in: Österreichische Musikzeitschrift 11 (1956), Heft 1, Januar 1956, S. 34–37

Johann Evangelist Engl, Katalog des Mozarteums im Geburts- und Wohnzimmer Mozarts zu Salzburg. – Salzburg: Johann Horner 1882, 1898, 1901, 1906

E. Ginsberg, Die Internationale Stiftung „Mozarteum" in Salzburg und Mozarts Geburtshaus, in: Die Musik 5 (1905/06), Heft 7, 1. Januarheft 1906, S. 44–45

Walter Hummel, Die Mozart-Gedenkstätten Salzburgs, in: Bericht über die Prager Mozartkonferenz 1956. – Prag (1958), S. 167–174

ders., Das Mozart-Album der Internationalen Mozartstiftung, in: Festschrift Otto Erich Deutsch zum 80. Geburtstag. – Kassel etc.: Bärenreiter 1963, S. 110–119

Otto Kunz, Die theatergeschichtliche Abteilung des Mozarteums in Salzburg, in: Allgemeine Musikzeitung 64 (1937), Nr. 6, Leipzig, 5. 2. 1937, S. 67–68

ders., 100 Jahre Mozarteum, in: Bergland 23 (1941), Heft 5/6, S. 23–25

ders., Das Mozart-Museum zu Salzburg. – Salzburg: Mozartgemeinde Salzburg s. a.

Ludwig Mielichhofer, Der Dom-Musikverein und das Mozarteum zu Salzburg, in: Zeitschrift für Deutschlands Musik-Vereine und Dilettanten 3 (1843), Heft 1, S. 59–66

ders., Das Mozart-Denkmal zu Salzburg und dessen Enthüllungs-Feier im September 1842. Eine Denkschrift. – Salzburg: Mayr'sche Buchhandlung 1843

ders., Die Säkular-Feier der Geburt Mozart's in Salzburg 1856. – (Salzburg: Oberer'sche Buchdruckerei 1856)

ders., Erinnerungs-Blätter an Wolfgang Amadeus Mozarts Säcularfest im September 1856 zu Salzburg. Mit dem Facsimile einer musikalischen und brieflichen Handschrift W. A. Mozarts. – Salzburg: M. Glonner 1856

Karl Moyses, Systematischer Katalog über sämtliche im Mozarteums-Archiv Salzburg befindlichen Autographe und sonstige Reliquien W. A. Mozarts. – Salzburg: Verlag der Duyle'schen Buchhandlung 1862

Mozart-Festspielhaus in Salzburg. – Salzburg: Selbstverlag des Actions-Comités 1890

Musikalisches Erbe und Gegenwart. Musiker-Gesamtausgaben in der Bundesrepublik Deutschland. Im Auftrag der Stiftung Volkswagenwerk herausgegeben von Hanspeter Bennwitz, Georg Feder, Ludwig Finscher und Wolfgang Rehm. – Kassel etc.: Bärenreiter 1975

Bernhard Paumgartner, Die Mozarteumsoper in Salzburg, in: Musikalischer Kurier 3 (1921), 5. 8. 1921, S. 172–174

ders., Die Musikschule Mozarteum, in: Musikerziehung 6 (1952/53), Heft 4, Juni 1953, S. 335–342

ders., Die Akademie Mozarteum, in: Österreichische Musikzeitschrift 13 (1958), Heft 4, April 1958, S. 146–148

ders., Erinnerungen. – Salzburg: Residenz-Verlag 1969

Wolfgang Plath, Der gegenwärtige Stand der Mozartforschung, in: Bericht über den neunten Internationalen Kongreß Salzburg 1964. Band I. – Kassel etc.: Bärenreiter 1964, S. 47–55; Band 2. – Kassel etc.: Bärenreiter 1966, S. 88–97

Géza Rech, „Mozart auf dem Theater" in der theaterwissenschaftlichen Abteilung der Internationalen Stiftung Mozarteum, in: Maske und Kothurn 1 (1955), S. 348–351

ders., Die Salzburger Mozart-Sammlungen, in: Österreichische Musikzeitschrift 10 (1955), Heft 7/8, Juli/August 1955, S. 252–255

ders., Die Internationale Stiftung Mozarteum, in: Musica 16 (1962), Heft 3, Mai–Juni 1962, S. 147–148

ders., Aus dem Briefarchiv der Internationalen Stiftung Mozarteum, in: Festschrift Otto Erich Deutsch zum 80. Geburtstag. – Kassel etc.: Bärenreiter 1963, S. 159–167

ders., Besuch bei Mozart. – Salzburg: MM-Verlag 1969

Wolfgang Rehm, Ergebnisse der „Neuen Mozart-Ausgabe". Zwischenbilanz 1965, in: Mozart-Jahrbuch 1964, Salzburg 1965, S. 151–171

ders., Die Neue Mozart-Ausgabe. Ziele und Aufgaben, in: Fontes Artis Musicae 15 (1968), Heft 1, S. 9–13

Wolfgang Rehm und Dietrich Berke: Die Neue Mozart-Ausgabe, in: Universitas 34 (1979), Heft 5, S. 513–521.

Erich Schenk, Mozarteum und Mozartforschung, in: Salzburger Chronik, 15. 10. 1932, S. 2–3

Walter Senn, Das Vermächtnis der Brüder Mozart an „Dommusikverein und Mozarteum", in: Mozart-Jahrbuch 1967, Salzburg 1968, S. 52–61

Statuten des Dom-Musik-Vereines zu Salzburg. – Salzburg: Franz Xaver Duyle 1841, 1861

Erich Valentin, Mozarteumsbüchlein. – Regensburg: Gustav Bosse 1941 (Von deutscher Musik. 67.)

Publikationen der Internationalen Stiftung Mozarteum

Jahresberichte des Dom-Musik-Vereines und Mozarteums zu Salzburg, Jahrgang 1–7 (1843–1849), Jahrgang 8 (1854), Jahrgang 9 (1858), Jahrgang 10 (1867), Jahrgang 11 (1869), Jahrgang 12–18 (1875–1881)

Anonym, Zur Genesis der Internationalen Mozartstiftung in Salzburg. Eine Denkschrift des provisorischen Ausschusses. – 1873

dass., Mozart-Gedenkstätten der Internationalen Stiftung Mozarteum und Köchel-Verzeichnis. – s. a.

Jahresberichte der Internationalen Stiftung Mozarteum, Jahrgang 1–39 (1881–1926)

Jahresberichte der Internationalen Mozart-Gemeinde, Jahrgang 1–29 (1889–1917)

Georg Jacob Wolf, Das Mozarthaus in Salzburg „Mozarteum". Nach dem preisgekrönten Entwurf erbaut von Architekt Prof. Richard Berndl 1912–1914. – s. a.

Satzungen des Vereins Mozarteum in Salzburg. – 1915

Mozarteums Mitteilungen. Herausgegeben vom Zentralausschuß der Mozartgemeinde in Salzburg, Jahrgang 1–3 (1918–1921)

Satzungen der Internationalen Stiftung Mozarteum in Salzburg. – 1919, 1925, 1937, 1952

Katalog des Mozart-Museums Salzburg. – 1921 ff.

Mozart-Jahrbuch. Herausgegeben von Hermann Abert. – München: Drei Masken Verlag 1923, 1924, 1929

Neues Mozart-Jahrbuch. Im Auftrage des Zentralinstitutes für Mozartforschung am Mozarteum Salzburg herausgegeben von Erich Valentin. – Regensburg: Gustav Bosse 1941, 1942, 1943

Mozart-Jahrbuch. Herausgegeben von der Internationalen Stiftung Mozarteum. [Redaktion: Géza Rech, ab 1976: Rudolph Angermüller, Dietrich Berke, Géza Rech.] – Salzburg: Internationale Stiftung Mozarteum 1950–1974, ab 1975 Kassel etc.: Bärenreiter

Führer durch die Mozart-Gedenkstätten der Internationalen Stiftung Mozarteum. Mit Beiträgen von Alfred Heidl, Walter Hummel, Otto Kunz, herausgegeben von Ludwig Jauner. – 1950

Walter Hummel, Chronik der Internationalen Stiftung Mozarteum in Salzburg zugleich einundvierzigster Jahresbericht über die Jahre 1936–1950. – 1951

Josef und Walter Hummel, Kleine Chronik des Zauberflöten-Häuschens. – 1950, 1959

Mitteilungen der Internationalen Stiftung Mozarteum 1952 ff. (ab 1963 mit Jahresberichten), Schriftleitung: Géza Rech

Wolfgang Amadeus Mozart. Neue Ausgabe sämtlicher Werke. In Verbindung mit den Mozartstädten Augsburg,

Salzburg und Wien herausgegeben von der Internationalen Stiftung Mozarteum Salzburg. – Kassel etc.: Bärenreiter 1955 ff.

Editionsleitung: 1954–1960 Ernst Fritz Schmid (†), seit 1960 Wolfgang Plath (Augsburg) und Wolfgang Rehm (Kassel), seit 1973 zusammen mit Rudolph Angermüller (Salzburg) und Dietrich Berke (Kassel).

Serie I: Geistliche Gesangswerke

Werkgruppe 1: Messen und Requiem

Abteilung 1: Messen

Band 1 (Walter Senn) 1968; Kritischer Bericht 1977

Band 2 (Walter Senn) 1975; Kritischer Bericht 1978

Band 3 (Walter Senn) 1980

Band 4 (Walter Senn)

Band 5 (Monika Holl und Karl-Heinz Köhler)

Abteilung 2: Requiem (2 Teilbände)

Band 1 (Leopold Nowak) 1965

Band 2 (Leopold Nowak) 1965

Werkgruppe 2: Litaneien, Vespern

Band 1: Litaneien (Hellmut und Renate Federhofer) 1969; Kritischer Bericht 1978

Band 2: Vespern und Vesperpsalmen (Karl Gustav Fellerer und Felix Schroeder) 1959; Kritischer Bericht 1962

Werkgruppe 3: Kleinere Kirchenwerke (Hellmut Federhofer) 1963; Kritischer Bericht 1964

Werkgruppe 4: Oratorien, geistliche Singspiele und Kantaten

Band 1: Die Schuldigkeit des Ersten Gebots (Franz Giegling) 1958; Kritischer Bericht 1959

Band 2: Betulia liberata (Luigi Ferdinando Tagliavini) 1960; Kritischer Bericht 1963

Band 3: Davidde penitente (Monika Holl)

Band 4: Kantaten (Franz Giegling) 1957; Kritischer Bericht 1958

Serie II: Bühnenwerke

Werkgruppe 5: Opern und Singspiele

Band 1: Apollo und Hyazinth (Alfred Orel) 1959; Kritischer Bericht 1975

Band 2: La finta semplice (Rudolph Angermüller)

Band 3: Bastien und Bastienne (Rudolph Angermüller) 1974; Kritischer Bericht 1975

Band 4: Mitridate, Re di Ponto (Luigi Ferdinando Tagliavini) 1966; Kritischer Bericht 1978

Band 5: Ascanio in Alba (Luigi Ferdinando Tagliavini) 1956; Kritischer Bericht 1959

Band 6: Il sogno di Scipione (Josef-Horst Lederer) 1977; Kritischer Bericht 1979

Band 7: Lucio Silla (Kathleen K. Haensel)

Band 8: La finta giardiniera (2 Teilbände) (Rudolph Angermüller und Dietrich Berke) 1978

Band 9: Il re pastore (Pierluigi Petrobelli)

Band 10: Zaide (Das Serail) (Friedrich-Heinrich Neumann) 1957; Kritischer Bericht 1963

Band 11: Idomeneo (2 Teilbände) (Daniel Heartz) 1972

Band 12: Die Entführung aus dem Serail (Gerhard Croll)

Band 13: L'oca del Cairo (Friedrich-Heinrich Neumann) 1960

Band 14: Lo sposo deluso (Rudolph Angermüller)

Band 15: Der Schauspieldirektor (Gerhard Croll) 1958
Band 16: Le nozze di Figaro (2 Teilbände) (Ludwig Finscher) 1973
Band 17: Il dissoluto punito ossia il Don Giovanni (Wolfgang Plath und Wolfgang Rehm) 1968
Band 18: Così fan tutte (Editionsleitung)
Band 19: Die Zauberflöte (Gernot Gruber und Alfred Orel) 1970
Band 20: La clemenza di Tito (Franz Giegling) 1970

Werkgruppe 6: Musik zu Schauspielen, Pantomimen und Balletten

Band 1: Chöre und Zwischenaktmusiken zu Thamos, König in Ägypten (Harald Heckmann) 1956; Kritischer Bericht 1958
Band 2: Musik zu Pantomimen und Balletten (Harald Heckmann) 1963; Kritischer Bericht 1970

Werkgruppe 7: Arien, Szenen, Ensembles und Chöre mit Orchester

Band 1 (Stefan Kunze) 1967
Band 2 (Stefan Kunze) 1968
Band 3 (Stefan Kunze) 1971
Band 4 (Stefan Kunze) 1972

Serie III: Lieder, mehrstimmige Gesänge, Kanons

Werkgruppe 8: Lieder (Ernst August Ballin) 1963; Kritischer Bericht 1964
Werkgruppe 9: Mehrstimmige Gesänge (C.-G. Stellan Mörner) 1971
Werkgruppe 10: Kanons (Albert Dunning) 1974

Serie IV: Orchesterwerke

Werkgruppe 11: Sinfonien
Band 1/2 (Gerhard Allroggen)
Band 3 (Wilhelm Fischer) 1956; Kritischer Bericht 1957
Band 4 (Hermann Beck) 1960; Kritischer Bericht 1963
Band 5 (Hermann Beck) 1957; Kritischer Bericht 1958
Band 6 (Christoph-Hellmut Mahling und Friedrich Schnapp) 1970
Band 7 (Günter Haußwald) 1959; Kritischer Bericht 1971
Band 8 (Friedrich Schnapp und László Somfai) 1971
Band 9 (H. C. Robbins Landon) 1957; Kritischer Bericht 1963
Band 10 (Wolfgang Plath) 1978

Werkgruppe 12: Kassationen, Serenaden und Divertimenti

Band 1 (Günter Haußwald und Wolfgang Plath) 1970
Band 2 (Günter Haußwald) 1961
Band 3 (Günter Haußwald) 1962
Band 4 (Walter Senn) 1977; Kritischer Bericht 1978
Band 5 (Walter Senn)
Band 6 (Karl Heinz Füssl und Ernst Fritz Schmid) 1964; Kritischer Bericht 1970

Werkgruppe 13: Tänze und Märsche

Abteilung 1: Tänze
Band 1 (Rudolf Elvers) 1961
Band 2 (Marius Flothuis)
Abteilung 2: Märsche (Wolfgang Plath) 1978

Serie V: Konzerte

Werkgruppe 14: Konzerte für ein oder mehrere Streich-, Blas- und Zupfinstrumente

Band 1: Violinkonzerte (Christoph-Hellmut Mahling)

Band 2: Concertone, Sinfonia concertante (Christoph-Hellmut Mahling) 1975
Band 3: Konzerte für Flöte, für Oboe, für Fagott (Franz Giegling)
Band 4: Klarinettenkonzert (Franz Giegling) 1977; Kritischer Bericht 1980
Band 5: Hornkonzerte (Franz Giegling)
Band 6: Konzert für Flöte und Harfe (Franz Giegling)

Werkgruppe 15: Konzerte für ein oder mehrere Klaviere und Orchester mit Kadenzen
Band 1 (Marius Flothuis) 1972
Band 2 (Christoph Wolff) 1976
Band 3 (Christoph Wolff) 1976
Band 4 (Marius Flothuis) 1975
Band 5 (Eva und Paul Badura-Skoda) 1965; Kritischer Bericht 1971
Band 6 (Hans Engel und Horst Heussner) 1961
Band 7 (Hermann Beck) 1959; Kritischer Bericht 1964
Band 8 (Wolfgang Rehm) 1960

Serie VI: Kirchensonaten

Werkgruppe 16: Sonaten für Orgel und Orchester (Minos E. Dounias) 1957; Kritischer Bericht 1958

Serie VII: Ensemblemusik für größere Solobesetzungen

Werkgruppe 17: Divertimenti und Serenaden für Blasinstrumente
Band 1 (Franz Giegling)
Band 2 (Daniel N. Leeson und Neal Zaslaw) 1979

Werkgruppe 18: Divertimenti für 5–7 Streich- und Blasinstrumente (Albert Dunning) 1976

Serie VIII: Kammermusik

Werkgruppe 19: Streichquintette und Quintette mit Bläsern
Abteilung 1: Streichquintette (Ernst Hess und Ernst Fritz Schmid) 1967
Abteilung 2: Quintette mit Bläsern (Ernst Fritz Schmid) 1958

Werkgruppe 20: Streichquartette und Quartette mit einem Blasinstrument
Abteilung 1: Streichquartette
Band 1 (Karl Heinz Füssl, Wolfgang Plath und Wolfgang Rehm) 1966
Band 2 (Ludwig Finscher) 1962
Band 3 (Ludwig Finscher) 1961; Kritischer Bericht 1964
Abteilung 2: Quartette mit einem Blasinstrument (Jaroslav Pohanka) 1962

Werkgruppe 21: Duos und Trios für Streicher und Bläser (Dietrich Berke und Marius Flothuis) 1975

Werkgruppe 22: Quintette, Quartette und Trios mit Klavier und mit Glasharmonika
Abteilung 1: Quartette und Quintette mit Klavier und mit Glasharmonika (Hellmut Federhofer) 1957; Kritischer Bericht 1958
Abteilung 2: Klaviertrios (Wolfgang Plath und Wolfgang Rehm) 1966

Werkgruppe 23: Sonaten und Variationen für Klavier und Violine
Band 1 (Eduard Reeser) 1964; Kritischer Bericht 1977
Band 2 (Eduard Reeser) 1965; Kritischer Bericht 1977

Serie IX: Klaviermusik

Werkgruppe 24: Werke für zwei Klaviere und für Klavier zu vier Händen

Abteilung 1: Werke für zwei Klaviere (Ernst Fritz Schmid) 1955; Kritischer Bericht 1955

Abteilung 2: Werke für Klavier zu vier Händen (Wolfgang Rehm) 1955; Kritischer Bericht 1957

Werkgruppe 25: Sonaten für Klavier (2 Bände) (Wolfgang Plath und Wolfgang Rehm)

Werkgruppe 26: Variationen für Klavier (Kurt von Fischer) 1961; Kritischer Bericht 1962

Werkgruppe 27: Einzelstücke für Klavier, für Glasharmonika und für Orgelwalze (2 Teilbände) (Wolfgang Plath und Wolfgang Rehm)

Serie X: Supplement

Werkgruppe 28: Bearbeitungen, Ergänzungen und Übertragungen fremder Werke

Abteilung 1: Bearbeitungen von Werken Georg Friedrich Händels

Band 1: Acis und Galatea (Andreas Holschneider) 1973

Band 2: Der Messias (Andreas Holschneider) 1961; Kritischer Bericht 1962

Band 3: Das Alexander-Fest (Andreas Holschneider) 1962; Kritischer Bericht 1963

Band 4: Ode auf St. Caecilia (Andreas Holschneider) 1962; Kritischer Bericht 1970

Abteilung 2: Bearbeitungen von Werken verschiedener Komponisten: Klavierkonzerte und Kadenzen (Walter Gerstenberg und Eduard Reeser) 1964

Abteilung 3–5: Sonstige Bearbeitungen, Ergänzungen, Übertragungen

Band 1: Sakramentslitanei von Leopold Mozart (Walter Senn) 1973 mit Kritischem Bericht im Notenband

Band 2f. (f.): Sonstige Bearbeitungen, Ergänzungen und Übertragungen

Werkgruppe 29: Werke von zweifelhafter Echtheit (mehrere Bände)

Band 1 (Christoph-Hellmut Mahling und Wolfgang Plath) 1980

Werkgruppe 30: Studien, Skizzen, Entwürfe, Fragmente, Varia

Band 1: Thomas Attwoods Theorie- und Kompositionsstudien bei Mozart (Erich Hertzmann, Cecil B. Oldman, Daniel Heartz, Alfred Mann) 1965; Kritischer Bericht 1969

Band 2–4: Sonstige Studien, Skizzen, Entwürfe, Fragmente, Varia (Wolfgang Plath)

Werkgruppe 31: Nachträge

Band 1: Corrigenda und Addenda zu: Mozart. Die Dokumente seines Lebens (Joseph Heinz Eibl) 1978

Band 2 (ff.) (N.N.)

Werkgruppe 32: Mozart und seine Welt in zeitgenössischen Bildern (Otto Erich Deutsch) 1961

Werkgruppe 33: Ausgewählte Eigenschriften in Faksimile (2 Bände) (Wolfgang Plath)

Werkgruppe 34: Mozart. Die Dokumente seines Lebens (Otto Erich Deutsch) 1961

Werkgruppe 35: Register und Konkordanzen (Joseph Heinz Eibl)

Publikation der Internationalen Stiftung Mozarteum

Walter Hummel, Mozart in aller Welt. Die Weltfeier 1956. Die Neue Mozart-Ausgabe. Chronik der Internationalen Stiftung Mozarteum 1951–1961. – 1961

Mozart. Briefe und Aufzeichnungen. Gesamtausgabe. Herausgegeben von der Internationalen Stiftung Mozarteum Salzburg. Gesammelt (und erläutert) von Wilhelm A. Bauer und Otto Erich Deutsch, aufgrund deren Vorarbeiten erläutert von Joseph Heinz Eibl. – Kassel etc.: Bärenreiter
Band I: 1755–1776, 1962
Band II: 1777–1779, 1962
Band III: 1780–1786, 1963
Band IV: 1787–1857, 1963
Band V: Kommentar I/II · 1755–1779, 1971
Band VI: Kommentar III/IV · 1780–1857, 1971
Band VII: Register (zusammengestellt von Joseph Heinz Eibl), 1975

Mozartwochen 1971 ff. Programmhefte. – Redaktion 1972: Gerhard Croll; Redaktion 1973 ff. Rudolph Angermüller

Schriftenreihe der Internationalen Stiftung Mozarteum. – Auslieferung: Bärenreiter Kassel (Band 1–6)
Band 1: Carl Bär, Mozart. Krankheit – Tod – Begräbnis. – 1966; Zweite, vermehrte Auflage 1972
Band 2: Marius Flothuis, Mozarts Bearbeitungen eigener und fremder Werke. – 1969
Band 3/4: Manfred Hermann Schmid, Die Musikaliensammlung der Erzabtei St. Peter in Salzburg. Katalog. Erster Teil. Leopold und Wolfgang Amadeus Mozart, Joseph und Michael Haydn. Mit einer Einführung in die Geschichte der Sammlung. – 1970

Band 5: Bernhard Paumgartner, Vorträge und Essays. – 1972
Band 6: Karl Wagner, Abbé Maximilian Stadler. Seine Materialien zur Geschichte der Musik unter den österreichischen Regenten. Ein Beitrag zum musikalischen Historismus im vormärzlichen Wien. – [1972]
Band 7: Bernhard Paumgartner, Vita di Giuseppe Afflisio. Lebensgeschichte des Giuseppe Afflisio. Aus dem Nachlaß von Bernhard Paumgartner herausgegeben von Gerhard Croll und Hans Wagner. – Kassel etc. 1977

Mozarts italienische Texte mit deutscher Übersetzung. – Kassel etc: Bärenreiter
Band 1: Idomeneo (Erna Neunteufel), 1973
Band 2: La clemenza di Tito (Erna Neunteufel), 1976
Band 3: Arien, Szenen, Ensembles (Stefan Kunze), 1977
Band 4: Don Giovanni (Walther Dürr), 1977
Band 5: Le nozze di Figaro (Walther Dürr), 1978
Band 6: La finta giardiniera (Rudolph Angermüller), 1979

Rudolph Angermüller, Bibliotheks-Ausstellung in Mozarts Geburtshaus vom 27. I. – 10. II. 1974. Einführung in die Geschichte der Sammlung und Verzeichnis der Ausstellungsstücke. – 1974

Rudolph Angermüller, W. A. Mozart. Lucio Silla. Faksimiledruck des Librettos von G. de Gamerra, Mailand 1772. Mit einer Einführung in das Werk von . . . – München: Emil Katzbichler 1975

Stifter des Mozarthauses

Seine Kaiserliche und Königliche Apostolische Majestät Franz Josef I.
Seine Kaiserliche und Königliche Hoheit der Hochwürdigst durchlauchigste Herr Erzherzog Eugen, Protektor des Mozarteums
Seine Majestät Wilhelm II., Deutscher Kaiser
Seine Königliche Hoheit Ernst August Herzog von Cumberland
Seine Durchlaucht Johann Regierender Fürst von und zu Liechtenstein
Lilli Lehmann
Gregor Baldi, Stifter des Baldi-Fonds 1856
Das K. u. K. Unterrichtsministerium
Das Land Salzburg
Die Stadtgemeinde Salzburg
Die Salzburger Sparkasse
Die Reichshaupt- und Residenzstadt Wien
Das Offizierskorps des K. u. K. 4. Regimentes der Tiroler Kaiserjäger
Der Wiener Männergesangverein
Der Industrielle Klub in Wien
Schlaraffia Juvavia
Die Mozartgemeinde Berlin
Die Mozartgemeinde Wien
Eleonora Ursula Herzogin von Arenberg, Brüssel
Maria Backofen-Kyser, München
Otto Bahr, Linz
Rosine Gräfin Dubsky-Thun, Salzburg
Eugenie Freifrau von Ehmig, Salzburg
Viktor Freiherr von Ehmig, Salzburg
Hermann Epenstein Ritter von Mauternburg, Salzburg
Theobald Epstein, Frankfurt am Main
Geraldine Farrar, New York
Friedrich Hermann Max Gehmacher, Salzburg
Paul Hirsch, Frankfurt am Main
Otto Kahn, New York
Wilhelm Kestranek, Wien
Georg Krause, Köthen, Anhalt
Jan Kubelik, Kolin
Friedrich Freiherr Mayr von Melnhof, Leoben
Ernst Maria Graf und Sophie Gräfin Moÿ de Sons, München
Hug von Noot, Wien
Ignaz Petschek, Aussig
Josefine Schmued, Salzburg
Rudolf Sieghart, Wien
Carl Spängler, Salzburg
Katharina Spängler, Salzburg
Sir Edgar Speyer, London
Ignaz und Marie Vian, Salzburg
Ernst Karl Graf Waldstein, Wien
Max und Therese Wöss, Salzburg
Ludwig Zeller, Salzburg
Richard Mayr, Wien
Heinrich Kiener, Salzburg
Franz Cohen, Köln
Ernst Bruppacher, Köln
Marie Katholicky, Brünn
Eduard Erhard, Ambach
Selma Halban-Kurz, Wien
Julius Meinl, Wien
Edwin Fischer, Luzern

Stifter des Mozarthauses

Die Wiener Philharmoniker, Wien
Bernhard Altmann, New York
Clemens Krauss, Wien
Michiko Tanaka-de Kowa, Berlin
Edwin Schurich, Salzburg
Kurt Christian Zinkann, Gütersloh
Wolfgang von Manner zu Mätzelsdorf, Wien
Michael Kirschbichler, Salzburg
Louise Alice Rosenberg, San Francisco
Albert Elkus, San Francisco
Maria Söderström, Stockholm
Maria Ascany, Miralago
Camillo Castiglioni, Wien
Hans Remshard, München
Claire Dux-Swift, Chicago
Mary Jakob-Gimmi, St. Gallen
Maria Jeritza-Seery, New York
Irving Peter Seery, New York
Wilhelm Backhaus, Lugano
Mozarteum-Orchester Salzburg
Philipp Graf Turn-Valsassina, Rastenberg
Philips Phonographische Industrie
Joseph Keilberth, Hamburg
Bernhard Paumgartner, Salzburg
Kurt Leimer, Salzburg
Irmgard Seefried, Wien
Wolfgang Schneiderhan, Wien
Géza Anda, Zürich
Camerata Academica, Mozarteum
Marguerite Kozenn Chajes, Detroit
Franz Wildfeuer, Salzburg
Ulrich Rück, Nürnberg

Alexander und Gertrud Braun, Prien am Chiemsee
Johannes Graf von Moÿ, Anif
Gertrud Gräfin von Arco-Valley, geborene Wallenberg, Monte Carlo
Herbert von Karajan, Salzburg
Aranka und Leopold Satori, Wien–London
Loris Margaritis, Athen
Soichiro Ohara, Osaka
Melanie Pollak, Johannesburg
Karl Münchinger, Stuttgart
Carl Julius Abegg, Zürich
Elisabeth Schwarzkopf, London
Walter Legge, London
Georges Lacheteau, Paris
Graziella Sciutti, Rom–Wien
Johann Holaschke, Witkowitz–Mährisch-Ostrau
Ernestine Holaschke, Witkowitz–Heidelberg
Frida Holaschke, Prag–Heidelberg
Sibylle Lex-Straniak, Salzburg
Philipp von Schoeller, Wien–Salzburg
Gräfin Judith geb. Soldati und Michael Graf Potulicki, Anif
Rudolf Töpfer, Luzern
Else Reininghaus, Bad König
Hugo Mondl, Wels
Friderica Derra de Moroda, Salzburg
Sigrid Oldman, London
Olga Holst, Hamburg
Marie Mayr, Henndorf
Helma Niebuhr, Berlin
Erich und Margaretha Schenk, Wien

Kuratorium und Arbeitsausschuß der Internationalen Stiftung Mozarteum im Jubiläumsjahr

Präsident: Kommerzialrat Richard Spängler
Vizepräsident: Dr. Dr. h. c. Johannes Graf von Moy
Vizepräsident: Professor Dr. Dr. h. c. Walter Gerstenberg
Dr. Rudolph Angermüller M. A.
Hofrat Dr. Lothar Bernstorf
Professor Dr. Gerhard Croll
Professor Helmut Eder
Professor Dr. Ferdinand Faber
Dr. Friedrich Gehmacher (Konzertreferat)
Wolfgang Gehmacher (Kassier)
Major Horst F. Graf (Schriftführer)
Dr. Erich Grießenböck
Stadtrat Hofrat Dr. Alois Hanselitsch
Landeshauptmann Dr. Wilfried Haslauer
Margaretha Haßlwanter
Ministerialrat a. D. Professor Dr. Johannes Hawranek
Dr. Hans Peter Kaserer
Senatsrat Dr. Heinrich Klier
Hofrat Dr. Peter Krön
Dr. Heinz Kuschee
Hofrat DDr. Hans Lechner
Professor Kurt Neumüller
Professor Dr. Géza Rech
Diplom-Volkswirt Wolfgang Schurich
Professor Dr. Erik Werba
Dr. Heinz Wiesmüller
Archiv-Oberrat Dr. Friederike Zaisberger

Zentralinstitut für Mozartforschung im Jubiläumsjahr

Professor Dr. Anna Amalie Abert, Kiel
Dr. Rudolph Angermüller M. A., Salzburg
Dr. Dietrich Berke, Kassel
Professor Dr. Gerhard Croll, Salzburg
Dr. Hanns Dennerlein, Bamberg
Professor Dr. Joseph Heinz Eibl, Eichenau/Oberbayern
Professor Dr. Hellmut Federhofer, Mainz
Professor Dr. Karl Gustav Fellerer, Köln (Vorsitzender)
Professor Dr. Ludwig Finscher, Frankfurt/Main
Professor Dr. Marius Flothuis, Amsterdam
Professor Dr. Dr. h. c. Walter Gerstenberg, Tübingen/Salzburg
Dr. Franz Giegling, Basel
Professor Dr. Donald J. Grout, Skaneateles, N. Y., USA
Professor Dr. Gernot Gruber, München/Salzburg
A. Hyatt King, London
Dr. Karl-Heinz Köhler, Weimar
Professor H. C. Robbins Landon, Cardiff

Die Mitarbeiter der ISM im Jubiläumsjahr

Professor Dr. Jan LaRue, Darien, Connecticut, USA
Dr. Karol Musiol, Kattowitz
Dr. Wolfgang Plath, Augsburg
Professor Dr. Eduard Reeser, Bilthoven
Dr. Wolfgang Rehm, Kassel
Dr. Jiří Sehnal, Brünn
Professor Dr. Walter Senn, Igls
Dr. László Somfai, Budapest
Professor Dr. Erich Valentin, Bad Aibling
Professor Dr. Alexander Weinmann, Wien

Die Mitarbeiter der Internationalen Stiftung Mozarteum im Jubiläumsjahr

Generalsekretär: Professor Dr. Géza Rech
Geschäftsführer: Dr. Heinz Kuschee
Dr. Rudolph Angermüller M. A. (Neue Mozart-Ausgabe und Bibliotheca Mozartiana)
Johann Baku (Saalmeister)
Sabine Bögl (Buchhaltung)
Valentin Cucej (Mozart-Museum)
Geneviève Geffray (Bibliothek)
Franz Hartl (Hausmeister)
Leonore Haupt-Stummer (Neue Mozart-Ausgabe)
Margarethe Kissel (Mozart-Archiv)
Anny Knapczyk (Konzertbüro)
Karin Kuschee (Konzertbüro)
Ilse Luger (Konzertbüro)
Dr. Wolfgang Plath (Neue Mozart-Ausgabe)
Michaela Pointner (Mozart-Museum)
Traute Rampelt (Mozart-Museum)
Anna Reisinger (Mozart-Museum)
Gertrude Richter (Generalsekretariat)
Martha Rußbacher (Buchhaltung)
Edith Schöppl (Mozart-Museum)
Marianne Taubenreuther (Mozart-Museum)

FOTONACHWEIS

Archiv der Internationalen Stiftung Mozarteum Salzburg. Abbildungen Nr. 4, 69, 71, 94, 114
Archiv der Internationalen Stiftung Mozarteum Salzburg. Neuaufnahmen: Foto Frank, Salzburg. Abbildungen Nr. 1–3, 5–53, 55–68, 70, 72–75, 77-82, 86–87, 90–91, 93–96, 100–102, 112, 132, 134
Bärenreiter-Bild-Archiv, Kassel. Abbildungen Nr. 83–85, 92, 97–99, 117, 118–122, 126
Hans Bertolf, Basel. Abbildung Nr. 95
Ellinger, Salzburg. Abbildung Nr. 54
Hans Hagen. Abbildung Nr. 89
Foto Klaus Hennch, Zürich. Abbildungen Nr. 104, 106, 108–111, 113, 115, 123–125, 127–131, 133
Foto A. Madner, Salzburg. Abbildung Nr. 105
Otto Paap, Salzburg. Abbildung Nr. 76
Carl Pospesch, Salzburg. Abbildung Nr. 107
F. Schreiber, Salzburg. Abbildung Nr. 88
Pressefoto Vuray, Salzburg. Abbildung Nr. 103